本书为国家社科一般项目"心智哲学视阈下的英语辞格系统研究"（13BYY155）的中期成果。

本书为国家社科一般项目"心智哲学视阈下的英语辞格系统研究"（13BYY155）的中期成果。

话语表达的心智研究

何爱晶 ◎ 著

LANGUAGE

LANGUAGE EXPRESSIONS

EXPRESSIONS

中国社会科学出版社

图书在版编目（CIP）数据

话语表达的心智研究／何爱晶著 . —北京：中国社会科学
出版社，2015.7
ISBN 978 – 7 – 5161 – 6881 – 3

Ⅰ.①话…　Ⅱ.①何…　Ⅲ.①语言表达 – 研究　Ⅳ.①H0

中国版本图书馆 CIP 数据核字（2015）第 205791 号

出 版 人	赵剑英
责任编辑	任　明
特约编辑	李晓丽
责任校对	王　影
责任印制	何　艳

出　　　版	中国社会科学出版社
社　　　址	北京鼓楼西大街甲 158 号
邮　　　编	100720
网　　　址	http：//www.csspw.cn
发 行 部	010 – 84083685
门 市 部	010 – 84029450
经　　　销	新华书店及其他书店

印刷装订	北京市兴怀印刷厂
版　　次	2015 年 7 月第 1 版
印　　次	2015 年 7 月第 1 次印刷

开　　本	710 × 1000　1/16
印　　张	14.25
插　　页	2
字　　数	260 千字
定　　价	48.00 元

凡购买中国社会科学出版社图书，如有质量问题请与本社营销中心联系调换
电话：010 – 84083683

内容简介

自 20 世纪 60 年代以来，认知科学以出世之姿横扫学术领域，语言的认知研究也应运而生。认知语言学框架下的语言研究打破了结构主义的藩篱，从认知的角度对语言现象进行解释，心智由此进入了语言研究者的视野，"语言活动本质上是心智活动"的观点逐渐深入人心。认知语言学已经在这方面作出了一些探索性的研究，但随着研究的推进，人们发现将语言研究置于哲学研究的大视野中可望更进一步得出哲学视阈的结论。基于这样的认识，本书从心智哲学的角度切入，尝试将心智哲学有关心智的本质和特性、心智的功能、心脑关系等方面所取得的研究成果转化为语言研究活动的学术资源，为语言研究提供一种新的视阈和方法。因此，本书从语言的不同层面对语言表达式（Language Expressions）的生成机制展开研究。研究借助心智哲学的相关理论，对话语生成过程中可能涉及的心智因素、心智运算等进行了描述，目的是较为清晰地刻画出语言表达式的涌现过程和心理实现基础。

为了更好地阐明本书的理论基础，也考虑到"心智哲学与语言研究"这一研究范式与早期认知语言学的传承关系，本书在第二章对认知语言学框架内的"内涵外延传承说"及其相关理论进行了介绍，并通过列举的方式对于该理论框架下的语言研究进行了说明。

既然是立足于心智哲学的语言研究，自然需要对心智哲学的相关理论进行整理和阐述，以整合成能为本研究所用的理论框架。本着"择其善者而从之，择其易者而用之"的原则，本书第三章在对西方近代哲学演变历程和现代语言学发展进行概述的基础上，挖掘了适宜语言研究的一些重要理论，主要包括：意向性、感受质、拓扑空间理论、涌现性、同一性等。并通过对这些理论的整合，本书建构了一个理论框架，来对后面具体的语言研究进行指导。借助这一理论框架，本书从第四章到第九章分别从词汇、句法、语义、语用等不同层面对语言表达式的生成机制展开研究。其中重点是语义研究，涵盖了第六、七、八三个章节。

词汇层面，本书以转类词为例，通过研究名—动转类的具象思维、抽象思维和语言思维在心智和语言中的不同体现，揭示了同一性在转类词生成过程中所发挥的本质性作用；句法层面，利用溯因推理和意向性解释的研究方法，对诸如中动句之类的句式的生成过程进行了反溯性研究，指出意向性是促成句式结构形成的最根本的动因；语用层面，本书第九章以"淘宝体"为例，通过个体意向性和集体意向性在"淘宝体"中的体现，对"淘宝体"的产生和流行的原因进行了探究，并对"淘宝体"语言实现的基础进行了说明。

本书的重点是对语义变异进行研究，因此分别从英语辞格、汉语非语法表达式两个层面展开研究，前者可看作典型变异语言，后者是非典型变异语言，及辞格以外的修辞性表达。具体的研究对象包括：转喻、歇后语和典故式成语等语言现象。

第六章是对语义变异的英语辞格的研究。首先对英语辞格研究历史进行了概述，阐明了修辞学与哲学的历史渊源；进而对修辞格的本质属性进行了探究，接受"辞格从本质上来看就是一种语言变异"的说法，为辞格的语义变异研究做好铺垫；其次从心智哲学的视角出发对辞格给出了一个工作定义，描述了修辞格产生的心理过程；最后针对英语修辞格分类不明确的问题，作者尝试在传统的"形式""意义"二分的基础上，进一步对"意义"类辞格进行更为细致的分类。考虑到概念与概念之间大致存在着"相邻关系""相似关系""既相邻又相似"三种关系，本书以此为维度将"意义"类辞格再次分为"相邻辞格""相似辞格""既相邻又相似辞格"。这三类辞格可再次细分。如相邻辞格包括同向、反向、双向几种情况，各自对应一些辞格类型。在此基础上，作者以相邻类辞格为例对辞格产生的心理过程进行了研究。研究结果显示意向性在这一过程中起到了"统摄"的作用，而修辞格最终的形成与语言频度密切相关，是用例事件不断累积的结果。但这一结论还是比较笼统和概括的，为了使论证更加翔实，作者特以转喻为例，说明在认知主体的意向性指引下，转喻的本体是如何被喻体"解释"的。也就是转喻的意向性阐释。

本书第七章转入对歇后语的研究。通过对第三章"语义的解释框架"

进行了部分修订，形成了更适宜歇后语研究之用的"歇后语分析框架"。在这一框架中意向性仍然起着统领的作用，但同时心理随附性和涌现性对歇后语的形成也发挥了重要作用。研究表明，歇后语的产生正是在意向性的关指下，认知主体以合乎语境的意向态度选择了一个恰当的语言表达式，这就是歇后语的后一部分。这部分内容激发了认知主体对事物的感受和认识，这些感受和认识经历一系列错综复杂的心智活动后涌现而成前言。一个完整的歇后语就此产生。从本质上来看，前言和后语是具有同一性的。无论是"黄鼠狼给鸡拜年"还是"没安好心"都表示"某人做某事居心不良"这一语义内容。

最后一类用于讨论的修辞性话语是汉语非语法表达式（第八章）。这一类语言现象所涉范围甚广，包括典故类成语、藏辞格、缩略词、弹性词语等。总之，凡是不符合汉语基本语法结构而需要借助故事背景对缺省信息加以补足从而达成正确识解的表达式都属于本部分的讨论范畴。本书以网络新成语"十动然拒"为例，对这类语言的语言动态性进行了剖析，说明正是语言潜势在心智活动中的运作才使人们能够理解一些貌似毫不相关的语素组合。

第九章是对网络语体展开的研究。主要以"淘宝体"为例，从意识和意向性出发，对各种网络语体产生的原因进行了探究，指出"意向性网络—背景"是"淘宝体"之类的语言的实现基础。

纵观整个研究，本书在第十章得出如下结论。

（1）心智哲学对"身心关系"的研究对语言研究具有辐射作用，语言学研究可借助心智哲学的相关理论对语言现象进行新的解释。

（2）对语言研究而言，可借助心智哲学相关理论建构起一个统一的解释框架，对语言现象作出宏观层面的描摹。

（3）语言表达式的生成是语言、世界和心智相互作用的结果，一个语言表达式的涌现体现了语言主体一系列的心智活动，这些活动往往受到意向态度和意向内容的制约。因此意向性在语言表达式的生成过程中发挥着最核心的作用。

（4）语言表达的语义变异究其根本是两个在本质上相同的概念互换的结果，从语言表达的层面来看，就是一般话语和修辞性话语互换的结果，因此此类语言现象可以用"同一性"来统一作出说明。

目　　录

第一章

绪　论

一　研究的缘起

进入 21 世纪以来认知科学在自身发生急剧变化的同时更带动了相关学科的蓬勃发展。哲学、心理学、语言学、人类学、计算机科学和神经科学共同构成了认知科学的六个支撑学科，并进而裂变为心智哲学、认知心理学、认知语言学、认知人类学、人工智能、认知神经科学六个新兴学科。这些学科体系以认知科学为母体，对大脑、身体、环境的关系展开研究。各个学科尽管都是探究这三者的关系，但侧重点各不相同。例如，认知语言学就是借助"认知"的手段和方法寻求一种具有普适性的语言解释原则，用以探究人类所特有的符号语言与脑和认知的关系。这样的探究其实质是对人的身心关系（mind-body relationship）的探究。这与心智哲学的终极目标——解决困扰人类数千年的心身（Mind and Body）问题、人类的意识之谜、意向性问题、心理因果性问题等哲学问题是一致的。因此，认知语言学与心智哲学在身心问题的研究方面便发生了令人激动的交集。尽管如此，同属认知科学的认知语言学和心智哲学，却分属语言学和哲学两个不同的学科领域，因此在研究目标和内容方面大相迥异。认知语言学视野下的语言研究从思维和认知的角度对语言知识的创建、学习和运用的过程进行解读。而心智哲学则是在经历了分析哲学和语言哲学两个阶段之后西方哲学的一个新发展。对此，塞尔（Searle）有一个著名的表述："如果说 20 世纪的第一哲学是语言哲学，那么 21 世纪的第一哲学则是心灵哲学。"（转引自于爽，2009：126）因此心智哲学是将"心智"推向前台的哲学研究，是哲学研究在"语言转向"后的纵深发展。认知语言学近年来取得了丰硕的研究成果，在语言学界产生了重大的影响。尽管如此，认知语言学对诸多语言现象的说明仍然存在解释力不足的情况。例如，对于认知语言学极负盛名的映射论，克罗夫特（Croft）和克鲁斯（Cruse）（2004：207）就作出了如下评论：

> Lakoff's model does not capture what is perhaps the most characteristic feature of metaphor: a metaphor involves not only the activation of two domains, not only correspondences, but also a species of blending of two domains. This blending becomes weakened, eventually to disappear altogether, as a metaphor becomes established, but is a vital feature of a novel metaphor, whether it is totally fresh, or is a revitalization of a conceptual metaphor by using original linguistic means.

在克罗夫特和克鲁斯看来，以莱克夫（Lakoff, G）为代表的映射论未能抓住隐喻的实质。他们认为，隐喻不仅是两个域之间的映射，更是两个域的类属的合成。隐喻建构的过程就是一个合成弱化的过程。随后福柯尼尔和泰勒（Fauconnier & Turner, 1995）尝试应用"空间合成理论"（Blending Theory）对诸如"This surgeon is a butcher"的隐喻映射模型进行修订，但遗憾的是合成论同样不能对"This surgeon is a butcher"为什么能够构成一个隐喻作出有说服力的解释。此外，还有一些等学者指出，"两域论"及"合成论"对于源域与目标域之间，或是不同输入空间之间的语义转换操作语言不详，或是缺乏可操作性。

在笔者看来，"空间合成理论"对"surgeon"和"butcher"各自的社会属性进行了对照性说明，但却没有将认知主体自身的因素"合成"进去。也就是说，合成理论还没有触及语言主体本身的思维活动对语言表达式的影响。例如，在"医生是屠夫"这个隐喻中，福柯尼尔等只是对两种职业的社会特征进行了匹配，但却没有站在认知主体的角度对这种匹配进行心源性审视。

正是认识到认知语言学在解释"言外之意"方面犹有不足，徐盛桓提出了"心智哲学与语言研究"（Philosophy of Mind and Language Studies）这一新型的语言研究范式。这一理论的出发点在于：心智哲学是立足于人的"心智"的研究，而任何一项语言活动必然要涉及心智的活动，研究者可利用心智哲学的研究成果对语言活动中的心智过程进行剖析，从而对语言机制进行深度解读。当然，对于心智的研究并非始于心智哲学，当代认知心理学等相关学科早就在这一领域展开了研究。但认知心理学是对心智的具体运行过程进行的行为学方面的研究，心智哲学则是对思维和存在的关系进行的形而上的哲学思辨研究，因此心智哲学视角下的语言研究无疑能从身心关系这一更高层面来揭示语言活动可能的真相。基于这样的认识，作者自 2010 年始加入了徐盛桓的"心智哲学与语言研究"科研团队，从事语言表达的心智研究，尝试对不同语言表达式的心智活动过程进行阐释，从而较好地解释这些语言现象为什么可能的问题。本书为这些年研究成果的一个总结。这里有必要对这一新的研究范式的现状进行简单的说明。

自 2010 年至今，徐盛桓先生所倡导的"心智哲学与语言研究"已经进入了第五个年头。从心智哲学切入进行语言研究是一个较新的领域，徐盛桓（2011）提出了心智哲学与语言研究的三个基本原则，其中之一就是"择其善者而从之，择其易者而为之"。徐盛桓明确指出，"心智哲学与语言研究"框架下进行的研究只是借助心智哲学的研究成果对语言现象进行分析，不参与心智哲学本身的讨论。正是基于这样的认识，本书通过对心智哲学一些重要理论进行梳理，尝试以心智哲学的理论为基础，以对话语表达式的生成机制进行研究。

二　研究对象和内容

本书名为"语言表达的心智研究"，顾名思义，研究将深入语言主体的心智层面进行探讨。其实，人们对于心智与语言的关系的研究由来已久，近几十年来风头最劲的当数认知语言学。本书承接认知语言学的研究成果，同时从心智哲学这一哲学母体中吸取营养，力求对语言表达式的生成机制进行较为深入的研究。在追求解释深度的同时，本书也力求语料的丰富多样性，因此本书从不同的角度和层面来展现语言表达式形成过程中所涉及心智活动，探索语言生成机制的内在奥秘。首先，词的层面，本书主要以转类词为例，从同一性的角度对转类词的生成机制进行了说明；其次，句法层面，本书以中动句为例，对句法的意向性进行了阐释；再次，语义层面，本书主要是对语义变异现象的语言生成过程进行了研究；最后，语用层面，本书对"淘宝体"等网络语体的语言应用基础进行了心智哲学的解释。

需要说明的是，语义研究在本书中占了较大篇幅（第六章、第七章和第八章），具体的研究内容包括英语辞格、汉语歇后语及典故式成语等其他一些汉语非语法表达式。因此本书所研究的语义变异现象是指那些偏离了正常的表达方式的语言活动，不唯指传统意义上的修辞格，还包括成语、歇后语、缩略语等其他一些发生了语义偏离的修辞性表达。就英语修辞格而言，大致可以分为形式和语义两大类，前者指的是语言单位外在形式的改变而形成的修辞表达，如排比、对偶、轭式搭配等；后者则是指认知主体利用客观事物的相邻/相似关系用近义词、上下位词等来替代常规性表达的修辞性话语。人们非常熟悉的喻类辞格就是语义变异类修辞的典型代表。本书仅对语义类辞格进行研究。除此之外，本书也对一些汉语非语法表达式的语义变异过程进行了研究，主要包括一些典故类四字格成语（"三十而立"、"杖国之年"等）、歇后语、藏词格等。

考虑到任何的语言活动都是语言使用者基于自身对外部世界的体验而形成的，这一过程都伴随着语言主体的感觉和感受等心智活动而完成，因此本书将语言表达式的生成视为认知主体在感受到客观世界之后，通过自身的主观意识活动将所感受到的客观事物用恰当的语言表达出来。这一过程必然涉及认知主体复杂的心智活动。本书的目的就是立足于心智哲学，利用心智哲学的一些比较成熟的研究成果作为理论基础，尝试对语言表达式的生成机制作出较为合理的解释。

三　研究思路和方法

本书借助徐盛桓近几年来所倡导的"心智哲学与语言研究"的研究范式，尝试从不同的层面对语言表达的心智活动进行描摹。但任何理论的产生都不是一蹴而就的，徐盛桓所提出的"心智哲学与语言研究"同样如此。它是从徐盛桓早前的"内涵外延传承说"衍生出来的，可以说"心智哲学与语言研究"是徐盛桓"内涵外延传承说"发展的一个理论新高度。有鉴于此，本书的研究思路遵循从"内涵外延传承说"到"心智哲学与语言研究"的理论发展路径，分别用两种理论范式对一些语言现象进行研究，试图更加清晰地描述语言表达式形成过程中所涉及的一些心智活动。主要采用文献综述法和内省思辨法，对研究对象逐步展开研究。具体思路如下。

（1）对"内涵外延传承说"的理论要点及研究方法进行说明，目的是引出后文的"心智哲学与语言研究"范式下的相关研究。

（2）对心智哲学进行理论梳理。借助徐盛桓科研团队这些年的研究成果，本课题拟采用的心智哲学理论主要包括：意向性、属性二元论、心理随附性、感受质、涌现性，等等。

（3）对语义变异现象的语言前思维的研究。运用心智哲学理论对语义变异现象形成的心理运作过程进行分析。主要分析语言形成过程中，事物的物理属性（physical property）如何引发心理属性（mental property），以及相应的物理事件（physical event）如何转换为用例事件（usage event），从这两个不同的角度对心理运作过程进行说明。

（4）对修辞性话语涌现过程的研究。这部分主要是研究语言前思维如何"涌现"为语言表达式的。根据我们的初步观察，"涌现"的心理基础来源于两方面：一是格式塔转换；二是原初意识转换为扩展意识。作者拟从这两个角度对变异性修辞话语的形成过程加以说明。

（5）将所取得的研究成果用于语言实践进行检验。遵从这一研究思路，本课题主要采用文献综述法和内省思辨法进行研究。通过分析文献资料了解当前心智哲学和语言学研究的新进展，包括心智哲学的一些重要的研究课题和当前修辞学研究的困境和问题所在；内省思辨法主要用于厘清心智哲学、认知科学、认知语言学和修辞学之间的区别和联系，进而提出理论假设，剖析语言产生的内在动因。

四 研究的意义

本书是一种跨学科研究，在一定程度上能促进心智哲学和语言学这两个学科进一步发展，因此本书的意义在语言学和心智哲学两个领域均有所体现。

（1）对语言学学科发展而言，从哲学的思想方法上切入，能促使语言研究着眼于宏观，进行语言学理论的阐发。通过阐释人们对语言的编码、解码过程来探索语言生成的生理心理机制，使语言研究在"认知转向"的背景下更向前迈进一步。

（2）对心智哲学而言，通过本课题的研究可以将心智哲学的一些重要议题，如"感受质""意向性""随附性"等和语言现象实现"对接"，使哲学的形而上内容能够在较为直观的修辞话语中得到阐述。

由于本书横跨哲学和语言学两个领域，因此创新之处体现为：利用心智哲学的研究成果对修辞现象进行解释是一种理论上的创新；同时运用归纳和演绎相结合的方法对诸多修辞现象进行研究又是一种方法上的创新。

五　本书的结构安排

本书共分为十章，其中第一章和第十章分别为绪论和结语。第二章为理论前溯，以举例的方式对"内涵外延传承说"进行了理论概述，目的是引出后文的"心智哲学与语言研究"的系列论述。第三章为文献综述部分。通过对心智哲学发展历程进行回顾，对本书所涉及的几种主要理论如意向性、感受质、拓扑空间理论等加以说明，最终建立了一个"语义变异解释框架"，作为本书语义变异部分的研究工具（第六章、第七章、第八章）。第四章是立足于词的层面进行的研究，对名词转用作动词所涉及的思维机制进行了研究。第五章从句法层面对中动句产生过程中所涉及的意向性因素进行了解读，从而说明认知主体的心智活动对于语言产生的主导性作用。第六到第八章则是利用第三章所研制的解释工具对一些具体的语言变异现象如英语转喻辞格（第五章）、歇后语（第六章）、汉语非语法表达式（第八章）的语义变异现象进行了较为详尽的描摹。第九章则是以"淘宝体"为例，尝试从语用的层面对语言表达式产生的语用实现基础进行说明。

需要说明的是，本书是最近几年研究成果的一个汇总，部分成果已在学术刊物上发表过，参考文献部分会有相关文章的出处介绍。

第二章

"内涵外延传承说"理论概述及相关研究*

　　徐盛桓（2010）提出从心智哲学视角出发进行语言研究，至今已是第五个年头，"心智哲学与语言研究"作为一种语言研究范式已经初具规模。但这一理论假设的提出不是凭空而来的，而是在漫长的科研生涯中逐渐凝练而成的。徐盛桓自20世纪90年代开始从认知的角度对语言进行研究，从含意推导和含意本源的角度提出了语言研究的"常规关系"（徐盛桓，1993、2002），并在此基础上提出了"基于模型的语用推理"（徐盛桓，2007），将语用推理过程看作在下向因果关系作用下局域话语之间的相互影响进展为话语的整体性解释的过程。到20世纪初，徐盛桓针对认知语言学的"映射论"和"两域论"的理论阐述中对"映射"和"合成"的动因及合成的方式论述不够充分的问题，提出了"内涵外延传承说"的理论假设，试图对语言生成机制作出心理实在性的解释。无疑，无论是早期的"含意本体论"，抑或是基于含意本体论所提出的"常规关系"，又或者是稍后提出的"内涵外延传承说"，这些理论都是试图对语言的心智活动进行解释，它们共同构成了2010年提出的"心智哲学与语言研究"这一研究范式的理论基础。尤其是"内涵外延传承说"更是对语言的"替代"或"转换"的心智过程进行了细致的描摹。"心智哲学与语言研究"正是在此基础上进一步从形而上的层面来对语言的生成机制进行说明。因此本章拟通过对"内涵外延传承说"进行理论前溯来说明两种理论之间的传承关系。

---

　　* 本章部分内容转引自拙作《名—动转类的转喻理据——基于"内涵外延传承说"的解释》（《中国外语》2010年第5期）、《转喻思维的逻辑观研究》（《湖北民族学院学报》2009年第3期）和《"水"为何可以喻"剑"——一种"外延内涵传承说"的观点》（《当代外语研究》2010年第6期）。

第一节　"内涵外延传承说"概述

一　心理模型与类层级结构

在介绍"内涵外延传承说"之前，有必要对另外两个相关理论加以阐述：心理模型和类层级结构。

不同的学者对心理模型理论的构成有不同的假设。根据徐盛桓（2007）的设想，心理模型作为认知主体抽象的知识结构的表现形式，是由大大小小的类知识或抽象知识的"知识集"构成，是人们的知识、经验、信念经由大脑的长短期记忆储备起来并经抽象和整合，成为复杂的知识网络系统。或曰"类层级结构"这样的类层级结构是心理模型的核心部分。应该说明的是，类层级结构不是指大脑实际存在这样一个生理机制或结构，而只是对人们认识事物的过程、步骤、方法提出一个合理的假设，认为人们要对世界的复杂的信息进行认识、储存、记忆、提取等，依靠的是分类分层级的策略。

类层级结构是心理模型的体现方式。类层级结构理论告诉我们，类层级结构是人类储存知识的重要形式，它将"共同兴趣域"（domain of interest）里的单体（entity）加以分类和罗列，构建起"相似空间"（space of similarity），内里的单体由于都具有其上位类（super-class）的共同特征而被认为归属同一类心理模型，心理模型是由许多小型的知识结构建构而成。这些小型的知识结构是若干不同范畴的小型知识集，分布为多层级的支系统和分系统，纵横交错连通在一起，共同构成一个"类层级结构"。类层级结构是心理模型的体现方式，构成了心理模型的内核。知识的习得、储存和表征所利用的就是人脑中的类层级结构。语言的生产和理解的过程首先就是一个从类层级提取相关信息的过程。

类层级结构的实现方式有两种：分类类层级（taxonomic type hierarchy）和部分—整体类层级（part-whole type hierarchy）。分类类层级结构是同类的集结，因此强调的是同类之间的相似性。而部分—整体类层级是一个类的组成部分的集结，强调的是认识上的相邻性。

由是观之，心理模型提供了一个关于客观世界知识储存方式的假设，但这种知识的储存形式必须借助于一个具体的表征形式来完成，那就是类层级结构。类层级结构之所以能够清晰明确地表征心理模型，最根本的一个假设就是该系统中的不同概念是以一种常规关系存在的，它们表现为一种相邻/相似的关系。这种相邻/相似的关系使不同概念之间可能进行某种外延和内涵的传承，从而实现概念的转换和生成。而这种概念的转换和生成不是自发和随机的，而是有一定的逻辑基础的。这样一个逻辑基础就为我们从理论上对语言的偏离现象进行的解释提供了可能，同时心理模型和类层级结构也就成了"内涵外延传承说"的理论基础。

二 "内涵外延传承说"的主要观点

"内涵"和"外延"是逻辑学的两个重要概念。逻辑学认为，任何一个概念都可以从其内涵和外延两个方面进行分析，即概念的逻辑结构分为"外延"与"内涵"。按照《现代汉语词典》的解释，外延"逻辑学上指一个概念所确指的对象的范围"。内涵则是"概念所反映的事物的本质属性的总和"。如"人"这一概念的外延包括各种各样的人，其内涵是：有语言、能思维、会制造生产工具等的动物。

由"内涵"和"外延"的定义可知，任何一个思维对象的属性和范围都必定会非常繁杂而难以把握。为了克服这种认识上的局限性，"内涵外延传承说"把世界的事物结构看成一个"类层级结构"，人们是以分类、分层级的方式来把握世界万物的，这使我们在需要使用的时候能够迅速快捷地提取所需内容。世界事物、事件的类层级结构是一个超大型的复杂系统，该系统依赖事物的内涵和外延以类层级结构的方式有序排列而成。这是以生成整体论为视角进行转喻研究的本体论依据。在类层级结构中，事物的分类主要体现了事物的相似性，分层级主要体现了事物的相邻性。用"内涵外延传承说"的观点来看，所谓"映射"和心理空间的"合成"的实质，就是有关的概念其内涵、外延的内容的传与承充当其中映射或合成的中介，是这样的传承提供了相关的心理通道。

按照徐盛桓的观点，隐喻/转喻之所以发生，是因为处于不同类（隐喻）和类的不同层级（转喻）事物的概念的外延和内涵在上向因果力和下向因果力作用下发生了传承，使得 A 事物的某些特征属性可以传承到 B 事物，使 B 事物也具备了这些特征属性，从而 A 和 B 两者形成了认识上的同一性，最终可以通过 B 来理解 A。为了便于记忆和操作，作为"内涵外延传承说"的概括，一个概念的内涵内容还可以进一步概括成四个方面。

1. 结构和位置（structure）：概念所指称的事物在事物类层级结构中的时空位置。

2. 特征和属性（property）：概念所指称的事物的各种特征和属性。

3. 来源和生成（origin）：概念所指称的事物的肇始、历史、渊源、过程、原因、原料、产生地、产生的方式方法等。

4. 作用和功能（function）：概念所指称的事物的功能、作用、地位、所谋求的目的、所扮演的角色等。

在此基础上，徐盛桓（2010）进一步对"内涵外延传承"说进行了分析和说明，指出了该理论与映射论及合成论的区别和联系，他将三种理论分别提炼为"A 是 B"（"内涵外延传承说"）、"T is S"（映射论）和"X is Y"（合成论）三种表达式。在徐盛桓看来，映射论和合成论尽管是从概念的层面对隐喻进行的说明（"内涵外延传承说"仍然是立足于词语层面的描述），但"内涵外延传承说"对概念内涵的依赖、它所说的"替代"，并不背离概念隐喻理论；相反，它揭示了概念隐喻理论所说的思维和推理的依赖所在，正是在于 is/are 后面的概念同前面的概念在内涵内容上的密切联系。

由此徐盛桓提出了一个新的研究设想，即从内涵、外延的研究出发，将对语词层面替代的研究延伸至句子层面。因为在语用学研究中，句子的含意实际上在一定意义上是可以由该句的替代品来表现的，如：

A. Where is John?

B. I saw a red bike in front of the girls' dormitory.

B 实际上是用这句话"替代"了 A 的回答，即 John is in her dormitory.

此外，本书作者也曾利用"内涵外延传承说"对转喻的思维机制进行了研究，并将该理论进一步抽象为一个"内涵—外延传承图"和一个"转喻内涵结构图"，以此确立一个明确的理论框架，并对概念内涵和外延的具体成分进行了抽象概括。至此，我们可以说"内涵外延传承说"是继映射论、合成论之后立足于本土的一种具有较强解释力的语言学理论，该理论主要应用于对包括隐喻、转喻、委婉语、隐喻等语言变异现象的解释。为了较为清楚地说明该理论的实际应用，本章特收录了几篇作者的相关研究,并与心智哲学视角下的语言研究进行对比,来说明两者的发展脉络。

第二节 "内涵外延传承说"理论框架下的语言研究举隅

上节我们对"内涵外延传承说"的理论作了简明介绍,本节将以此为研究工具,对一些语言问题展开研究,目的是以此作为参照对象,对后文心智哲学视阈下的语言研究作出更深刻的说明。

一 转喻思维的逻辑观研究

当代语言学的一个基本特点就是对认知现实主义(cognitive realism)的承诺,即确认语言是一种心理或认知现象(文旭,2002:90—97),有心理现实性。很显然,语言学研究的终极目标不仅是对语言现象进行观察和描述,而是要揭示语言事实背后所隐藏的内在的、深层的机制;认知语言学认为,这样的机制是有其心理现实基础的。

转喻作为人类运用语言的一种智慧和手段,一直以来受到语言学家的广泛关注,但转喻研究在很长一段时间受表达论的影响,仅仅被视为一种修辞格进行研究。随着认知语言学研究的发展,来自认知科学、脑神经科学和计算机科学等相关学科的研究结果都指向同一个事实,即转喻和隐喻一样,不仅仅是一种修辞现象,更是一种认知机制。

正是基于这样的认识,本书从转喻的逻辑观出发,尝试运用徐盛桓(2008abc)的"内涵外延传承说"对转喻的思维机制进行新的阐释,并进而对转喻形成过程中所涉及的转喻思维特征进行刻画,研究的结果有望在教学实践中为培养学生的转喻思维能力提供学理性的支持。

1. "内涵外延传承说"解释框架

徐盛桓(2008b)对转喻的映射机制进行了说明,但还没有提出一个明确的理论框架,也未对概念内涵和外延的具体成分进行抽象分析。为了弥补这两方面的不足,作者在徐文的基础上提炼出了一个"内涵—外延传承"(见图2-1)和一个"转喻内涵结构图"(见图2-2),将二者结合起来阐述转喻发生过程中本体和喻体之间具体的传承过程。

图2-1显示,我们对转喻思维机制的回溯推理是从喻体开始的,其外延表现为"概念中所反映的具有某些特有属性的对象"(《辞海》,1999

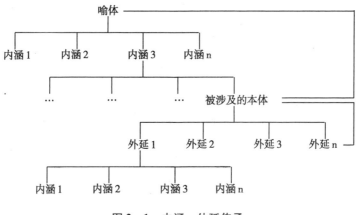

图 2 - 1　内涵—外延传承

年版普及本，第2340页），从外延 1 一直延伸至外延 n。如人的外延可以是各种肤色的人：白种人、黄种人等；其中的某一个外延（如黄种人）的内涵则体现了该对象所反映的概念的所有属性（如黄种人具有黄皮肤、黑头发、黑眼珠等特征）。以此类推，居于该系统较高层级的喻体就可以在下向因果力的作用下将自身的某些特征和属性传递给居于较低层级的本体。（详细的论述请参阅徐盛桓的《转喻为什么可能》）

此外，为了详细说明内涵具体的传承过程（转喻的思维机制主要涉及的是内涵的传承），作者仿拟普斯特若夫斯基（Pustejovsky，1996：76）在"事件结构理论"（Event Structure Theory）中所提出的分析概念结构的"本质结构"（qualia structure），形成了一个"转喻内涵结构图"（见图 2 - 2），用以刻画喻体和本体之间传承的具体内容。

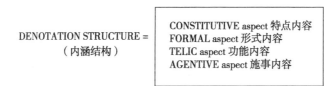

图 2 - 2　转喻内涵结构

普斯特若夫斯基的"本质结构"概念表明，一个词就是一个关于这个词所指称事物或动作的百科知识集，这一概念对概念结构的内涵的分析具有一定的解释力。作者将利用这两个理论框架对转喻思维机制进行较为详细的说明。

2. "内涵外延传承说"观照下的转喻思维机制研究

第一，转喻研究的"概念中心论"。

转喻研究有久远的历史，其间经历了一个由"事物中心论"向"概念中心论"的转向。转喻的修辞学研究提出的替代论、比较论，关注的是转喻所涉及的词语所表征的事物，这一时期的研究可称为"事物中心论"；后来的认知语言学的研究把转喻归结为认知域的映射。在一定意义上，认知域就是有关思维概念化的结果。因此转喻的"概念中心论"初露端倪。而逻辑观的转喻研究，更是直接运用逻辑学上的"概念"这一概念，明显地体现了转喻研究从"事物中心论"向"概念中心论"的转向。前面已就转喻研究的逻辑观作了简单的说明，本节就是以上述的逻辑观的基本思想，探讨转喻的思维机制。

第二，关于转喻思维机制的认识。

本节正是在徐盛桓的这种逻辑观的指导下，参照徐的"内涵外延传承说"理论，对转喻的思维机制进行研究，得出结论。即转喻是这样的一种思维形式：通过相邻性将处于不同层级的两个概念进行暗含的联系，从而把二者在认识上视为同一；其运作原理是将这两个不同层级的概念之外延、内涵形成一个复杂系统的构形（configuration），转喻义是以这些内涵与外延内容传承的方式发生的，它的实质是把相关的对象加以分解和整合，用分解、整合后的特征，尤其是某些同相关语境相联系的突出特征来理解对象，实现转喻义的涌现（emergence）。概念的全部内涵与外延内容构成了该概念的概念域；根据语境对该概念域的选择构成对该概念的一个在线认知域。据此，作者对转喻重新构拟一个工作定义。

转喻是指同一认知母域中，母域与子域之间的或是子域与子域之间的概念替代。

转喻从本质上来说是处于不同类层级结构中的概念之间发生的一种内涵和外延的传承。所谓"内涵外延的传承"，指的是一个概念的内涵和外延在因果力的作用下同时发生一种传递和承接的行为，即居于上一层级的概念的特征属性在下向因果力的作用下被传递给下一层级，使后者具备了前者的某些特征属性；同时，居于下一层级的概念的特征属性也在上向因果力的作用下对上一层级概念的形成产生影响。我们认为，在转喻的形成过程中，事物的分类和概念内涵和外延的认定是转喻发生的客观基础，而内涵与外延的传承性特征则是其主要的内部动因。

第三，转喻的传承性特征。

如上所述，转喻就其本质而言是概念之间内涵和外延的传承，在这种传承过程中，转喻的传承性体现出如下特性。

①联系的先在性

当转喻发生时，总是以整体思维的形式出现，即本体和喻体的联系是先在的，人们对转喻的理解需要以本体和喻体之间固有的和先在的联系为基础。如：

(1) The fur coat has left without paying.

对这个句子中转喻的理解，必须首先对喻体"fur coat"所代表的含义有所了解，即必须知道"fur coat"所具有的内涵：它的功能之一是能够被人当作衣物；然后弄清它与本体"the person who wears the fur coat"之间有着怎样先在的联系：人是需要穿衣服的，衣服就包括 fur coat。只有在厘清了本体和喻体这种联系的先在性才能使转喻思维最终实现。

这点和隐喻不一样，对隐喻的理解不需要了解本体信息就能理解喻体的含意，本体和喻体原则上可以分离。如女孩是花。对这个隐喻的理解，我们不需要知道本体"女孩"的内涵，而通过喻体"花"的外在特征就能形成"女孩像花一样美丽"这样的认识。

②建造的非语境性

这是相对"含意"而言的，要理解一个句子的含意，必须借助语境来实现。如：

(2) A：what time is it ?

　　　B：The milk man has come .

这里 B 的回答必须借助"送牛奶的人每天是八点到"这一语境才能达成对当前时间的理解。但对 (1) 中用"fur coat"来转喻"the person who wears the fur coat"的认知过程则不需要这种在线 (on-line) 语境，而直接从类与类的转换中形成转喻。也就是说，在理解转喻思维的过程中，我们主要是通过喻体和本体之间认识上的同一性来达成对转喻的理解，而不是根据上下文的语境来进行判断。

③传承方式的多样性

转喻形成过程中内涵和外延的传承方式并非完全是一一对应的，而是包含了单体对应、多体对应和无对应等几种情况。

第一，单体对应。

假设有两个概念集 S_1、S_2 分别作为喻体和本体，它们各自包含有不同内涵结构，即 $S_1 = \{X_1, X_2, X_3, \cdots, X_n\}$、$S_2 = \{Y_1, Y_2, Y_3, \cdots, Y_n\}$，单体对应指的是 S_1 中的各个元素 $X_1, X_2, X_3, \cdots, X_n$，在转喻的过程中分别只对应于 S_2 中的 $Y_1, Y_2, Y_3, \cdots, Y_n$ 中某一个。如屈原《离骚》里的名句"前望舒使先驱兮，后飞廉使奔属"，"望舒"即神话中驱月驾车的神，后来成为"月"的代称，这里的"望舒"与"月"之间就是单体对应。

第二，多体对应。

多体对应指的是转喻所涉及的一个概念内涵结构中的某一元素可与另一概念内涵结构中的超过一个的元素实现对应，即 X_1 可同时与 Y_1，Y_2 等多个元素对应或反过来。换句话说，一个喻体可以用来指代多个不同的本体，或一个本体可能有多个不同的喻体指代。这里包括一对多、多对一、多对多。例如，"婵娟"至少可指代"月"（如苏轼《水调歌头》：但愿人长久，千里共婵娟）和"少女"（如方干《赠赵崇侍御》：却教鹦鹉呼桃叶，便遣婵娟唱竹枝）。"婵娟"可指代"少女"的转喻过程是这样的："婵娟"表姿态曼妙优雅貌，这样的体态在古代被认为是少女的典型特征，就用这样的体态指代少女。

第三，无对应。

指的是某一概念的内涵结构中的元素有可能在相应的概念内涵中找不到对应元素，这时转喻没有发生。

④新奇性

转喻和隐喻一样，可以帮助我们组织抽象思维，创造新的概念，为我们提供看待事物的新视觉。转喻的新奇性指的就是转喻的喻体所指称的对象超出了本体所指称对象的现实性，能表述原本不属于本体的一些新奇的概念特性。例如余光中的《乡愁》头两段：

　　　　　小时候
　　　　　乡愁是一枚小小的邮票
　　　　　我在这头
　　　　　母亲在那头

　　　　　长大后
　　　　　乡愁是一张窄窄的船票
　　　　　我在这头
　　　　　新娘在那头

　　在这首诗中本体"乡愁"被先后转指为"邮票""船票"等。我们认为,"邮票—乡愁"在这里虽不是通常意义上所说的转喻,但同转喻思维有关。这样的思维或可称为"转喻理据思维"(metonymically-motivated thinking);这样的表达或可称为"转喻理据命题"(metonymically-motivated proposition)的表达,即以转喻思维作为理据所作出的命题。之所以叫"转喻理据命题",是因为它要求转喻的本体和喻体连用构成一个命题。在修辞学上,通常意义所说的转喻必定体现为一种词语替代,例如"那边来了个红领巾","红领巾"替代"少先队员";"丝竹扬州","丝竹"分别替代弦乐和管乐。除了为了向不了解的人作出解释,一般我们不必要说"红领巾是少先队员""丝竹是管弦乐";这样的表达不是运用转喻,而是用后者作为前者的词语解释。但是,"乡愁是一枚邮票"中,"邮票"既不是某个词语的替代,也不是以"邮票"解释"乡愁"。为什么说出"'乡愁'是一枚'邮票'"这样的命题呢?这需要转喻思维作为其理据:对家乡的思念(即"乡愁")1就要给家乡的亲人写信2;写了信2就要寄信3;寄信要邮票4。这样,1是2的因、2是3的因、3是4的因;反过来说,2是1的果、3是2的果、4是3的果,就这样因果层层相扣,一种"果"隐含其"因",一种"因"隐含其"果",这一"因"其实又是另一"因"的"果"。在这个意义上说,"邮票"转喻为(需要"邮票"的)"寄信";隐性的"寄信"又转喻为(需要"寄信"的)"写信";隐性的"写信"又转喻为(需要"写信"的原因是有)"乡愁":这是层层以因喻果作为理据的思维过程,这样的表达就是以转喻为理据的命题:乡愁是一张邮票。这样就使这一表达新奇而清丽。

⑤意向性

转喻建立时，喻体和本体的选择是有意向性的。也就是说，一个喻体可以指代多个本体，但是该转喻的最终建立则是意向作用的结果。这种意向性得以实施，关键是有一个处于类层级结构最高层的作用力发挥下向因果作用的结果。

综上所述，转喻不仅是一种语言现象，也是一种思维现象。转喻语言的逻辑特征为观察人类思维的某些方面打开了一扇窗户。转喻的逻辑特点揭示了转喻思维符合逻辑思维的一面，而转喻语言的语义反常性又反映了转喻思维的"反常"、创新的一面。将转喻作为思维现象进行研究可以对转喻的发生机制从思维运作层面作出较为科学的解释，而对转喻机理的研究有助于我们了解转喻在人类认知系统中的地位和作用，从而推进转喻思维的研究。无论是 Lakoff 和他的同事们关于转喻的认知过程的研究，还是 Mondoza 等人关于高层转喻和低层转喻的研究，都为我们从思维和认知的角度研究转喻提供了很好的思路。

3. 应用举隅

请看下面例句：

（3）副市长陈国表示：市民可放心吃鸡

本报讯 记者余颖、实习生谢宽报道："自荔湾区发生禽流感案例后，广州市相关部门紧密监控，十多天来没有发现第二例个案，市民可以放心。"昨日，广州市副市长陈国向记者明确表示，广州市民可以放心吃鸡。［2008 年 3 月 25 日，金羊网—羊城晚报（http：//www. sina. com. cn）］

例（3）中，读者可以很容易地理解"吃鸡"指的是吃鸡身上可供食用的部分（鸡腿、鸡爪等），而不是指吃鸡毛、鸡骨头之类的东西。但为什么会发生这种联想呢？这得从"鸡"的内涵结构说起。《辞海》（1999年版普及本，第544页）对"内涵"的解释是：内涵亦称"内包"，是概念所反映的对象的特有属性。这里的"特有属性"指的是概念对象的一切属性的总和。由此可知，"鸡"的内涵是就"鸡"这一概念所反映的所有对象的总和，用"转喻内涵结构图"可作如图 2 - 3 的表述：

组成内容：头部、躯干、爪子、各种器官	
"鸡"的内涵结构 =	形式内容：体积小、有羽毛、会叫的
	功能内容：打鸣（公鸡）、下蛋（母鸡）、可食用
	施事内容：孵化

图 2-3 "鸡"的内涵结构

根据"内涵外延传承说"的思想，一般说来，类层级结构中的分类结构反映的是外延，整体—部分结构则同内涵有关。在上例中，"鸡"的外延包括了各种类型的鸡，内涵则是概念"鸡"所反映的所有属性，包括组成内容、形式内容、功能内容和施事内容等各个方面。其中功能内容中的"可食用"的特性与喻体"鸡"之间发生了联系，这样处于上位的"鸡"作为喻体，在下向因果力的作用下与处于下位的"鸡的可食用部分"出现了认识上的同一性，使得我们可以通过对"吃鸡"的认识达成对"吃鸡肉"的理解，如图 2-4 所示。

与此类似，日常语言中很多转喻都是这种内涵和外延传承的结果。如用"工具"指代"使用该工具的人"：

（4）The buses are on strike.

例（4）中要罢工的显然不可能是"bus"，而是驾驶 bus 的司机。我们在阅读时却不会出现理解上的错误，正是因为"bus"的内涵功能特性之一是"须被驾驶的"，因此就可能将"bus"和"bus' driver"视为认识上的同一。也就是说，由喻体"bus"1 的内涵可知其功能作用包括："可载人"2、"须被人驾驶"3、"须使用燃料"等。其中"须被人驾驶"3 的内涵涉及了"各种各样的驾驶员"4，其中的某一个就是"被公共汽车司机驾驶"5。这样由喻体 1 的属性特征首先传承给内涵 3，3 再传承给内涵 4，最后传承给本体 5，1 和 5 之间就形成了一种认识上的同一，从而通过对"buses"的认识达成对"bus' drivers"的理解；同样，例（1）中作为喻体的"fur coat"，由于其功能内容中具有"被人所穿戴"的特性，因此可以透过"fur coat"达成对"the person who wears the fur coat"的理解。

在过去的很长一段时间内，对转喻的研究局限于修辞领域。自 20 世纪 80 年代以来，以 Lakoff & Johnson 为代表的两域论和 Facunnier 的空间合成理论都从映射的角度对转喻的认知过程进行了解释。这无疑是转喻研

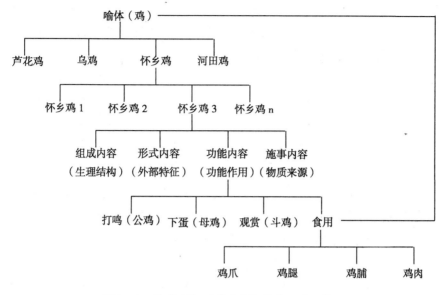

图 2-4 从"鸡"到"鸡肉"的内涵外延传承

究的一大进步,但这样的研究尚有不足,主要表现为对两域之间具体的映射方式及其中介论述不够充分。本书从逻辑观的角度出发,利用"内涵外延传承说"对转喻的形成过程进行了比较细致的描述,既是对过去研究的补充,也是对映射论及两域论的发展。

二 名—动转类的转喻理据

早期对名—动转类的构词研究主要是从语意、语用及修辞等方面进行的,近年来开始转向认知研究。无疑,这些研究对我们更加深入地认识名—动转类的实质及其运作机制具有极大的启发作用。

尽管在名—动转类的过程中涉及隐喻、转喻、凸显等种种认知因素,但随着转喻研究的深入,人们已经逐渐注意到转喻在构词理论中的重要地位,更有学者将其视为与生态理据、继承理据、交际理据等齐名的认知理据中的一种。结合转喻理据的研究成果,本节从"内涵外延传承说"的理论出发对名—动转类的转喻理据进行具体而细微的描述,试图从一个较新颖的角度进一步验证"转喻是名—动转类的最根本的构词理据"这一观点。

1. 转喻思维与名—动转类

认知语言学中的转喻实质就是指转喻思维(陈香兰,2007:28—33)。我们认为,转喻思维的实质是为实现转喻的运用而进行的思想运作过程，这一运作过程表现为：在我们的思维中，在转喻所涉及的事物的表象和概念基础上，对以一物代替另一物的现象所进行的分析、判断、综合、推理等的一系列的认识活动。当然这种思维上的"替代"只是一种比喻性的说话，其实质是通过一事或物来认识另一事或物，也就是如Radden & Kovecses（1999：21）所说的"一个概念实体为另一个概念实体提供心理通道"。而转喻理论，正是借助于转喻思维来实现这种概念结构扩展的内在动因。我们对名—动转类的研究正是从这一认识出发而展开的。

已有的研究表明，名—动转类这种语言现象的发生是以转喻，具体来说是以事物转喻为基本的认知手段。名—动转类的过程中转喻思维是如何发挥作用的，徐盛桓的"内涵外延传承说"给了我们有益的启示。

就名—动转类而言，所谓的"传承"表现为：名词的内涵蕴含了动作，所体现的动词可以转化为动词义，这就是以事物转喻动作，从而形成一个隐形动词，或者说，将一个名词转类为动词。从这个意义上说，名词的内涵内容，传给了由转类所形成的动词，为这个转类而成的动词所继承，这就是转喻思维的过程。现试用"内涵外延传承说"中概念内涵的传承模式来加以说明。

(1) Kenneth *kenneled* the dog.

(2) His beer *brimmed* over.

(3) John *bicycled* into the town.

上面各例中的斜体字都是名转动词，他们的名词义和动词义分别对应为：

	名词义	动词义
kennel	狗窝	安置在狗窝里
brim	容器的边缘	到达边沿
bicycle	自行车	骑自行车

我们以例句（1）为例对"kennel"一词由名词义"狗窝"转换成动词义"安置在狗窝里"中的内涵传承过程进行说明如下。

名词的"kennel"义为狗窝，其外延包括各种各样的狗窝，内涵总的来说体现为四个方面：①结构和位置；②特征和属性；③产生和来源；④功能和作用。本例所涉及的内涵特征主要同功能作用有关。"狗窝"的功能主要是作为"供狗睡觉的小屋",或者说是安置狗的地方,分析如下。

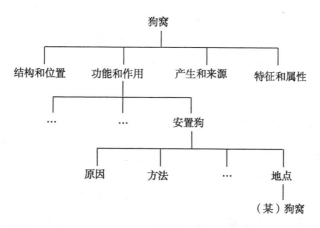

图 2-5　kennel 的名—动转类传承

在图 2-5 这个内涵外延传承示意图里,"狗窝"的外延为各种狗窝,本图略。至于内涵内容,则可以主要从四个方面加以说明,其中同本例密切相关的是它的功能和作用。"狗窝"的功能和作用主要是晚上供狗睡,或者说是安置狗。当然,还有一些其他的功能。这样,狗窝的内涵内容就体现了安置狗这个动作。而"安置狗"的内涵包括了安置狗晚上睡在什么地方,体现了狗窝的事物的内容。两方面综合起来就是名动互含。从狗窝的意义体现"安置在狗窝"的意义,这就是名词转用为动词,究其原因是名词"狗窝"的内涵内容由转类所形成的动词所继承,这就是转喻思维的过程。也就是指称事物的名词之所以能表示与该事物相关的动作即名—动转类的理据所在。

下面简单说一下其余各句。例句(2)中的名词"brim"表示"(容器的)边沿""帽檐"等。容器边沿的特征是处于容器的最高处,容器所盛的液体不能超过这界限,否则就溢出。"brim"用作动词表示"达到边沿"的意思;"brim"同"over"连用,表示超过了这界限。例句(3)的自行车的功能特征为用"bicycle 作交通工具",该句直译就是"John 用bicycle 作交通工具进城"。这些句子的内涵与外延的传承过程都同例句(1)相仿,这里就不详谈了。

2.事件关系:转喻思维在名—动转类中的事件之一

转喻思维在名—动转类中的运用,是通过事件关系实现的。这些事件同用于转类的原生名词和转类后句子的宾语和主语及状语里的名词有关。
试看下面各例：

(4) She brimmed her hat with beautiful lace.

(5) The travelers/The pilot 747'ed to Paris.

例句（4）的 brim 在转类后用作及物动词，与之发生关系的名词有宾语 hat，还有原来的名词 brim 和句子主语 she 以及出现在充当状语的介词短语里的 lace（饰边）。整句意为："她用好看的饰边装饰帽檐。"这里包含了两个内容：A. 她装饰帽檐；B. 她用饰边。A 和 B 共同构成一个有关"装饰"和"帽檐"的事件关系。同样，在例句（5）中，travellers 和 pilot 都以波音 747 为工具前往巴黎，飞行员很可能是驾驶飞机，而旅客们驾驶飞机的可能性是微乎其微的。这里也包含了两个内容：C. 乘坐 747；D. 前往巴黎。C 和 D 同样构成了一种事件关系。

为什么这样说呢？我们可以借助 Talmy（1985，1991，2000）的事件关系（event relationship）来加以说明。美国认知语言学家 Talmy 是第一个从类型学角度对运动事件进行系统描写和分类的学者。Talmy 认为，一个运动事件图式由"图像"、"场景"、"运动"和"路径"等四个基本概念成分组成，基本的运动事件包括一个物体相对于另一个参照物体的动态移动或静止存在。参照这一理论，我们认为，例句（4）中的 A、B 和例句（5）中的 C、D 两方面的内容体现了动作中的两个相位：①动作的实行或实现；②为动作的实行或实现所营造的状态。这两个状态相互依存，共同构成一个完整的事件。这两个相位有主有从。前者为主，称为主事件，后者为辅，称为伴同事件。具体来看，名词转用作动词后，其动词义一般包括两部分：一是体现原来名词所标示的事物；二是由此而来的动作。"主事件"是核心内容的事件，伴同事件是以 ×× 方式/材料/时间/地点做某事，在该事件中处于伴同关系。请看下例：

(6) Mary perfumed her neck.

例句（6）至少隐含了两个事件：一是 Mary 在脖子上抹香水；二是 Mary 用的是香水。它们共同构成了一种事件关系。如果进一步将这两个事件加以抽象就变为：①以"放置动作"为其核心的主事件；②以××方式/材料/时间/地点做某事的伴同事件。

诚然，运用事件关系也只能解释一部分现象，像下面这类名转动现象用 ICM 理论或转喻的视角化理论解释起来更直截了当，例如：

（7）a. He fathered two sons.

b. Bob fathered an orphan.

c. He was ill for some days, and she nursed him kindly.

d. From the time that Mr Thorton ceased to pay his weekly visits, Lydia had always nursed a grievance against her cousin.

从上面的分析可以看出，名—动转类所体现出的事件关系，主要是由名转动词的特征所决定的，追根到底，就是名动互含。正是因为名转动词同时兼有名词和动词的含义，因此可以说，所谓名—动转类的事件关系，实质上是由名转动词的动词特征所体现的主事件与原生名词及其他附加成分所体现的伴同事件共同构建而成。从这个角度而言，名词之所以可以转用为动词是因为可以用其中的一个事件转指另一个事件，转喻思维使这种转换得以实现。

3. 名—动转类的转喻特征

名—动转类从本质上说，有时候是隐喻和类比，如 The building is prefaced by a fountain，是一种转喻行为，转喻作为一种表达的手段，从本质上说是以一物指代另一物。作为一种语言现象的转喻，它的运用必然涉及词、概念和事物三方面的内容。三者的关系是相互交织的，词既是概念的承载物同时又指称事物，处于三者的中间位置，联结概念世界和现实世界。我们知道转喻是发生在相邻概念之间的相互替代，既然这种"邻近性可以发生在语言世界、现实世界和概念世界内部，也可以发生在三者之间"。那么处于相邻位置的两事件之间的替代同样也是既可以发生在它们各自的内部，又可以发生在它们之间。

名—动转类的运用对这种发生在相邻概念、事物和词语内部的替代关系体现为：从名词的替代来说，是以一类词名词代替另一类词动词；从概念说，是以事物的概念代替动作的概念；从所表征的现实世界来说，是以事物代替事物所表征的动作。从类比的意义上说，在这三种替代里，被替代的动词、被替代的动作概念、所表征的动作，分别可看作本体；替代的名词、替代的事物概念、有关的事物，可分别看作喻体。这三种不同的替代可视为名—动转类的转喻特征。其中第一特征是将名词和动词都视为一种事物，名—动转类即是将名词所体现的事物转用作动词所体现的事物，彰显的是转喻的外部特征。由于本节要讨论的是名—动转类的转喻理据，也就是研究特征一产生的内部动因，因此下文将着重对特征二和特征三进行分析，以追根溯源，对名—动转类的转喻理据作出比较详细的刻画。

第一，以事物的概念代动作的概念。

由于词是概念的承载物，因此词类之间的替代也可以看成不同概念之间的替代。就名—动转类而言，这种转喻发生在名词所指称的事物概念和动词所表示的动作概念之间，也就是以事物的概念代替动作的概念。

那么什么是概念呢？概念是思维的基本形式之一，它反映客观事物的一般、本质的属性和特征。在逻辑学的学术范围内，概念的逻辑结构分为"内涵"与"外延"。内涵指一个概念所概括的思维对象本质特有的属性的总和。概念作为一种思维的现象，语言的运用要依赖概念思维。概念和语言中的词汇是联系在一起的。不依附于语言的赤裸裸的概念在各类学科中是不存在的。但概念又不等同于词汇，词汇是概念的载体。因此当我们说用一类词代替另一类词的时候，作为语言运用的思维过程层面，就是"用一个概念代替另一个概念"。我们试以例句（8）为例进行说明：

(8) John step-fathered the child.

"step-father"的概念的外延是所有的继父，内涵是"男性，有继子、承担作为继父的法律责任"等。作为动词"成为继父"这一概念的主要内涵内容则是"从以前没有继子到有继子，从原来没有承担作为继父的法律责任到承担作为继父的法律责任"等。根据"内涵外延传承说"，动词"成为继父"这一概念的内涵正是由处于其上一层的概念"继父"所传承来的。也就是说，由于"继父"这一概念的内涵的属性特征中隐含了"成为继父"后的内涵内容，因此我们可以用表示"继父"的概念来指代表示"成为继父"的概念。

第二，以事物代替事物所隐含的动作。

名—动转类之间的转换发生在名词和动词之间，其中名词是用来指称事物的，动词是用来表征动作的。因此它们之间的转喻特征也就表现为以事物指代事物所体现的动作。那么为什么事物可以转喻事物所表征的动作呢？徐盛桓（2001：15—13）曾从马克思主义的哲学观出发，论证了名转动用的语义基础，提出了"名动互含"的假设。

按照这一假设，名词之所以含有表动作、动词之所以含有事物的成分，从根本上说，是因为"运动"和"物质"是不可分的。运动是物质的存在形式及固有属性，物质是不可能脱离运动存在的，反过来，运动也不能脱离物质而发生，可以说，动作里隐含了事物的存在，事物里也隐含了动作的过程。因此，指称事物的名词和表述动作的动词也就是分别含有表示动作和指称事物的语义成分。这种"隐含"的实质就是"蕴含"，因此可以说"名动互含"体现的是一种名词和动词相互蕴含的关系，即名词蕴含了动词的部分特征，动词蕴含了名词的部分特征。试看下例：

（9）The newly married couple ringed their fingers each other and then accepted the wishes from others.

"Ring"的名词义为"戒指"或"环状物"，但在例句（8）中显然是"戴戒指"，是因为"戴戒指"这一动作则是"戒指"这一客观存在的常规内容。两者相互蕴含缺一不可。很难想象，没有物体"戒指"如何能够"佩戴"；而如果没有"佩戴"这个动作，"戒指"也只是一个简单的环状物体，而不能成为真正意义上的"藏在手指上的带有婚姻承诺性质的物品"。

因此，从语义的角度而言，名词和动词的语义是相互包含的，名词义中蕴含了部分动词义，动词义中同样蕴含了部分名词义。这种相互蕴含使名—动转类的实现成为可能。Radden & Küvecses（1999）提出，转喻模式主要是两种：一是整体与部分；二是部分与部分。名动互含体现的正是整体（事物）与部分（动作）的关系（Langacker，1987；沈家煊，1999）。而这部分的名词义是由事物引发而来，部分的动词义是由事物所表征的动作推衍出来的。所以，从本原上来讲，名—动转类体现的是一种以事物指代事物所表征的动作的转喻关系。

4. 名—动转类最基本的认知手段：隐喻、转喻之辨

已有的研究表明，名—动转类的过程除转喻外，还可能涉及隐喻、意向图式和凸显等各种因素（Küvecses & Radden，1998；Radden &

Küvecses，1999）。其中，尤以隐喻因素备受学者们青睐。但指称事物的名词最终转类为表示动作的过程经历了怎样的内部变化，归根结底，名词所表示的事物概念与动词所表示的关系概念之间属于部分指代整体的转喻。对于为何认为名—动转类最基本的认知手段是转喻而非隐喻，我们试从以下两个方面进一步加以说明。

首先，从事物外延与内涵的传承关系来看。

名词是指代事物的，事物的概念是有其内涵的，徐盛桓（2009）在"内涵外延传承说"中归纳总结了四种主要的内涵内容。从事物的内涵及其所体现的内涵特征来看，动词所体现的动作行为正是名词所体现的事物的概念内涵中的某一种属性特征。因此可以看成名词将其自身的某方面的内涵特征传承给了动词。按照"内涵外延传承说"的观点。这种事物外延与内涵之间的传承正是转喻产生的根本原因。

同时，这种外延与内涵的传承也是隐喻产生的基础，为什么说转喻才是名—动转类的最基本的认知手段呢？这是因为，隐喻所涉及的是两个事物属性之间的转换，究其实质却是两个相邻概念之间的转换，这里我们以例句（10）为例对转喻在名—动转类过程中的推动作用进行分析。

（10）He foxed me.

有人认为，He foxed me 意为"他欺骗了我"，这就表明名—动转类是以隐喻为理据，因为以 fox 表示"欺骗"就是隐喻。我们认为，这种观点缺乏深刻的本质性分析。fox 获得了"欺骗者"（crafty person）的词义，这是隐喻，但这尚未进入名—动转类的过程，比如说 John is a fox，这只是隐喻的一般表述，只有将"欺骗者"这个名词转类为动词入句，这才是真正进入名—动转类的过程，即名词"欺骗者"转义为动词"欺骗"。这是利用名词"欺骗者"的内涵内容转指他所具有的行为特征"欺骗"。

据此，我们可以认为，尽管隐喻和转喻一样，都可看作概念的外延和内涵传承的结果，但因为隐喻所涉及的仅仅是名词所体现的概念和与该概念相类似的另一个名词概念之间的外延和内涵之间的传承，如 fox 与 cheat 之间的传承。而只有转喻，才有可能在名—名转换的基础上进一步将名词的内涵特征延续至相应的动作特征。也就是说，隐喻在名—动转类的转换过程中还只完成了第一步，即名—名转换，而名—动转类这一步则需要转喻来完成，当然这是指诸如 He foxed me 这样较为复杂，既有隐喻思维，又有转喻思维发生作用的名—动转类的情况。而大多数情况下，如 He blanketed the bed, The man hammered the nail 等，都是直接利用了转喻思维来实现名—动之间的转类的。

其次，从转喻和隐喻的区别性特征来看。

目前广为接受的有关转喻和隐喻的区别在于：前者基于邻近性，后者基于相似性。也就是说转喻是用一个相关的概念来指称另一个概念，隐喻是用一个相似的概念来说明另一个概念。我们知道，名词是指称事物的，动词是表示关系的。按照 Langacker（1987）的说法，名词代表的事物概念是一个独立概念，动词代表的关系概念是一种依存概念。既然是关系，显然不可能是单独存在的。从抽象意义上来说，一种"关系"概念的存在必然是有赖于不同的"事物"概念来共同构成。换句话说，既然是一种"关系"，必然是至少有两个概念共同形成。因此，在这个意义上我们可以说动词所代表的关系概念和名词所代表的事物概念是一种整体和部分的关系。显然，整体和部分之间是相邻而不是相似的关系，这种整体和部分之间的相邻关系从根本上决定了名词最终在转喻的作用下转换为动词。

综上所述，尽管转喻（及其他认知因素）在名—动转类中都发挥了或大或小的作用，但名词转换为动词最终的依赖机制是利用了具有相邻关系的事物概念（部分）来转喻其所构成的关系概念（整体），也就是说 EVENT FOR ACTION 所体现的实际上是 PART FOR WHOLE 的转喻模式。

至此，我们从认知的角度对名—动转类的转喻理据进行了考察，通过分析转喻思维与名—动转类的关系，转喻思维在名—动转类中的实现及名—动转类的转喻特征，对转喻思维在名—动转类过程中的运行机制进行了较为详尽的刻画。同时进一步的研究表明，尽管名—动转类过程中涉及不止一个认知因素，但其最根本的构词理据却是转喻，这是因为，无论一个名转动词的词义形成过程中受到了何种（或几种）因素的影响，但指代事物的名词转换成表示关系的动词，最终所依赖的机制一定是转喻，也就是说，是转喻促使一个表示事物的概念的内涵特征转换和延续至表示关系的动作，从而使得该动词具备了同名事物的内涵特征。基于这样的认识，下节我们将以一首古诗为例对转喻思维的运作机制作进一步的刻画。

三　"水"为何可以喻"剑"

古诗词中多以明澈的秋水比喻闪闪发亮的剑光,其中晚唐诗人刘叉的《姚秀才爱予小剑因赠》尤其有名:

> 一条古时水
> 向我手中流
> 临行泻赠君
> 勿薄细碎仇

本节拟对"水"何以喻"剑"加以说明。

1. "以水喻剑"语篇层面的替代分析

认知语言学对隐喻、转喻等的研究不是从修辞而是从认知的层面展开,并取得了卓有成效的研究成果,这可以说是当代隐喻(及转喻)研究的一大进步。认知语言学对隐喻/转喻的研究主要涉及的理论包括映射论和合成论。前者将隐喻/转喻的产生视为源域(source domain)和目标域(target domain)中两个概念之间的映射,后者则认为它们是由不同的输入空间(input space)进入合成空间(blend space)后经过一番信息删减、选择和过滤后最终于层创空间(generic space)产生层创结构。无疑,他们的工作对于隐喻和转喻研究的影响是深远的。但正如潘塞和索恩伯格(Panther & Thornburg, 2007: 240)在总结了十多年来认知语言学关于转喻的研究后所指出的那样,"将转喻的特征归结为邻近关系,或者将转喻归结为源概念提供心理通道达至目的概念的过程,也许都是太笼统了"。在我们看来,不唯转喻如此,隐喻亦然。

由于认知语言学只是从概念的层面对一些语言偏离现象进行解释,这实际上是对传统修辞观的"替代"说的反动。但经过观察我们发现,尽管映射论与合成论的确能从认知域和心理空间的视角出发较好地阐述隐喻/转喻发生的思维机制,能够比较清楚地解释转喻发生的大致过程,但这一映射或合成过程究竟以什么作为中介、思维过程是怎么样的、涉及哪些认知能力,以及这一切是如何在转喻发生时发挥作用的,该理论并未给出充分的说明。而进一步的观察发现,"替代"的修辞表达在语言层面上是存在的。因此作者赞同徐盛桓的观点,从语言层面来看,隐喻/转喻等修辞现象都可抽象为"A 是

B”这一表达式，在特定的语境下概念“A”在语义上和概念“B”可以相互替代，而这种替代之所以可能发生，正是因为A把自己的外延、内涵内容作出分解，根据语境，选择一个涵项内容“输送”出去作为“A是B”的B，并以能表征B的概念来承载，这仿佛就是A把自己的内涵内容“传”出去了，由B“承”载起来，通过B替代A，构成了“A是B”的表达。

对于隐喻和转喻两种不同的传承模式，徐盛桓（2008a，b，c）曾分别加以论述。根据徐的观点，转喻以相邻关系为基础，因此它的外延与内涵的传承是发生在整体与部分，或者部分与部分之间的。隐喻则由于是建基于相似关系之上的语言表达，需要在本体和喻体之间找到一个相似点，进而建立一个临时性的上位范畴，使得本体的内涵特征流通至上位范畴并进而传递给喻体，最终使喻体也获得了本体的某些内涵特征。下面我们试以隐喻的内涵外延传承模式对“水是剑”的传承过程加以说明。

在《姚秀才爱予小剑因赠》这首古诗中，无疑“剑”是本体（A），“水”是喻体（B）。所谓“以水喻剑”也就是用B（水）来代替A（剑），这里体现的正是“A是B”这一表达模式。[引自中国文学网（http：//www. literature. org. cn/Comments. aspx？ArticleID = 27588）]

从水的外延来看，包括各种各样的水，如河水、海水、湖水，甚至开水、冷水等，每一个外延都具备不同的内涵（特征和属性、功能和作用、生成和来源、结构和位置等）。水的特征属性有很多，如流动、无色、透明、无味、清冷等。与此类似，剑的外延同样包罗万象。其内涵亦可以抽象为特征和属性（如颜色、外形等）、功能和作用（可伤人、可防身等）、生成和来源（如何获得）及结构和位置（内部成分等）。那么水和剑的相似性在哪里呢？作者认为这种相似性存在于水在太阳照射下的反光和剑身在光照下的锋芒。

根据图2-2我们分别将“水”和“剑”的内涵特征分解：

“水”的内涵结构 =	内容：氢元素、氧元素 形式：液态、流动、无色无味、反射阳光 功能：可饮用、灌溉、保持体温、维持养分 施事：水本身
“剑”的内涵结构 =	内容：铜、锡、铁、合金 形式：固体、剑的各个组成部分、反射阳光 功能：伤人/物、收藏、权力的象征 施事：剑本身

图2-6 “水”和“剑”的内涵结构

　　从图 2－6 的有关"水"和"剑"的结构图可以看出，从内容、形式、功能和施事各个方面看来大相径庭的两个事物，却恰好在形式方面发生了联系，即都有"反射阳光"的内涵特征。但"水"的这一特征是如何与"剑"的这一特征发生联系从而使后者可以替代前者的呢？

　　由"内涵外延传承说"可知，处于类层级结构上位范畴的概念的内涵特征可以在一定的因果力的作用下传递给下位概念。我们知道"水"和"剑"分属于"水类"和"剑类"，它们分别继承了各自类属的一些特征和属性。但同时，这些内涵特征还可以依据它们其他的特征、属性、外形等来做不同的分类，例如水具有"反射阳光"的特性，剑同样也有，因此它们之间就会临时搭建起一个新类"阳光照射类"。原本并不属于同一类的两个事物在经历一系列的格式塔转换后就从概念上获得了同一性，即新类（这里是"反射阳光类"）就将自身的内涵特征同时传递给了水和剑，使它们都具有了新类的属性。这种新类建立的关键在于原本分属于不同"类"的两个概念都超越了自身的范畴，并进而与具有相似性的另一类概念建立起一个新类。水之所以可以喻剑，从语词的层面上分析，正是由于"水类"的一个外延（如"河水"）的内涵特征的某些方面突破了水类的范畴，从而与属于"剑类"的某一子类的内涵特征相结合形成了一个新类"反射阳光类"，如图 2－7 所示。

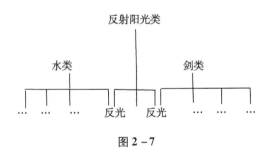

图 2－7

　　图 2－7 以新类"反射阳光类"为基础，描述了水和剑相互替代的认知机制。但需要说明的是，若是从词汇层面进行考察，则"水是剑"的隐喻式表达似乎不仅仅只有"反射阳光"这一点相似性可以用来建立新类。其他如水的清澈和剑的冷凝之间的相似性同样可以成为彼此内涵传承的基础，从而实现"A 是 B"的语言表达。但我们对语篇层面的考察则没有得到类似的结果。

2. "以水喻剑"语篇层面的替代分析

上面我们从词汇层面较为详细地论证了水之所以可以喻剑的原因所在。但这首古诗之所以可以流传千古,另一个重要的语言学理据在于作者有意无意地使用了语篇隐喻的修辞手法。我们在前文已经提到,徐盛桓(2010)倡导将"内涵外延传承说"的研究从词汇层面延伸至句子层面。作者顺着这一思路,仍然以唐代诗人刘叉的这首小诗为例,尝试从句子乃至语篇层面对"水何以喻剑"这一命题进行研究。

纵观全诗,作者自始至终以"水"喻"剑",巧妙地将"水是剑"这一隐喻贯穿全文,并且完全依照水的特性发挥想象。水和剑都是物体,但又是感观完全不同的物体。剑是凝滞的固体,而水是流动的液体。如果按原意以本体"剑"来进行平铺直叙的描写,则我们试将这首诗改动如下:

> 一把古时剑,
> 传到我手中。
> 临行殷叮咛,
> 勿薄细碎仇

这样一来,就变成了大白话似的临别赠言,诗的韵味大减,绝难给人惊艳的感觉。原作中作者却始终紧紧抓住水的特性,循着以"水"喻剑的基本构思炼字

剑既似"水",所以不是一般的"奉赠""惠赠",而是扣紧"水"字,选用了"泻赠"。我们仿佛看到了一条流动着的"水",流到诗人手里,又泻入朋友掌中。而"古时水"三个字,将那把宝剑自古代流传而来或家族代代相传的无形过程,变成了可以一眼尽收的连续完整的画面,极大地拓展了诗歌的意境空间。说一条水向我手中流来,从而使原来处于静态中的事物获得了一种富有诗意的动感。这种从全面着墨的写法,较之平铺直叙多了一层曲折,因而也就多了一种风趣。一个"流"字、一个"泻"字,在水的流动性上做足了功夫。通过水的"流"和"泻",将剑的"传"和"赠"两个瞬间的动作,转变成拉长了的可以绵延的过程,因而大大调动了我们的感观,使我们在看到"流"和"泻"过程的同时,似乎还有了触觉,甚至对水的流动还有了听觉。这样从不同的角度刺激了

读者的审美心理，增强了作品的感染力。我们试用"内涵外延传承说"对"水是剑"在语篇层面的传承过程加以说明。

和词汇层面的传承不同的是，语篇层面的传承不再是依赖"反射阳光"这一相似性。而是随着语篇的展开，在"水类"的内涵特征中进行筛选和过滤，以一种新的相似性作为建立新类的基础。我们认为，这个新的相似性就是水的"流动"和剑的"舞动"。二者建立了一个新类"运动类"。"运动类"的内涵特征的传递和延伸使读者很容易理解流向作者手心的并非真的是"古时水"而是一把上古宝剑。但纵观全诗，传承并未到此结束，而是继续通过句子和语篇的方式架构起一个传承的网络。犹如一条无形的链条将整个语篇串联起来。这就是所谓的隐喻的"跳跃"（廖美珍，2010）。

具体而论，开篇的第一、第二句，作者就巧妙地利用了水的"流动"和剑的"舞动"这一相似特征，建立了一个新类"运动类"，运动类将自身的内涵特征传承给了水类和剑类中的某一外延，从而使它们能够利用彼此的相似性来构建一种新的语境。但作者并没有就此打住，而是进一步将"流动"作为一个上位概念，在外延（"流动 n"）的内涵特征中进行各种心理上的认知转换，继而将这一概念的属性特征传递给了处于下位类的"手心"。这样整个语篇的隐喻传承路径就是：

第一，"水"和"剑"根据相似性建立了一个新类"运动类"；

第二，"运动类"的内涵特征传给了"水类"和"剑类"；

第三，"水类"的内涵特征"泻"传承给了"泻"的对象"手心"；

第四，从水的流动跳跃至剑的舞动，再由水的"泻"跳跃至"赠"，一种链条式的隐喻语篇就此形成。

3. 结语

隐喻的研究历经多年发展已经步入了成熟期，当前已经由词汇层面转向了语篇层面的研究。"内涵外延传承说"主要针对的是语词的研究，但一个理论要深入和发展必定要对语言现象具有普适性的解释力，也就是从语言的各个层面都能进行较为清楚的描述。正是基于这一理念，作者在对"水是剑"这一隐喻进行词汇层面的说明的基础上，尝试对语篇进行分析。以期对内涵外延理论的发展稍尽绵薄之力。所得出的研究结论如下。

在词汇层面，本体和喻体可根据具体的语境从各自的内涵特征选择多个相似性建立起不同的新类从而实现以 B 代 A 的语言表达；在语篇层面则往往是以某一个相似性为起点，由新类将其内涵特征传给本体和喻体，而喻体可能再次将自己的内涵属性传给下位概念。但由于所选语料有限，还很难保证我们的研究结果具有普遍的解释力，这也是后续研究有待跟进的方面。

第三节　从"内涵外延传承说"到"心智哲学与语言研究"

一　徐盛桓语言研究理论观点简述

如前所述，任何一种理论都必然经历一个酝酿、初创、检验、反思、成熟的过程，在这一过程中理论的提出者会不断地对理论进行修正和补足。一个典型的例子 homsky 普遍语法（Universal Grammar，UG）就大致经历了"句法结构模式"（Syntactic Structure）"标准理论模式"（Standard Theory）"扩展的标准理论"（Extended Standard Theory）"管辖与约束"（Government & Bending）和"最简方案"（Minimalist Program）五个阶段。

徐盛桓的语言学理论观点的发展和推进同样也经历了一个不断变化的过程。1993—1994 年，徐盛桓（1993a—f，1994abc，1995）对格赖斯会话含意理论进行了系列研究。他为新格赖斯会话含意理论和古典格赖斯会话含意理论分别建构了相应的推理机制，并对语义含意和意向含意进行了区分，使含意理论不再仅仅是针对言外之意的处理，也能处理日常会话的一般意义。在徐盛桓（1994c）看来，语义含意与语句的语义内容有关，具体地说，就是从语句中的词语所表示的事物衍生出来的，它体现了事物之间的"常规关系"，是对外部世界的一种客观描述；意向含意是说话人通过话语的表达方式折射出来的一种意图和倾向，隐含了说话人的交际意图和倾向。

随后，徐盛桓（1996a，1997，1998）分别从本体论、认识论和方法论的角度对"常规关系"进行了阐述，将常规关系界定为事物固有的属性，是社会群体以关系来把握世界的认知方式的存在形式和传播媒介，是人认识事物的一种视角、图式、框架和模型。2002 年的《常规关系与认知化——再论常规关系》一文中进一步将常规关系看作"认知化"的结果。看得出来，这一阶段徐盛桓以"常规关系"为切入口对"含意"进行了全面而细致的研究，从会话含意的分类到含意思维再到含意研究的逻辑学思考形成了一套独特的"含意本体论"理论体系。这套含意本体论研究成果后来成为"心智哲学与语言研究"中"意向性"理论的一个重要源头，因为"话语的理解和含意推导是一种意向性解释"（徐盛桓，2006：33）。

为了更好地说明语义含意所体现的常规关系的分布状态，徐盛桓（2007a，2007b）参照认知心理学关于认知能力的研究成果，采取心理实在论的立场，建构了一个以"常规关系"为基础、以"相邻/相似"为基本维度、以"自主/依存"为连接成分的"基于心理模型的常规推理"框架，这一框架被用于语言生成机制的认知研究。这一时期也正是认知语言学在国内高歌猛进的时期，一时间各种学术刊物都以认知语言学论文为主要刊登稿源。这其中莱克夫的"两域论"和福柯尼尔的"合成论"声势最为浩大。

在这期间，徐盛桓（2008a，b，c）另辟蹊径以逻辑为切入口，展开对隐喻/转喻等修辞的思维机制的研究。结果发现，隐喻/转喻的运作涉及本体和喻体的概念的外延和内涵，其实质是外延和内涵的传与承。由是，徐盛桓（2009）正式提出了"内涵外延传承说"，目的是对诸如隐喻/转喻的修辞格是如何发生的进行更具心理实在性的说明。"内涵外延传承说"的主要观点我们在本章第一节已经作了详尽的说明，这里不再赘述。但有必要对"含意本体论""基于心理模型的常规推理"和"内涵外延传承说"之间的发展和继承关系作一简单说明。

"含意本体论"是徐盛桓在反思格赖斯会话含意理论的基础上发展起来的，目的是解决格赖斯及列文森等试图解决而没有解决的含意的本原及分类的问题，当然徐盛桓的含意本体论仍然是循着前人所提出的"常规关系"来进行研究的，但却在原来的基础上推进了一大步。其中一个重要的贡献就是将含意进行了重新分类，这使研究者可以从更加切实可行的角度来对含意的本质属性及推理机制进行研究。随着研究的深入，徐盛桓更是将"常规关系"具体化为"相邻/相似"关系，并以"自主/依存"为连接方式对所谓的常规关系进行探讨，目的是说明语言含意究竟是以何种"常规关系"存在并为人们所理解的。但这样的解释框架似乎仍然没有能够说清楚诸如"女人如花""朝阳似火"这样的隐喻所涵盖的本体和喻体之间是如何自主和依存并最终被替代的。这便有了更具心理实在性的"内涵外延传承说"的提出。根据这一理论，语意的内涵特征主要有四个：①结构和位置（structure）：概念所指称的事物在事物类层级结构中的时空位置；②特征和属性（property）：概念所指称的事物的各种特征和属性；③来源和生成（origin）：概念所指称的事物的肇始、历史、渊源、过程、原因、原料、产生地、产生的方式方法等；④作用和功能（function）：概念所指称的事物的功能、作用、地位、所谋求的目的、所扮演的角色等。这样的区分使较为笼统和模糊的常规关系有了更具指向性的说明。例如，"女人"和"花"之间之所以能够发生替代关系，正是因为两者之间在内涵特征的"特征和属性"方面具有相似关系。

"内涵外延传承说"较好地说明了语言的生成和理解过程中，语义含意是如何从一个事物延伸到另一个事物的问题，但语义含意只是徐盛桓的"含意"研究的一个分类，即从语句的词语所表示的事物所衍生出来的含义，所体现的是事物间的"常规关系"，说到底还是一种客观所指。但徐盛桓（1994c）的研究就已经表明，语言的含意还有另一个分类，即意向含意，它体现的是说话主体的意图和倾向。这部分内容是"内涵外延传承说"所未企及的，这便有了2010年开始的"心智哲学与语言研究"范式的提出。其目的是解决语言生成和理解过程中认知主体对语意的最终形成所发挥的作用。

二　"心智哲学与语言研究"研究情况概述

自2010年至今，徐盛桓先生所倡导的"心智哲学与语言研究"已经走过了五个年头。时至今日，作为国内一个新的语言学研究范式，已经引起了学术界的广泛注意，并对语言研究产生了一定的影响。从心智哲学切入进行语言研究是一个较新的领域，徐盛桓（2011）提出了心智哲学与语言研究的三个基本原则，其中之一就是"择其善者而从之，择其易者而为之"。徐盛桓明确指出，"心智哲学与语言研究"框架下进行的研究只是借助心智哲学的研究成果对语言现象进行分析，不参与心智哲学本身的讨论。但由于心智哲学本身的理论体系丰富而庞杂，这必然牵涉到"择"这一理论体系中哪些"善者"和"易者"而"从之"和"为之"的问题。

"心智哲学与语言研究"自2010年创立至今，已先后在三峡大学、河南大学、四川大学、天津外国语大学、广州大学成立了五个科研团队。

各科研团队成员主要由该校的教授、博士等科研骨干人员组成，所涉及的研究领域涵盖了外语研究的几个主要方向，即语言学、翻译、文学、语言教学等。到目前为止，已经在三峡大学（2010 年 11 月 20—22 日）、四川外国语大学（2013 年 5 月 9—12 日）和天津外国语大学（2012 年 10 月 25—27 日）成功举办了三届研讨，并在重庆大学（2011 年 11 月 27—30日）、天津外国语大学（2012 年 10 月 25—27 日）、河南大学（2013 年 4月 13—14 日）、四川外国语大学（2013 年 5 月 9—12 日）举办四届讲习班。这些科研活动极大地促进了校际交流，扩大"心智哲学与语言研究"在全国范围内的影响力。同时，各团队成员之间的横向交流也为这一领域研究的扩展发挥了积极作用。

科研成果方面，截至 2014 年上半年，各团队成员在《外语教学与研究》《外国语》《现代外语》《外语与外语教学》《外国语文》等外语类核心期刊发表论文 20 多篇。在徐盛桓先生的积极推动下，《外语教学》（2012 年第 1 期）、《当代外语研究》（2012 年第 8 期、2013 年第 6 期）、《天津外国语大学学报》（2013 年第 4 期）先后推出了"心智哲学与语言研究"三个专栏，极大地促进了这一新的语言研究范式的推广。其中《当代外语研究》（2013 年第 6 期）更是以专栏和专访的形式对"心智哲学与语言研究"进行了大力推广。

受徐盛桓研究的启发，不断有研究者运用意向性理论对一些语言现象进行研究。这些研究涵盖了修辞（刘倩，2013；何爱晶，2012）、语篇（张先刚，2012）、语体（何爱晶，2012）、句法（何爱晶，2013）、翻译（赵春雨，2012；屠国元、李文竞，2012）等各个方面。这些研究经历了一个由浅入深、由理论阐述到实例分析的发展历程。同时由于意向性研究总是和意识的涌现过程密不可分的，因此也有学者专门撰文对某一特定句式的生成机制进行了研究（雷卿，2014）。这些研究大多是以徐盛桓（2013a）所研制的意向性解释框架和意向性原则为指导进行的研究。

综上所述，心智哲学与语言研究视角下的感受质问题的研究，归根结底就是作为物理客体的语言主体的意识活动的语言表现的问题。这样的语言表现在语言分析过程中可以通过一些模型化的方式来进行解读，从而对一些语言表达式的生成机制进行有说服力的解释。可以说，在徐盛桓先生的带动下，这一新的语言研究范式正被越来越多的研究者认识和接受。令人欣喜的是，除了各研究团队的成员之外，越来越多的非团队成员也加入这一研究队伍中来。本书作者是团队最早的成员之一，自 2010 年开始围绕着"心智哲学与语言研究"这一主题展开了系列研究，发表了与之相关的科研论文十余篇，并成功申请了国家社会科学基金。本书正是对作者这几年研究的一个全面归纳和总结。

三 "心智哲学与语言研究"的原则、目标和研究假设

徐盛桓（2011）明确提出"心智哲学与语言研究"的原则、目标和方法。原则包括三方面内容：选择原则、重点原则和反溯原则。

所谓"选择原则"，是指始终坚持语言研究的本体地位，不作跨界研究。"心智哲学与语言研究"的落脚点，是语言研究而非哲学研究，因此在此范式下的研究不参与心智哲学领域内的哲学辩论，只是选择该领域一些成熟且易于为语言研究所用的理论加以提炼和转化，从而作为指导语言研究的哲学原则。按徐盛桓的话来说就是"择其善者而从之，择其易者而用之"。

"重点原则"是指研究内容而言的。在实在存在（real existence）和虚拟存在（virtual existence）两者之间，研究的重点落在虚拟存在。

"反溯原则"是针对研究方法而言的，即在研究的过程中采取反溯推理的方法，以现有的语言现象为研究起点，反溯产生这种语言现象的原因，从而揭示语言产生的奥秘。

在研究目标方面，任何的语言学研究者都试图提出一个具有普适性的语言解释理论。"心智哲学与语言研究"同样也具有这一雄心：希望立足于心智哲学的理论大厦，建构一个基于心智的解释框架，来对语言生成过程中所涉及的心智活动进行阐述，从而较好地解释语言的生成和理解的相关问题。

为此，徐盛桓（2011）特提出了三个研究假设：

语言最基本的性质是：语言是基于心智的；

感知觉信息的表达是语言运用的基础；

语言所表征的是心理的表征。

第一个假设是心智哲学与语言研究的立论基础。正是因为有这样一个基本认识，才有可能从语言和心智的角度出发展开语言研究，也才有可能通过对语言形成过程中心智活动的描述来说明语言产生的可能原因。第二

个假设是针对"身心关系"而言的。"身心关系"历来是哲学研究的核心问题，放到语言研究中来看，则可以解读为认知主体的物理形态（身）在与客观世界的接触中发生了感觉和感受（心），这种感觉和感受一旦需要用语言表达就变成了语言运用的基础。第三个假设是承接着第二个假设而言的，即任何的语言表达都不是凭空而来的，都是认知主体对客观世界产生感觉和感受后在大脑中形成了特有的意向图式，从而用语言形式加以表征。这个假设是参照认知心理学的表征理论（representation theory）中的双重代码假说（dual coding theory）作出的推论。

针对上述三个研究假设，徐盛桓建议参照如下几个步骤展开研究：

第一，在语言运用中，感觉和知觉的过程是从什么开始的？

第二，在这过程中哪些主要的变量在语言表达中起作用？

第三，这些变量如何组合成为计算模型？

第四，计算过程和结果是如何在大脑表征的？

第五，大脑的表征又是如何被语言表征的？

这五个研究步骤为"心智哲学与语言研究"指明了大致的方向，使研究者能够以感觉、知觉为起点展开研究。并对语言产生过程中所涉及的一些心智因素加以考量，从而形成一个具有解释力的理论模型，通过这个模型来说明心理表征如何转换为语言表征的。本书后面针对一些语言现象如歇后语、转喻等的研究就是基于这五个研究步骤而完成的。当然，由于语言现象本身的复杂性，这五个步骤只是一个初步的设想，具体的研究会有所更改。

第三章

心智哲学理论溯源

第一节　西方近代哲学演变历程

西方哲学从古希腊、古罗马的丰富多彩到中世纪经院神学一统天下的暗无天日再到文艺复兴时期的涅槃重生经历了一个蜿蜒曲折而又不断往前推进的过程。复兴后的欧洲哲学的人文精神突出表现为理性主义精神，它随着自然科学的兴起而出现，并与科学精神互为表里、彼此促进。这一时期的哲学家们提倡理性，鼓励人们利用人类自身的意识而不是上帝的指引去探索客观世界的奥秘。哲学终于从神学的"婢女"转型为人自身意识和理性的产儿，主客、灵肉、心物等哲学基本命题被正式提出。

但任何事物都是过犹不及，这种理性主义下的人文精神走向极端后导致了带有强烈独断论倾向的思辨性形而上学的形成，在认识论上表现为主客绝对分离的二元论。理性被当作一种普遍有效的尺度和万能的手段，无论是科学问题还是社会问题都要置放于理性主义之下进行研究，从而建构一个由理性思辨支撑的形而上学的社会体系。这种以孤立和片面为特征的形而上学思维使人们对世界的认识缺乏综合和概括。西方哲学在经历文艺复兴至黑格尔达到顶峰之后又退回到了原点，古典西方哲学发展到近代后走向了终结，现代西方哲学在人本主义思潮和科学主义思潮的裹挟中逐步成形。

在这两种思潮中形成的现代西方哲学在认识论上是反唯物和反二元对立的，他们从唯心主义立场出发主张从作为主体的人出发来看待人和作为对象的世界。在说明认识的起源和本质及人们所认识到的世界时，哲学语言表达的混乱不清导致了哲学问题本身的讨论无法进行下去，人们认识到应该通过研究语言来解决许多传统上悬而未决的哲学问题。这就导致了哲学家们从关注客观世界的本原和揭示人类自身的认知转而关注主客体之间的中介"语言",西方哲学的"语言转向"自此形成。语言学转向使西方哲学从传统哲学转向以逻辑分析为主的分析哲学和语言哲学。语言不再是进行哲学研究的训练工具而是哲学研究本身。哲学问题只有通过语言分析才能澄清和阐明。西方哲学发生"语言转向"之后,语言取代认识论成为哲学研究的中心课题,这一转向产生的影响不仅仅发生在哲学界,对语言学的影响同样深远。

在分析哲学后期,西方哲学又发生了一次"认知转向"。所谓"认知转向"是指在认知科学的大背景之下,各相关学科蓬勃发展,原来的哲学、心理学、语言学、人类学、计算机科学和神经科学发生了裂变形成了六个新的学科——心智哲学、认知语言学及认知心理学、认知人类学、人工智能、认知神经科学,哲学研究的中心位置也就此从语言哲学转向了心智哲学。

"心智哲学"(philosophy of mind)是分析哲学和语言哲学的新的发展阶段,它同样关注主客体的中介语言,但和语言哲学相比,它更加看重的是脑和心智相关联的语言能力。因此心智哲学的建立,完成了哲学从"语言"到"认知"的转向;形成了"心智—语言—世界"新的三元结构世界观;开创了以经验为基础的、以综合方法为特征的哲学发展的新时代(蔡曙山,2010)。以这样的角度来看,哲学不再是一种脱离人的抽象的概念体系,而是与人的身体构造、生理结构、心理结构、心智状况密切相关的理论,是一种"涉身哲学"。它秉承了认知科学的"涉身"哲学观,借助"语言"这一窗口,将心智的研究推向了前台,试图发现人类心灵和智能的本性和工作机制,从而解决困扰人类数千年的心身(Mind and Body)问题、人类的意识之谜、意向性问题、心理因果性问题等哲学问题。

心智哲学对语言研究的启示就在于:语言的运用究其根本是人对于语言的运用,因此我们无法绕开主观因素、经验因素、涉身因素、意识因素、情感因素等来进行纯粹的语言分析。而上述种种因素最终总要追究到人的身心关系(mind-body relationship),因为语言运用所表达的就是人的感知所得到的感受和认识(徐盛桓,2011),这就使从心智哲学的角度研究语言成为可能。从这一角度进行语言研究,意味着我们在对语言的本质进行探究之前首先要弄清我们心智的工作机制及规律。

本书正是立足于心智哲学的语言观来对语言表达的生成机制进行新的阐释。尤其是通过对修辞语言生成过程中所涉及的心智因素的考察来揭秘一个有异于常规的语义表达式是如何能够被交际双方所接收的。从心智哲学视角观察，语义变异的实质，是通过语义变异即"换一个说法"所反映出的"换一个事件"或"换一个概念"对表达对象作出带有明显的意向性的摹写性和创造性的反映；这里关键性的词语是明显的"意向性""创造性""反映"，而这样的变换体现了表达主体一种什么样的心态和这样的变换为什么可能正是心智哲学视阈下语义变异的修辞所要研究的（徐盛桓、何爱晶，2014）。考虑到任何语言表达式的形成都离不开认知主体对客观世界的感觉和感受，因此本书不唯对语义变异现象进行研究，而是将研究拓展为各种各样的语言表达式。为此，我们有必要对现代语言学的发展脉络进行梳理。

第二节　现代语言学发展概述

历史比较语言学、结构主义语言学和转换生成语法分别代表了现代语言学的三个主要发展阶段。这三个阶段语言研究的侧重点分别是语言历史、语言内部结构和语言先天能力。

19 世纪末到 20 世纪中期是现代语言学研究的繁茂时期，通常意义上的普通语言学是从洪堡特开创了现代语言学的传统开始的。洪堡特对于语言的本质和功能、语言和思维的关系、语言的文化内涵等具有普遍意义的问题展开了深入的研究。在他之后索绪尔（Saussure）、梅耶（Meillet）和房德里耶斯（Vendryes）从心理学角度入手将语言视为社会心理学的一部分进行研究，并最终发展成为现代语言学上最为重要的结构主义语言学。结构主义语言学认为语言是一个完整的符号系统，具有分层次的形式结构；在描写语言结构的各个层次时，特别注重分析各种对立成分。初创于欧洲大陆的结构主义语言学流传到美国后结合当地的语言研究实情形成了美国的描写语言学。描写语言学之所以在美国大行其道是因为美国建国历史短，没有对英语进行历史比较研究的迫切性。相反，对美国土著濒危语言的抢救却迫在眉睫。因此对墨西哥以北美国土著语言的描述性研究开启了美国结构主义的开端。

到 20 世纪中期，随着"认知革命"对语言学的冲击，以乔姆斯基为代表的"语言学革命"对美国描写语言学进行了强劲而持续的冲击，形成了到今天仍然极富影响力的语言学理论——普遍语法。乔姆斯基认为人类的语言能力是先天就依附在基因之内的，语言能力不过是基因在外界的刺激下得以启动而已。因此在正常人的大脑中存在着一种包括原则和参数的语言知识体系，利用这些原则和参数人们可以轻易地获得语言能力。据此，语言研究的重点不应该是语言行为的研究而应该是语言能力的研究。对语言能力的解释在他看来可以通过转换和生成两个步骤来加以说明。乔姆斯基的这种语言先天观使语言研究发生了革命性的变化，他所提出的普遍语法被称为是对结构主义语言学的革命。

但普遍语法所提出的语言生物性的观点却因为缺乏实证研究的支撑而引起了广泛的质疑，人类的语言能力究竟是先天的还是后天习得的？语言的演化究竟是基因遗传的还是历史文化影响的结果？这些问题并没有在普遍语法理论的指导下得出令人信服的结论。因此一些学者认为乔姆斯基的普遍语法是对美国描写主义的反动，其主张的"底层语法"并没有经过多样化的语言描述来支撑，因而是不足以取信的。尽管如此，乔姆斯基的普遍语法仍然具有划时代的意义。因为它不仅是打破了 20 世纪中期以来结构主义一统天下的局面，更重要的是把认知科学引入语言学领域，开创了从心智方面来研究语言的新思路。认知语言学因此得以顺势而出，成为对乔姆斯基革命的革命。语言学理论研究作为一种语言学研究范式或潮流逐渐形成了取代转换生成语法之势。

认知语言学继承了普遍语法对于心智研究的重视，因此这两种范式具有传承关系。但二者的哲学基础的不同直接导致了研究取向的不同。一方面，乔姆斯基作为唯理论的拥护者，把笛卡儿的"固有思想"和"固有结构"的观点引入语言学中；另一方面，他认为语言研究的目的不应该如描述主义所主张的那样对语言事实进行记录，而更应该对语言知识作出充分的解释。为此，一个形式化的语法理论体系的构建是必需的。但认知语言学显然是从不同的哲学思维入手来进行语言研究的。以乔治·雷可夫（George Lakoff）、马克·约翰逊（Mark Johnson）及朗奴·兰盖克（Roland Langacker）为代表的认知语言学自认为是在以体验哲学（Embodied philosophy）为指导的第二代语言科学影响下进行的语言研究，他们认为语言是客观现实、身体经验、人类认知和生理基础等多种因素综合的结果。对语言本质的探究，认知语言学强调心智的体验性、认知的无意识性和思维的隐喻性。

　　作为认知科学一个分支的认知语言学，其"同门"包括认知心理学、认知人类学、人工智能、认知神经科学、心智哲学。他们都是由认知科学最初的六个支撑学科裂变而来的（最初的六个支撑学科分别是，哲学、心理学、语言学、人类学、计算机科学和神经科学）。既然同为认知科学的分支学科，很显然，"认知"就是各学科的核心价值之所在。当然，由于各学科的研究领域的不同导致了在研究目标和方法论上的学科差异自然也是题中之义。就认知语言学和心智哲学而言，前者是以认知为手段，对语言现象寻求一种普遍性的解释原则，以求得对符号语言与脑和认知的关系的合理解释。为此，认知语言学研究者们从不同的视角切入展开研究，如隐喻（莱克夫，1987、1993、2008）、转喻（拉登、考威塞斯，1999；潘塞、索恩伯格，2007）和常规关系等；后者则是以语言为"窗口"，通过对自然语言和人工语言的分析来了解人类心灵和智能的本性和工作机制。心智哲学的终极目标是要解决困扰人类数千年的心身（Mind and Body）问题、人类的意识之谜、意向性问题、心理因果性问题等哲学问题。因此它是哲学研究在"语言转向"后的纵深发展，与分析哲学和语言哲学一脉相承。它"脱胎"于语言哲学，但超越了语言哲学将语言意义视为"首要任务"的研究目标，直接将心智的研究推向前台（涂纪亮，2003：325）。

　　正是由于心智哲学与认知语言学的这种相互交融和渗透使我们在立足于认知语言学的基础上借用心智哲学的一些观点对语言进行研究成为可能。我们知道哲学和语言学之间的关系主要体现在两个方面：一是存在一些共同话题；二是语言学理论大多是建基于哲学理论基础之上的。前面如普遍语法就是吸取了理性主义和形式主义的精华而形成的。那么在厘清了心智哲学和认知语言的关系后，我们可以大胆地设想，通过吸纳心智哲学的一些比较成熟的哲学观点来从事语言研究，所取得的研究成果有望对认知语言学中一些尚未解决的问题，如两域论和映射论中存在的中介阐述不足的问题，进行补充。另外，尽管是从心智哲学的角度来进行语言研究，但无可避免地也要用到认知语言学的一些研究方法来对一些具体的修辞现象进行解释和说明。

第三节 "语言转向"流变中的语形、语义、语用研究

如本章第一节所述，西方哲学的语言转向经历了一个从自然语言到人工语言再回归到自然语言的往返循环的过程。第一阶段的转向导致了分析哲学的产生，第二阶段的转向则催生了语言哲学的出现。贯穿这一过程中的主线始终是"语言"，语言既是语言学的研究对象又是语言哲学的研究媒介。语形学、语义学和语用学渐次成为西方哲学的研究焦点。因此本节将语言转向流变中的语形、语义和语用研究进行回顾，以便为后文的研究寻求历史立足点。

纵览西方哲学从古代到近代的演变，不难看出人类经历了一个认识客观世界的本原（客体）和揭示人类自身认知（主体）的过程。前者被称为哲学研究的本体论，后者则是认识论。在哲学史上从本体论到认识论被称为哲学研究的认识论转向。进入 20 世纪以来，西方现代哲学则将研究聚焦于主客体之间的中介"语言"，西方哲学研究由此开启了它的语言转向。语言转向使西方哲学从传统经典哲学转向以逻辑分析为主的分析哲学和语言哲学。严格来说，分析哲学不是一个学科门类，而仅仅是一种哲学思潮或一套哲学研究的方法，它直接导致了一个新的哲学分支"语言哲学"的产生。

在这一转向过程中，无论是早期的以形式语言为基础的数理逻辑的分析哲学，还是其后的以自然语言分析为基础的语言哲学，都将"语言"置于哲学研究的基础和中心的位置。"语言转向"并不是一蹴而就的，而是经历了一个"自然语言——人工语言——自然语言"的循环，这一循环的结果是西方哲学在 20 世纪先后经历了分析哲学和语言哲学两个浪潮。在这一浪潮中，"语言"被置于前所未有的重要地位。

语言之所以在西方哲学转向中发挥了至关重要的作用，一个根本的原因就是，语言是人脑支配的物化的控制系统，人借助语言机制与外部客观世界建立实践关系。通过对语言进行哲学考察来实现哲学认识上的突破，因此也就成了哲学发展的必然。乔姆斯基认为，我们学习语言是因为它给我们打开了一扇心智的窗口，我们可以通过研究语言而理解心智的许多特征。正是因为"语言"在西方哲学史上所占据的重要地位，因此梳理西方哲学"语言转向"过程中哲学家们如何进行哲学意义上的语言研究，

无论是对哲学自身还是对语言学就都具有特定的价值和意义。

一　分析哲学思潮下的语言研究

对于分析哲学（analytic philosophy）的起源并没有一个确切的答案。"分析哲学"这一名称最早出现于 20 世纪 30 年代，据冯·赖特（Von Wright）推测，这一名称得以流传开来，部分是由于阿瑟·帕普（Arthur Pap）战后的著作，即 1949 年出版的《分析哲学原理》，1955 年出版的《分析的认识理论》和 1958 年出版的《语义学和必然真理：对分析哲学基础的探究》（转引自哈克《分析哲学内容、历史与走向》，江怡译）。哲学界曾认为分析哲学始于罗素（Bertrand Russell）和摩尔（G. E. Moore）。但随着研究的深入，肯尼认为"弗雷格（Gottlob Frege）分清了逻辑与心理学，并赋予它先前一直由认识论占据的哲学前沿的位置。正是这一事实使弗雷格（而不是其他人）被看作现代分析哲学的奠基之父"（肯尼，1995：210）。此外，早期的维特根斯坦也是分析哲学的典型代表。

分析哲学的基本原则是，我们的哲学思想，或者说我们关于这个世界的思考，可以通过对语言的分析来解决。在这一基本原则的指导下，分析哲学先后出现过逻辑原子论、常识实在论、逻辑实证主义、批判理性主义、日常语言学派、逻辑实用主义、历史社会学派等支派，还包括 20 世纪 60 年代以后出现的不属于这些支派的分析哲学家（陈波，1997：63—73）。因此分析哲学被认为是区别于传统欧洲大陆哲学的一套哲学研究方法，或哲学思潮，其核心任务在于"分析"，即通过明晰的分析方法来理解世界，完成对世界的哲学认知。按照达米特的主张，正是在哲学语义学中得到集中体现的语言分析，才是分析哲学的公理性特征（Michael Dummett，1993：128）。对于什么是"分析"，哲学家们大多同意源自亚里士多德的解释："分析"即"分解"。但对于被分解的部分与整体的关系，分析哲学家的理解却莫衷一是。主要有"部分论的"（meristic）分析和"整体论的"（holistic）分析两种观点。前者强调部分在整体理解中的重要性，后者恰好相反。对此，一些著名的分析哲学家如弗雷格（1994）、罗素（1937）、卡尔纳普（1982）都分别从不同的角度进行了论述。

由于分析哲学的源起并没有明显的标志，加上分析哲学是作为一种哲学思潮（或研究方法）而不是一种学科出现在人们的视野中，因此到目前为止很难有明确统一的起止时间，一般认为可分为三个时期和两个阶段。三个时期分别是，20世纪早期的逻辑原子论和实证主义的初兴时期；20世纪中期的分析哲学在英美的鼎盛发展时期；20世纪60年代的后分析哲学时期。其鼎盛时期大致有两个阶段：第二次世界大战前的逻辑实证主义阶段和战后的语言分析阶段，战前阶段倾向于强调人工语言和符号逻辑，而战后阶段则倾向于强调日常语言及其哲学。

逻辑实证主义时期的分析哲学是以语言的语义分析为手段来解决哲学问题，因此"语义学"被认为是其重要标志。在这一思想指导下进行的哲学研究将宇宙视为一个建立在原子事实之上的逻辑构造，它同构于一个理想化的逻辑语言体系。典型代表当数基于莫里斯语言三分的"卡尔纳普模式"（鲁道夫·卡尔纳普，1999）。由于逻辑实证主义时期是以人工语言为研究对象，因此这一时期的研究者致力于开发一种含义与指称——对应的理想化的语言作为哲学表达的工具。

但随着原子主义思维在后分析哲学中的覆灭，哲学家们逐渐认识到仅仅从语形和语义来研究语言并进而来认识世界是片面的，用形式化和理想化的语言来理解世界图景不具有哲学认识能力。只有在经验主义的指导下对语言使用进行理解和阐释才能真正发挥语言在哲学认识中的作用。日常语言学派因此主张对日常语言的用法及其所能完成的功能作全面细致的描述与清理，从而消除因对它们的误解而产生的哲学困惑。这一时期的分析哲学主张哲学用日常生活语言替代所谓的理想化语言作为哲学表达的工具。

尽管分析哲学经历了三个时期两个阶段的发展，形成了以逻辑实证主义为代表的人工语言学派和以剑桥与牛津学派为代表的日常语言学派两个分支，但分析哲学的基本主张是一致的，即他们都是秉持理性主义和科学主义的，重视逻辑分析和实证研究。其共通之处在于通过语言分析澄清哲学概念和命题。为此他们以"语言"为研究的切入点，通过对数理逻辑、语形学、语义学、语用学的深入研究来对哲学本体论命题进行研究。在这一哲学背景下，20世纪的哲学界的语言研究发生了革命性的变化，语言研究在分析哲学思潮的席卷下打破了传统逻辑独立于经验之外的先天模式，使语言分析不再仅仅局限于先天的纯逻辑句法层面。哲学家们运用现代逻辑形成一套哲学研究方法，建立理想的人工语言进行语言分析，因此这一时期的语言研究带有浓烈的"反实在论"哲学特点，在语言研究上表现为从卡尔纳普等人对语形学和语义学的重视，发展到戴维森、奥斯汀、塞尔、格赖斯等人对语用学的聚焦。

对于分析哲学时期的语言研究而言，鲁道夫·卡尔纳普无疑是一个重量级的学者。他的学术生涯大致可以分为逻辑句法的语形学和逻辑语义学两个阶段。他受莫里斯语言三元划分的启发，将语言分为语形、语义和语用三个层面（Rudolf Carnap，1942），形成了分析哲学时期著名的"卡尔纳普模式"。

在卡尔纳普看来，语形学就是专门分析语词之间、符号之间的关系的一门学科，语形学是一套不涉及现代逻辑而聚焦于纯粹的句法、形式和逻辑规则的语言分析方法。出于对语言纯洁性和精准性的追求，卡尔纳普及其追随者们区分了两种语言，即对象语言和句法语言。并进而将对象语言分为两种：只包括逻辑常项的精确语言 I 与包括逻辑常项及不同种类的变相的语言 II。这一区分拓展了语形学的研究对象和域面，为其后向语义学和语用学发展奠定了基础。此外，卡尔纳普等还在"宽容原则"的指导下将"演算"纳入语形学研究的内核，把语言的产生和理解看作一个"演算"的过程，通过一系列的"演算"便可以准确无误地分析语言。哲学家们进而推断，任何一种表述的句法都是先天确定了的，可通过精确的句法形式和演算来推知语义。这一时期卡尔纳普的研究被归为"逻辑句法"阶段，他在逻辑句法阶段对语义采取一种摈弃的态度，即认为语言研究中语义研究是无用和多余的。

但卡尔纳普在建立逻辑句法之后所做的进一步研究使他认识到，要确立语句的真值，语义学是必不可少的。他将语义学的研究范围限定在单纯分析语词与所指对象，从而将他所倡导的语义学定义为"逻辑语义学"，以区分对历史的存在的语言的语义特征进行经验研究的"描述语义学"。卡尔纳普把他研究的语义学体系定义为："在元语言中形成的并指向对象语言的规则体系，这种规则决定每一对象句子的为真条件，亦即其为真的充分和必要条件。"（Carnap，1961：22）

如前所述，卡尔纳普区分了对象语言和句法语言，这为他的逻辑语义学的建立提供了充分的理论依据。他的语义学体系中，"对象语言"就是他所要建立的人工语言，用作"元语言"的则是自然语言（英语）。两种语言的区分使人们意识到"对象语言"和"元语言"是处于两个不同层次的语义，从而可能导致语义悖论的消解。在卡尔纳普的语义学体系中，内涵和外延是最基本的两个构件，这两个构件共同构成了逻辑语义的解释基础：一个表达式的理解是由把握内涵和外延关系两方面完成的。这就从根本上克服了经典符号逻辑学所认为的"语言表达只局限于外延"的弊端，从而为语义研究开辟了一条新路径。但这种建基于原子主义思维的语义学模式随着原子主义的消亡最终走向衰落。

尽管卡尔纳普建立了语言的语形、语义和语用的三分系统，但在他眼里，语义才是语言研究的核心内容，语形只在确定自身正确性方面有一定的益处，但并不具有核心地位。而作为讲话者对语词和语句之使用的特定方式的语用学只是一个并无多大用处的东西。发生于20世纪70年代的"语用学转向"（Pragmatic Turn）从根本上改变了语用学的附庸地位。语言研究也就步入了奥斯汀（Austin）、后期维特根斯坦（Wittgenstein）、塞尔（Searle）、格赖斯（Grice）、奎因（Quine）、戴维森（Davidson）等群雄并起的语用学研究时期。他们在"作为人们如何使用语言符号理论的语用学，而不是语义学，应当成为语言理论的核心"这一问题上达成了共识（J. Peregin，1999：425）。戴维森模式的建立更是取代卡尔纳普模式成为语用学兴起的标志。

戴维森模式的建立得益于哲学家们认识到自然语言并不像逻辑经验主义认为的那样一无是处，哲学问题也并不完全是由于自然语言的模糊性和歧义性所造成。自然语言作为研究对象开始隆重走进哲学家的研究视野。在对形式语言进行反思的过程中，戴维森和奎因逐步形成了"语言整体论"思想。整体论思想的实质是把语言的形式和结构及其内在意义看作整体思维中的结合物，这实际上是对逻辑语义学的一种反动。"语用语境"成为研究的重中之重，是一切建构的出发点和生长点，语用学成为这一时期哲学研究的中心。但"语用学不是对句法和语义的排斥，而是兼容，返回到语用学也就返回到了具体"（盛晓明，2000：2）。这是因为Davidson 模式的出发点不是把语言当作一种命名方法，而是当作一种工具箱。这种"工具箱"的语言理论使人们可以将语形、语义和语用各归其位，日常语言交流中这三者分别作为"语言表达式""语言表达原则"和"表达中剩余部分"共同构成语言研究的完整系统。"语言转向"由此进入"语用学转向"时期。

二 语言哲学视阈下的语言研究

前文我们已经提及，西方哲学的"语言学转向"经历了"自然语言—人工语言—自然语言"的一个循环往复的过程。从自然语言到人工语言的转向发生在 20 世纪之初，弗雷格可算是最主要的倡导者，这次转向的哲学成果是分析哲学思潮的出现。出现于 20 世纪 50 年代的第二次转向是由维特根斯坦主导的从形式语言到自然语言的回归，这一转向催生了一个新的哲学分支：语言哲学。在这一语言学转向过程中，出生于奥匈帝国的英籍哲学家维特根斯坦的哲学思想被一分为二，其早期代表作《逻辑哲学论》（1921 年德语版，2007 年中文版）和后期代表作《哲学研究》（1945，2013）分别被视为分析哲学和语言哲学的纲领性读本。有人说，分析哲学和语言哲学的区别，就是维特根斯坦前后期哲学的区别（蔡曙山，2006：50—58）。语言哲学视阈下的语言研究主要集中于以 Chomsky 为代表的句法学、蒙塔古为代表的语义学及奥斯汀和塞尔为代表的言语行为理论（Stegmuller：1992）。

1. 乔姆斯基的句法学研究

分析哲学从本质上来说是经验主义的，但到了分析哲学后期，随着实证逻辑主义的兴起，语言分析不断走向深入，科学理性主义逐渐取代经验主义成为哲学研究的主流。在这一过程中乔姆斯基（Chomsky）的语言学理论极大地丰富和发展了以"语言转向"为内核的分析哲学思想，传统的语形学研究也逐渐演变为形式句法研究。1957 年，乔姆斯基发表的第一部专著《句法结构》（*Syntactic Structures*），标志着转换生成句法理论的诞生。

作为一名语言学家，乔姆斯基继承了笛卡儿的天赋观，坚持语言的先天观，认为人类是借助先天语言能力（innate language faculty）来获得语言的。这种先天的语言能力是人类通过无数代的养育繁衍而固化为儿童大脑中的基因程序。基于这样的设想，乔姆斯基建构了一个包含有"语言能力"（LF）、"初始状态"（S0）、"稳定状态"（SS）、"内在语言"（I-Language）、"普遍语法"（UG）等相关概念的语法理论体系。Chomsky 语法理论大致经历了"句法结构模式"（Syntactic Structure）"标准理论模式"（Standard Theory）"扩展的标准理论"（Extended Standard Theory）"管辖与约束"（Government & Bending）和"最简方案"（Minimalist Program）五个阶段。前两个阶段因为强调转换规则与句法结构的严格对应性而被合称为"标准理论时期"。第三、第四两个阶段合称为"GB 模型"（The Theory of Government and Binding），特点是转换的层次（深层结构、浅层结构、表层结构）和规则越来越少，原则和参数的讨论越来越多。而第五阶段的最简方案是前面几个阶段的全面升级，在保留了管辖及约束理论的基本框架的基础上更新了句法流程和操作手段。

对应于上述五个理论阶段的是句法研究推导方法的变迁：早期转换语法时期是将句子的产生看作一个动态的语法转换过程，即利用一整套的语法规则（短语结构）对不同阶段的句子结构加以改造，最后合并生成一个语义完整的句式结构；标准理论时期乔姆斯基通过赋予语义一定的句法意义，并引入中间阶段这一概念，来说明句式的形成是使用短语结构规则和词汇搭配规则形成深层结构，然后插入词汇，再通过转换将深层结构变成表层结构；管辖及约束理论的句法最主要的变化在于提出了模块理论（modular theory），应用这个理论能对 D - 结构和 S - 结构、逻辑形式、语音形式等进行有效的描述；最简方案句法推导过程顾名思义就是对早前的句法理论的简化，外在表现之一就是 D - 结构和 S - 结构在这一理论中被取消。以拼读（spell-out）为转折点的运算手段成功"收敛"（converge）了句法的形成流程。

乔姆斯基在语言学方面被归入唯理主义和心理主义语言学。事实上，他的语言研究的最终目的是通过自然语言在人脑中的内在机制来对非形式语言进行条件充分的解释。从本质上来说，他的哲学思想是对经验主义分析哲学传统的超越。

2. 蒙太古语义学研究

蒙太古语义学（Montague Semantics，MS）是美国数理逻辑学家蒙太古（R. Montague）于 20 世纪 70 年代初提出的用数理逻辑方法研究自然语言的一种语义学理论，属于蒙太古语法（Montague Grammar，MG）的一部分。

蒙太古语法与转换生成语法在语言理论基础上非常接近，尤其是句法研究的领域和成果多有重叠的地方。但在语义研究领域，蒙太古语义学却力图改变当时零散破碎的研究局面，尝试对转换生成语法（TG Grammar）语义学所不能回答的一些问题，诸如"自然语言的语义究竟是什么"来进行回答。为此，MS 通过发展真值条件语义学、模型论语义学及可能世界语义学的方法将自然语言与外部世界结合起来进行考察以获得对自然语言的意义进行再解释，这样的再解释很显然有别于 TG 语义的"句法决定论"的观点。其真值条件语义学和模型论语义学分属两个发展阶段，真值条件语义学是采用语义真值断定的方式对自然语言句子的语义表达式进行语义判断，如该表达式所涉及的客观情况为真，则语句为真，反之亦然。如对于"John walks"这个表达式的语义是否为真，取决于"John"所指实体属于"walk"所指集合这样的客观情况是否成立。模型语义学则是为了对众多自然语言句子真假的情况进行总体描述而建立的一种抽象模型式的语义研究，这个抽象模型可以为一定范围内的所有语句提供比较真假的参照物。可能世界语义学则是借助模态逻辑的知识对语义进行形式化研究，更加细致地揭示了自然语言的外部意义。

尽管蒙太古语义学对自然语言的形式语义学和计算语义学的扩容作出了巨大的贡献，但由于蒙太古语义学按照在一可能世界中指称的方式来描述表达式的意义，由于它对语句的解释是静态的、孤立的，因而意义描写的经验不充分性和形式刻画的粗放性也就因此被学者们诟病。

3. 言语行为理论

从分析哲学到语言哲学是近代西方哲学发展的两个阶段。尽管这两个阶段都是以"分析"作为哲学研究的手段，但前者是用语言语义分析手段解决哲学问题，探讨科学命题的证实和意义问题，以语义学为标志，其实质是"语义学转向"。后者是借用语言语用学成果来建构哲学对话的新平台，为科学理论的合理性进行辩护，寻求交流和使用中语言的意义，以语用学为标志，本质上是一种"语用学转向"（殷杰、郭春贵，2002：54—60）。因此语言哲学视阈下的语言研究主要是以语用研究为主。而言语行为理论（Speech Act Theory）则正是"语用学转向"的具体体现。

言语行为理论是由英国哲学家奥斯汀为寻求哲学问题的解决途径而创立的，后经美国哲学家塞尔加以修正和发展。因此奥斯汀和塞尔分别代表了言语行为理论的两个发展阶段。

言语行为理论的基本主张被归结为"以言行事"，即人们讲一句话就是在执行某种言语行为。这一基本主张是基于奥斯汀对日常语言与哲学研究的关系问题的思考，并初步提出了行为研究的方法论之后，明确提出述谓句—施事句的区分而逐步形成的。在奥斯汀看来，现存的语言形式是语言进化过程中的强者，其中蕴含着人们认为值得加以区分的所有差异和值得保存的种种关系（Austin，1979）。奥斯汀倾注了大量的心血于行为研究之上，但遗憾的是并未形成一套完整的理论。但他对于述谓句和施事句的区分成为他对抗逻辑实证主义的突破口，也为他日后被尊奉为言语行为理论的奠基人奠定了基础。

塞尔继承和发展了奥斯汀的理论。继承性表现在同样承认人类交际的最小单位不是句子，也不是其他表达式，而是诸如叙述、提问、命令等行为这一核心观点。发展则表现在三个方面：一是将奥斯汀的言语行为三分说进行改造，将言语行为重新分为断言类（assertives）、指令类（directives）、表达类（expressives）、宣告类（declaratives）、承诺类（commissives）五大类；二是提出了间接言语行为理论，论证了语句的字面意义和话语意义之间的非一一对应关系，从而说明语境在语义生成中的重要性；三是重视意向性在语句生成和理解方面的重要性，认为说话者借助语言符号表达意向，而语言符号本身并不具有意向性，是由心智的意向性派生出来的。由此，塞尔在语言研究中对于心智的关注便成了他和奥斯汀最大的区分。

20世纪是哲学研究史上风起云涌的一个时代，产生了许多伟大的哲学思想和影响深远的论著。贯穿于西方近代哲学研究的一个主要线索是哲学家们对主客观世界之间媒介"语言"的重新审视和深度诠释。因此以"语言转向"为基准，通过对这一哲学思潮涌动下的分析哲学和语言哲学的反溯，从而对语言三分所形成的语形、语义和语用在这一流变中的研究状况进行分析，对语言学和哲学这两个领域的交叉研究可望推进语言学和哲学两个领域的研究工作。

第四节　心智哲学发展述略

经过三四十年的发展，当代认知科学研究进入了一个急剧变革和不断重组的新阶段，其中一个路向是对认知的研究进行更为抽象的哲学概括，建立起心智哲学。心智哲学（The philosophy of mind）又称"心灵哲学"或"精神哲学"，是当代西方哲学在认知科学方向上生成起来的崭新学科。心智哲学的建立，标志着西方哲学已经完成"认知转向"，即从语言哲学到心智哲学的转向，心智哲学成为当代西方哲学的主流（蔡曙山，20103：6）。当代心智哲学形成于20世纪初期，经历了逻辑实证主义、后期语言哲学、过渡阶段和20世纪70年代以来的新研究范式阶段，进入了塞尔所说的"心智哲学时代"。

哲学的研究对象之所以转向心智，主要有三个方面的原因：其一，哲学家们已经普遍意识到，对许多哲学问题的理解依赖于对最基本的心智过程的理解；其二，从知识增长的角度来说，知识的增长使我们更加关注实质性的、建设性的哲学；其三，认知科学的崛起为哲学开辟了全方位的研究领域。

心智哲学与过去各种哲学理论的本质区别是，不论是在本体论、认识论、语言基础和逻辑方法上，心智哲学处处都将哲学问题与人的身体、心智联系起来，哲学不再是一种脱离人的抽象的概念体系，而是与人的身体构造、生理结构、心理结构、心智状况密切相关的理论，是"体验哲学"（蔡曙山，2008：45）。

一般认为，现代西方心智哲学是从笛卡儿开始的。笛卡儿最著名的学说是"心身二元论"，这一理论表现为两个层面：一是实体层面，即心智实体与物质实体（身体）的对立；二是性质或属性层面，即心智的属性"思"与物质的属性"广延"相对立。笛卡儿认为，两个层面的对立是绝对的，不具有还原性（邱惠丽，2006：46）。当代心智哲学不仅包括传统的"身心问题"，还包括有关心智的意识、知觉、意向性、思维的本质等一系列问题，塞尔（1998：81）将其归结为"12 个问题"：

（1）心身问题

（2）他心问题

（3）能否认识他心的存在

（4）如何认识他心的存在

（5）自由意志问题

（6）自我与人格的同一性问题

（7）动物是否具有心智

（8）睡眠问题

（9）意向性问题

（10）心智因果和副现象问题

（11）无意识问题

（12）心理和社会的解释问题（转引自邱惠丽，2001：47—49）

在这 12 个问题中，"心身问题"作为心智哲学的最核心的研究论题，长期以来受到了哲学家们的持续关注。在我们看来，语言研究同样离不开身心关系的研究。因为一个语言表达式的出现，从源头来看，就是认知主体作为一个物理实在对客观世界进行观察，形成一种原初的感觉后在心理上觉知为一种特殊的感受，然后用特定的语言形式表达出来。因此我们认为，如果要准确地描述语言的生成机制，则应该回到源头对身心关系进行研究。这也是"心智哲学与语言研究"这一范式的基本出发点。

语言哲学主张哲学的本质即语言，把哲学的深层次问题看成语言问题。与此相反，心智哲学将语言看作心智活动的反应，认为心智活动才是心智哲学研究的对象。事实上，心智活动是人的认知活动的核心。一般认为，大脑和神经系统产生心智的过程称为认知过程（蔡曙山，2009，2：25—38）。心智哲学把认知科学的认知研究作为一个支撑点，而认知科学则把语言的认知研究作为其中一种研究手段。要了解人类心智的起源，第一步是找出人类和其他生物间心智活动的差异；语言运用体现了最明显和最大的差异。这样，在心智哲学和认知科学里，语言都是作为观察心智的"窗口"。这样，心智哲学、认知科学、认知语言学都在"语言"上交会了。在研究的实践中，心智哲学—认知科学—认知语言学分属不同的学科层次，各有各的研究目标，但又有一个共同的研究取向，就是探讨心智问题，尽管各个学科的重点不同。它们对心智问题的探讨，其中主要的或一个重要的手段是观察语言。

哲学是抽象的，心智哲学同语言相关的一个问题被抽象为心智同知识的关系，而人们的知识当然包括了语言的知识。既然心智哲学把语言活动看作心智活动的反映，而心智活动才是心智哲学研究的对象，那么心智哲学对语言活动的认知追求就必然不能只停留在语言的表层活动上面，而要进一步深入语言表层后面同语言知识有关的心智活动。从修辞来说，心智里的语法知识，就反映为心智对修辞语言的隐性的学习，并凝固为思维里的知识和记忆；这是一种内部思维。修辞外显为语言表达，是内部思维向外部思维的延伸，最终实现为语言思维。

尽管国外对心智哲学的研究已经有较长的历史，但目前国内对心智哲学的研究还处于译述和介绍的阶段，如邱惠丽（2007）对当代心智哲学研究的 12 个主要问题的述评，刘高岑（2006）对当地心智哲学的演变和发展趋势的研究等。尚无人将心智哲学和其他学科结合起来进行跨学科研究，"心智哲学与语言研究"系列研究有望在这方面有所突破。

第五节　心智哲学重要理论梳理

"心智哲学与语言研究"的创始人徐盛桓在从事该领域的研究工作之

初就提出了"择其善者而从之,择其易者而用之"的基本原则(徐盛桓,2011)。徐曾明确指出,作为语言学研究者,尽管以心智哲学为理论出发点,但说到底进行的是语言学研究而非哲学研究。因此心智哲学视阈下的语言研究只是借助心智哲学比较成熟的、容易为语言研究所用的理论来对语言现象进行解释和说明,不参与哲学本身的讨论。这就从根本上指明了"心智哲学与语言研究"的研究范围。在此基础上,徐盛桓(2011)提出了"基于心智哲学的语言研究三假设":

(1)基于心智是语言最基本的性质;

(2)感觉信息的表达是语言应用的基础;

(3)语言所表征的是心理表征。

徐盛桓(2011)曾简单地提及了几项研究中用得上的理论,即意向性、属性二元论、心理随附性、涌现性。在随后几年的研究过程中,徐又先后提出了语言研究的几个观点:计算观、意识观、意向观、涌现观、拓扑观。由于徐文发表的时候心智哲学与语言研究还处于初创阶段,徐文对这些理论的认识必然也还有不是很充分的地方,所提及的语言研究的几个主要观点还有待进一步加以说明。因此本节将沿着徐盛桓近年来的研究轨迹,并参照团队其他成员的研究成果对一些重要理论进行重新梳理和说明,以备后文理论框架的建构之用。

一 意向性

意向性概念最初出现在中世纪经院哲学中,后被奥地利哲学家布伦塔诺(Brentano, F.;1993)重新进行了诠释,他开创性地提出了 intentio(意向性,拉丁语)的认知活动。在他看来,意向性是一切心理现象的基本特征,因此 intentio 已经不是静态的心灵内的存在物,而是一种积极主动的带有指向性的认知活动,这一活动是其他一切活动赖以存在的基本活动,因此,这一时期的意向性研究尚处于心理学的框架之下进行。但随着现象学和分析哲学的盛行,意向性的研究开始在这两个领域铺陈开来。以胡塞尔为代表的现象学(Husserl, E.;1973)和以维特根斯坦(Wittgenstein, L.;1956:40)为代表的分析哲学都对意向性理论进行了深入的研究。随着分析哲学向语言哲学的发展,意向性理论也逐步丰富和完善起来。尤其是进入心智哲学研究时代后,意向性的研究更是处于一种极其活跃的状态。人们通过对意向性理论的研究来解释人自身的行为、认知和大脑的活动过程，以及人是如何通过心理当中的意向性来指涉客观世界的。因此意向性的一个最重要的特征往往被认为是"关指性"（aboutness）。作为日常语言学派的代表人物的塞尔（1983），在继承他的老师奥斯汀（1961，1979）理论的基础上对语言的意义研究作出了巨大的贡献。在他看来，语言中的意向状态不是语言本身所固有的，而是一种派生的意向性，塞尔把这种在人内心之中具有指向关涉能力的意向性作为言语行为基础来加以论证。在迄今为止的整个西方哲学史上，最为完整而系统地开展意向性分析的哲学家，除了现象学的创始人胡塞尔，当数当代的心灵哲学家塞尔了。尽管西方哲学界普遍认为塞尔重复了胡塞尔的许多工作，但不可否认的是，塞尔以意向性为理论出发点探索人与世界直接的认识关系，尤其以心理 — 物理主义为本体论基础重新提出心灵哲学的研究进路，反映出语言哲学向心灵哲学转向的基本线索。在《意向性——论心灵哲学》一书中，他明确提出了一个标志性的观点："语言哲学是心灵哲学的一个分支。"（转引自汶红涛，2013）由于塞尔是西方哲学从认识论到语言研究转向的关键性人物，他以意向性为基点对语言转向后的语言意义进行了全面而深入的阐述，因此有必要对塞尔的意向性理论进行简单的回顾和评述。

在塞尔之前，弗雷格已经开创性地将数理逻辑引入语言哲学中来对语言的意义进行研究。此后的罗素和维特根斯坦继续跟进，到20世纪的前20年终于确立了语言哲学的逻辑主义范式。这一被称为"人工语言学派"逻辑实证主义研究范式秉持着"语言—世界"的二元语言研究观，主要是从语言与世界的关系探讨语言的意义，完全排除了语言使用者的行为和意图。随着日常语言学派的兴起，人们日益重视"人与语言"的关系，主张语言的意义在于它的用法，因此在研究方法上人工语言学派的"逻辑—构造"论，形成了日常语言学派的"收集—描述"论。在这一研究背景下，奥斯汀的言语行为理论应运而生。他创造性地将语言活动归入人类活动之中，提出"说话即是做事"的哲学主张。并进而将复杂的言语行为分为三类：以言表意行为、以言行事行为和以言取效行为。塞尔在继承言语行为理论的根本主张的基础上，进一步将语言意义的分析推进到人类心智的层面，从语言分析走向心智分析，当代西方哲学研究也随之跨入了一个心智哲学这一新阶段。从语言分析到心智分析最大的跨越在于从"逻辑—构造"论主张下的"语言—世界"的二元观转变为"语言—心智—世界"的关系主体中来，从而为从心里意向性出发研究语言奠定了哲学基础。

在塞尔（杨音莱译，1989：110）看来，"意向性是某些心理状态和事件的特征，它是心理状态和事件指向、关于、涉及或表现某些其他客体和事态的特征"。这一定义包含了两个关键词：心理状态和关指性（aboutness）。一些可能成为意向性状态的心理状态包括：信念、畏惧、希望、愿望、爱慕、仇恨、厌恶、喜欢、怀疑、高兴、兴奋、压抑、忧虑、骄傲、悔恨、悲伤、悲痛、内疚、恼怒、疑惑、原谅、敌视、敬仰、轻蔑、尊敬、义愤、意图、幻想、羞愧、欲望、失望。

基于此，Searle 提出了关于意向性的基本看法：

（1）并非所有心理状态和事件都具有意向性，区分的标准是关指性，指向自身之外的就是意向性，反之则不是；

（2）意向性不同于意识。有意识的状态不一定是具有意向性的，相反，有意向的状态也不一定是具有意识的；

（3）意图和意向都只是意向性的诸多形式中的一种，它们同信念、愿望和忧虑等意向状态一样并没有特殊地位。它们都是一些心理状态和事件，而不是心理活动或心理行为（高杨，2009）。

除了将意向性理论的研究从二维视角拓展为三维之外，Searle 更是试图从"真诚条件"和"意义意向"两个层次来对意向性作进一步的区分。他把心理状态中的意向性称为内在的意向性，而把言语行为中的意向性称为派生的意向性。所谓内在意向性直白地说就是人类通过自己的感觉器官所衍生出来的原初性的意向，如一个人看到一支笔会产生"我想写字"的自觉自发的内在意向；而这种内在意向一旦用语言符号加以记录，变为"我想写字"/"I want to write"这样的符号表达式后，就成了 Searle 所说的派生意向了。因此，塞尔认为，一切派生的意向性都是从内在的意向性派生出来的。正是在这个意义上，塞尔认为心理的意向性是语言中的意向性的基础。

在关指性之外，表征性是意向性的另一特征。所谓表征性，是指意向性在人类与所关指的客观世界的关系中，用以表征客观世界和存在状态的一种特性。塞尔所理解的意义的表征性包括"命题内容"和"心理方式"，前者确定意向性的满足条件，后者确定意向性的适应方向。

表征性之所以可能，是因为各种孤立的意向性状态相互关联构成了一个意向性网络，居于意向性网络最底层的就是意向性状态得以被表征的先决条件：心智能力。作为意向性背景的心智能力本身并不具备表征性特征，但却是意向性状态得以被表征的先决条件。

综上所述，语言意义是意向性的一种派生形式，所以意向性的可能性与局限性就确定了语言意义的可能性与局限性。语言从意向性中派生出的一个主要功能很明显的是语言的表征功能。言语行为的分类在本质上反映了表征的各种适应方向（段开成，2004）。

意向性理论是"心智哲学与语言研究"的一个重要的支撑理论，徐盛桓及其研究团队的多篇论文都是围绕着这一理论展开研究的。在《心智哲学与语言研究》（徐盛桓，2011）一文中，徐盛桓首次提出，从心智哲学的意向性出发进行语言研究，则意味着表征事物的词语呈现"本体意义"和"识解意义"两类意义。前者指的是事物所对应的概念的外延和内涵，后者则是指从诸多的本体意义中选用的某一特定的意义。随后，徐盛桓（2013a：174—184）更是从认识论的高度对语言运用过程中所涉及的意向性活动进行了全面而深刻的论述，该文的一个重要研究成果是对意向性的关键要素进行了理论概况，提出了语言研究的意向性活动通常涵盖了意向内容和意向态度两个构件。并进而将意向态度分为心理状态、心理估量、心理取向三个次范畴。如图 3 - 1 所示：

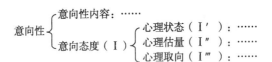

图 3 - 1　意向性解释框架

徐盛桓（2013b）将图 3 - 1 命名为"意向性解释框架"，该框架及相应的意向法则被用来对语言活动进行"意向性解释"（intentional explanation）。

如前所述（P. 36），国内研究者近年来已从修辞语篇、语体、句法等不同层面对意向性理论展开了研究，但这些研究大多是以前文所回顾的徐盛桓（2013a）所研制的意向性解释框架和意向性原则为指导，对某一具体的语言现象进行了较细致的分析。作者认为这样的研究在初期是很有必要且卓有成效的，但随着研究的推进，似乎需要更多的研究者参与到理论框架的开发中来。

二　感受质

学术界对于"感受质"的各种讨论可谓轰轰烈烈，理解莫衷一是，甚至截然相反，以至于有学者干脆宣称根本不存在什么"感受质"，认为它完全是被生造出来的。但更多的学者认为，感受质（quale，复数为qualia）问题是当代心智哲学研究中的一个核心议题。

第一个在现代意义上使用"感受质"的是哲学家是皮尔士（Charles·S. Peirce），但普遍认为刘易斯才是该词的真正引入者。研究显示，"qualia"这个词早期在英文文献中的一个使用出现在乔怀特（Benjamin Jowett）在1875年对柏拉图《美诺篇》的翻译之中。该词是从拉丁词"qualis"而来的，意思是"是这种的，或具有这样的性质的"。早期对感受质的理解往往存在着模糊性，既可以用来指"一个东西的性质"，也可以指"具有某种性质的东西"（转引自刘玲，2013：61）。

当代哲学家们对感受质的认识逐渐靠拢，基本上认为该术语主要是指"一个东西的性质"。但尽管如此，由于观察的视角不同，他们对于这一概念都给出了自己的解释。例如，皮尔士对感受质的认识是与意识经验紧密结合的。他认为作为一种"性质"的感受质是不可言说的，因为任何一种感受质意识不是一种单一的思维，而是复杂思维过程综合的结果（Keeley, B.；2009：80—87）。与皮尔士一样，刘易斯（Lewis，1929）同样承认感受质的不可言说性，但他却认为感受质可以在经验中被重复使用，并且可以内在地被识别。这其实就是认为感受质是某些意义的拥有者，也即认同感受质是"一个东西的性质"。而作为将感受质正式引入心智哲学的费格尔，则是将感受质与直接经验联系起来，因此他对感受质的理解于前面两人有所区别。在他看来，所谓感受质是指在"有限时段里出现的暂时的经验的性质"（Feigl, H.；1967）。因此尽管他赞同感受质是"一个东西的性质"，但却强调这种性质的经验性和时效性。

我国学者江怡（2009：28）总结归纳了学术界对感受质的三种基本理解：

其一，它是人类的一种特有的经验性质，不仅包括了感觉经验而且包括思想和愿望等经验活动；

其二，它是人类的一种心理状态，或者是对人类这种心理状态的解释；

其三，它是人类的一种意识活动状态，这种状态构成了人类作为生物体的本质特征。

随后，江怡（2009：30）提出了他自己关于感受质的理解：感受质无论被解释为经验内容还是心灵的随附性质，它们都是以现象意识的方式存在于人们的内在心理活动之中，是人们试图用一种可以判定的方式去把握的意识现象。所以，感受质之谜就与人类的心灵活动密不可分。自然界中的无生命之物一定没有感受质，而即使是有意识活动的动物也不具有人类的感受质特征。其实，归根结底，感受质问题就是关于我们人类如何理解意识活动的特殊性质问题，换句话说，感受质是"可表达"的。

既然感受质是可表达的，而表达的目的是为了进行交流，因此王姝彦（2010）通过对"感受质"的结构进行分析，引入"可交流"概念，从而来较好地说明生理活动与心理活动之间的本质区别。具体而言，就是在不断交流的过程中，加强人类对于感受质的交流，去理解感受质的性质，从而让有关感受质的本质属性的讨论从神经机制方面的解释剥离开来，使感受质问题还原为知识表达的问题。这为从哲学上研究感受质问题提供了一个新的解决之道。

除了上述关于感受质的介绍性论文之外，国内外还有些学者从不同的角度对感受质问题进行了研究。例如以感受质为切入点对物理主义和反物理主义展开论辩，国内代表人物为高新民（2009）、陈晓平（2011）、王晓阳（2011）。他们认为，作为解决意识问题关键因素的感受质，是物理主义必须面对的问题，因此有必要直面感受质是物理的还是非物理的问题。此外，埃德曼从神经科学的角度出发对感受质展开研究，肯定了感受质的本体论地位，提出了"神经达尔文主义"和"动态核心假说"，为感受质提供了一套自然化的说明（陈思，2013）。在关于"知识论证"的讨论中，程炼（2008）、王晓阳（2011）、刘玲（2009）等都以物理主义与"知识论证"之间的论争为主题，对"知识论证"展开了深刻的反思，阐述了"知识论证"存在的意义及其自身的缺陷。

通过上面的文字，我们对感受质进行了简单的概念溯源，并对学术界对于感受质问题的争论的一些核心问题进行了整理。现在回到感受质与语言研究的状况中来。

将感受质运用于语言研究初见于徐盛桓、陈香兰（2010），该文对感受质与语言研究的关系进行了清楚的阐述，并根据感受质的特质提出了

"感受意"这一概念，这为意义研究打开了一扇新的大门。所谓感受意是指人们对在语言里所表征的意识对象所产生的一种类似于感受质的那种难于言喻的或难于准确表征的心理感受。在此基础上，文章进一步提出了"句义""含意""感受意"的语言信息三分法。这无疑是一个很有意义的新话题。在 2014 年 4 月上海外国语大学的博士沙龙上，徐盛桓提出了一个"意识感受性"的理论模型，这个理论模型的核心观念是事物的意识感受性。这一模型将感受质用于语言研究的过程具体化为三个步骤：连通—提取—耦合。这三个步骤尽管是针对隐喻感受意形成的模拟模型，但对于其他语言活动，尤其是语言变异现象的研究无疑具有极大的启发。

值得一提的是，通过 CNKI 的关键词检索，我们发现将感受质用于语言研究已经在部分年轻学子中悄然展开，如哈尔滨理工大学李爱华（2012）的硕士学位论文《转喻的感受质分析》就是一个新的尝试。该文以感受质为理论基础并结合一些汉语实例对转喻进行分析，是近年来以认知为主流的转喻研究的一个创新之举。

综上所述，心智哲学与语言研究视角下的感受质问题的研究，归根结底就是作为客观实在的语言主体的意识活动的语言表现的问题。这样的语言表现在语言分析过程中可以通过一些模型化的方式来进行解读，从而对一些语言表达式的生成机制进行有说服力的解释。

三　拓扑空间理论

拓扑学（topology）是数学领域的一个术语，后来被广泛用于其他的学科研究。如在心理学领域拓扑学作为格式塔心理学派的一个变种或分支，形成了"拓扑心理学"（topological psychology），由德国心理学家库尔特·勒温（Kurt Lewm，1890—1947）所创立。在哲学领域则形成了哲学拓扑学，逐步演变成为当代西方哲学中新兴的一个哲学分支。

"哲学拓扑学"的概念最初由当代法裔英国哲学家阿兰·蒙特费尔（Alan Monterfeir）在 20 世纪 60 年代提出，随后在西方哲学界产生了一定的影响。哲学拓扑学展现了一种新的讨论哲学概念的方式：以相同概念在不同历史时代的变迁为线索，研究各个概念之间相互的逻辑联结，由此揭示哲学概念的逻辑结构（江怡，2012）。因此，拓扑学在哲学领域的研究是在概念层面进行的讨论，这是因为哲学本身是以"概念"为研究对象的。所谓概念的"拓扑性质"是指概念之间具有这样一种空间关系，即概念与概念之间具有一种极限的联系和连续性质，这种极限关系和连续性质形成了概念之间的拓扑空间（江怡，2008：71—77）。因此拓扑空间理论一个最核心的观点就是空间变化中图形具有的不变性质（invariance），即几何图形在连续改变形状的情况下还能保持最基础的物理形状。这种使几何图形保持拓扑性质的种种形变，称为拓扑变换；在拓扑变换下的种种变形，称为"同胚自同构体"（homoeomorphism）。

基于拓扑学的这一特征，有研究者尝试用这一理论进行语言研究。例如勒内·托姆（René Thom）借助拓扑学的空间理论，建立若干数学意义上的形态图形，用以解释语言表达式中各义素之间的连续性。这是拓扑理论在语义学方面的应用（Bernard Pottier，张祖建译；1987）。文学研究方面，罗益民（2011）从拓扑学的宇宙观出发，对莎士比亚十四行诗的美学效果进行研究。罗认为沙翁的十四行诗构成了多维的、开放的、动态的和隐喻的空间，体现为多种原型，具体化为多种描绘概念的隐喻性认知图形。这些图形在一定范围内是等效的。拓扑空间理论在这里可以较好地解释为何可以从不同的角度对同一个概念表达相同的意义。拓扑学审美的方法论意义表明了人与环境的函数关系（罗益民，2011）。

拓扑理论在翻译方面的应用则更加普遍和广泛，这是因为翻译的本质是一种文化交流和传承，从原文文本到译文文本就是具有拓扑性质的文本变形。这就不难解释为什么同一部文学作品会有多达几十种的不同译本。也就不难理解为什么对于莎士比亚的 *I am afraid* 网上出现了各种"神版本"。

原版：you say that you love rain, but you open your umbrella when it rains. /you say that you love the sun, but you find a shadow spot when the sun shines. /you say that you love the wind, but you close your windows when wind blows. /This is why I am afraid, you say that u love me too.

普通版：你说你爱雨，但当细雨飘洒时你却撑开了伞；你说你爱太阳，但当它当空时你却看见了阳光下的暗影；你说你爱风，但当它轻拂时你却紧紧地关上了自己的窗子；你说你也爱我，而我却为此烦忧。

文艺版：你说烟雨微芒，兰亭远望；后来轻揽婆娑，深遮霓裳。

你说春光烂漫，绿袖红香；后来内掩西楼，静立卿旁。你说软风轻
拂，醉卧思量；后来紧掩门窗，漫帐成殇。你说情丝柔肠，如何相
忘；我却眼波微转，兀自成霜。

诗经版：雨霏霏，君不沐；日灼灼，君不驻；风徐徐，君不抚；
我情切切，君不负？

心智哲学与语言研究同样认识到拓扑学理论对语言研究的较强解释力，
因此在前人的基础上提出了语言研究的拓扑观。认为语言活动的意识过程，
即是从对要表达的外界的感觉摄入成为主体对此的感受并以意象的形式在
大脑里加以呈现的过程，是具有拓扑性质（topological nature）的。因此对
语言的研究，便可以此为切入点而展开。据此，徐盛桓（2014）对视角隐
喻的拓扑性质进行了研究和分析。从这一新的视角来看，喻体和本体是同
胚（homomorphism）和共相（universal）的。正因为喻体有与本体不止一
个共同的"相态"，才使同一个本体可以产出多个喻体，而这不同个喻体
却往往与本体之间存有一些基本的不变特征，也即本体和喻体之间的不变
性导致了隐喻的产生。

到目前为止，心智哲学与语言研究对拓扑观的论述还不够充分，主要
表现为只考虑到了"变换中的不变"这一全局性特征，但还缺乏对"不
变"的概念性分析。对拓扑学而言，要通过分析概念集合各要素之间的
关系来说明集合的构成方式，人们对一个概念集合的理解正是建立在对集
合整体结构的认识之上的。因此，概念分析的实质就是结构分析。从这一
角度思考语言研究的拓扑观，或许可以给我们这样的启示：对于语言活动
的研究，应在考虑认知主体意识活动整体性的基础上，对主导语言活动发
生的意识活动的各个环节进行更加细致的刻画，通过对意识活动进行结构
分析来说明语言表达形式的"变"与"不变"。这正是本研究要有所突破
的地方。

四　涌现性

从词源上来看，"涌现"（emergence）源于拉丁语 emergere，"e -"
的含义是"出来"，"mergere"的含义是"涌出"，二者合在一起则意味
着"具有不可预测性。自19世纪上半叶以来，科学领域的研究者从不同
的角度对"涌现"现象进行了探讨，试图对这一现象的本质特征进行充

分的刻画。

作为学术用语的"涌现"最早出现于英国的经济学家和哲学家约翰·斯图亚特·穆勒（John Stuart Mill）关于因果关系的讨论中。他用氢和氧合成水的例子来说明原本具有各自特征的组分，在环境因素的影响下可形成一种含有新化学成分的化合物，这种新物质（二氧化碳）所蕴含的新成分是原来的氢和氧都不具备的。因而他指出涌现性有三个基本特征，即"整体不等于部分之和""涌现特征的种类不同于组分特征的种类""涌现特征不能从组分特征中推导或预测"。随后，刘易斯（G. H. Lewes）注意到化学反应中反应物与生成物性质迥异，据此他把反应物不能还原为任何一种综合作用的产物的过程叫作"涌现"。刘易斯对涌现的理解是对当时所盛行的"还原论"的一种反动。进入 20 世纪以后，控制论和系统论的研究者们从自组织理论、复杂适应系统理论来研究涌现性。在他们看来，涌现本身处于复杂系统内，涌现产生的过程是一些原本极为简单的事物随着"相变"（phase shifts）的产生而发生的一种从量变到质变的非线性过程（non-liner）。这一过程是"突变"而非"生成"的。对涌现现象的"突变"性特征，加拿大学者邦格（Mario. Bunge）将其描述为："设 x 为一由 A 组成的 CA（x）系统，P 为 x 的属性，则有（i）P 是 A 组合（resulatant）（或相当于水平的组合），当且仅当 x 的每一 A 成分（component）都具有 P。（ii）不然的话，即如果 x 的任何一 A 都不具有 P，则 P 是 A 涌现（或相对水平 A 的涌现）。"（张相轮等译，1989）随着对涌现性研究的加深，美籍奥地利生物学家贝塔朗菲用状态空间的语言对穆勒的"整体大于部分之和"进行了科学的阐述。

"设物质系统 Σ（K_1，K_2，…，K_n）的组成部分为 K_1，K_2，…，K_n。SL 为合规律状态空间，则系统的合规律状态空间：SL [Σ（K_1，K_2，…，K_n）] $\neq$ SL（K_1）$\cup$ SL（K_2）$\cup$…$\cup$ SL（K_n）。"（张华夏，1987）

通过上述回顾不难看出，"涌现"是区别于"生成"的事物的变换性特征，是一组相对完备的成分，以某种方式结合并相互作用，涌现出新事物的属性特征。它是对还原论的一种斥驳。在客观世界中，涌现是普遍的、系统的和恒新的。

从涌现论的视角检视语言现象，则意味着语言处于一个复杂适应系统（Complex A Daptive System，CAS）之中，具有非确定性、非线性、非静止性等特征，原始语言正是在这一复杂系统中，通过自我调整和演化，经历了漫长的从量变到质变的过程涌现而成为当代语言的（王士元，2006）。换句话说，语言进化的过程从本质上来看就是一个语言涌现特征的体现过程。这其中量的积累起到了基础性的作用。

所谓"CAS 系统"，本来是一些科学家提出的一个概念，例如用水壶烧水的时候，随着烧水时间的延长，水温呈线状不断升高，水以液态存在；但当水温达到一百度的时候，水突然改变线状变化从液态变为气态。这种从量变到质变的非线性过程就叫"涌现"。人类的语言系统同样可以视为这样一个复杂适应系统。

根据对远古的化石进行分析发现，现代人的身体，包括大脑的形状、体积以及基因组的内容，是在15 万—20 万年前形成的，而人类的原始文化，包括艺术、音乐、抽象思维，据考古学的考证，大概是在三四万年前相当突然地发展起来的。很可能在这十几万年的过程中，发生了不同的相变，一套很简单的沟通手势及声音，转变成人类所独有的语言，进而导致文化的发展。自从人类有了原始的语言，由于环境变得越来越复杂，语言也同步变得越来越复杂。在这个复杂化的过程里，语言不断地自我调整和适应（转引自王士元，2006）。

正是认识到人类语言可能处于这样一个复杂适应系统中，近年来语言学界已经将涌现理论引入了语言学研究中，尤其是应用语言学对这一理论的应用更是让人耳目一新。研究者分别从词汇（Macwhinney，2006；Steels et al.，2002；Zuidema et al.，2003）、句法（O'Grady，2005；Ellis，2003；Mellow，2006）、语篇（Slobin，1996；Cameron & Deignan，2006）等不同层面展开研究。本书将立足于现有研究成果对语义变异现象的涌现过程进行比较深入的讨论。

五　同一性

在西方哲学史上，"同一性"是一个很重要的概念。一些著名的哲学家分别从不同的角度对这一概念进行了论证，比如亚里士多德的"现实"和"纯形式"、新柏拉图主义者的"太一"、斯宾诺莎的"实体"、费希特的"绝对自我"和谢林的"绝对无差别的同一"等。而心智哲学则用"同一性"来对意识和身体的关系进行说明，旨在揭示"意识之谜"这一哲学最基本的问题。

哲学上关于"同一性"的论辩延续了几千年，哲学家对"同一性"

的界定也从最初的"绝对同一"，发展到"相对同一"，再延伸为"族群同一"。"绝对同一"要求事物处于绝对不变的状态，用于比较的两者必须是绝对、完全地同一。很显然，这样的"同一"在现实生活中是不可能实现的，因为这世上没有两片一模一样的树叶；"相对同一"则只要求事物之间在本质属性方面保持一致，如"司各脱是《威弗利》的作者"（Scott is the author of *Waverley*），由此，"司各脱"和"《威弗利》的作者"应该是具有同一性的。既然满足同一性，那么就应该可以相互代换而不改变意义。于是"司各脱是《威弗利》的作者"就变成了"司各脱是司各脱"。很显然，在这种情况下同一律是失效的。罗素的解决办法是将专名词和摹状词分开来以解决这一悖论；所谓"族群同一"其实是在人们认识到刚性、属性两方面都难实现事物之间的同一后所采取的另一折中方法，即只要两事物具有"家族相似性"则可以被认为是同一范畴的。

一个经典的、用来说明同一性问题的例子来自普鲁塔克（Plutarch）记载的"特修斯之舟"（The Ship of Theseus）：据说一个叫特修斯的英雄在杀死人身牛头怪后返回雅典，成为英雄，他所驾驶的那艘船也就成了英雄的象征被命名为"特修斯之舟"。"特修斯之舟"被人们小心地保护了起来长达几百年而不腐烂，其中一个奥秘就在于不断地更新那些坏掉的木头，每坏掉一块就换一块新的，到最后没有一块木头是属于原来那艘船的了。那么新的特修斯之舟和旧船还有关系吗？它们还是同一艘船吗？"特修斯之谜"或"特修斯悖论"由此而生。在这个故事中有一块关键的木板，它决定了新旧两艘船是否"同一"。按照莱布尼茨的"不可分辨物的同一性"（The identity of indiscernibles）原理（Leibuniz，1969：309），每次被换下一块木板后，新船和旧船并没有本质上的差别，因而两者是不可分辨的，也就是说它们是同一的。但经验知识告诉我们这个结论并不正确。

"不可分辨物的同一性"（The identity of indiscernibles）原理后来被弗雷格引进到逻辑中去，成了现代逻辑一个十分重要的运算原理，即"同一性的可替换原理"。这一原理表明：如果任意两个对象（如 x 和 y）是同一的，那么关于它们的任何陈述都是不可分辨的，它们在任意的公式中出现都是可以相互替换的，表明它们有同一性。换句话说，二物有同一性表明它们是不可分辨的，它们在一定情境中是可以相互替换的（徐盛桓，2014）。例如，看到星星我们可能联想到小孩的眼睛，这是因为两者在

"明亮性"（brightness）方面是同一的，在一定的语境下是可以替换的。

　　由于莱布尼茨的原理不能解决特修斯之谜，因此波兰数学家帕夫拉克提出一个"粗糙集"（rough set）的概念来对"不可分辨物的同一性"作进一步的分析（Pawlak，1982：341—356；Pawlak，1991），即对"同一性"的"同一程度"进行分析，从而区分出不可分辨物的哪些方面是同一的。这体现在语言研究方面则意味着我们可以根据事物之间不同方面或程度而采用相应的修辞表达。譬如根据"美丽娇嫩"这一同一性特征，可以形成"少女好像鲜花"的比喻。也可以根据"莎士比亚"的同一性特征，用"莎士比亚"转喻"莎士比亚的作品"。这些修辞表达之所以形成，就是因为语言主体感受到了事物之间某一方面或某种程度的同一，从而用语言表达出来。

第六节　理论框架

　　遵循"择其善者而从之"的方法论原则，前面几节我们有选择性地对心智哲学的一些重要理论进行了梳理。包括：意向性理论、感受质、拓扑空间理论、涌现性理论以及同一性理论。之所以对意向性展开讨论，是因为人的思维活动总是从表达某个特定的意图开始的，可以说意向性决定了思维的起点，在整个语言形成过程中意向性起到一个定位的作用。而在意识经验中，始终有一个"为我"（for-me）的方面，也就是说，它是"我"这个个体本身直接通达的方面，即感受性。感受性作为复杂思维的结果，被定义为"一个东西的性质"从而简称为感受质。感受质是认知主体获得意识的核心条件，自然也是研究语言必须要考虑的因素。拓扑空间理论之所以进入我们研究的视野，是因为它所主张的"同胚自同构体"（homoeomorphism）在语义变异现象问题上可利用"同胚"（homomorphism）和"共相"（universal）的概念加以阐释。语言现象在拓扑空间经历了一系列格式塔转换后最终要通过"突变"的手段"涌现"为语言表达式。鉴于本书是针对语言表达现象展开的研究，我们将"同一性"作为一个统筹的方法来对各种语言表达进行分析。这是因为从整体性来看，无论是哪一种类型的语言形式，总是存在一个内部语言转换为外部语言的过程，而同一性正是两者的转换得以实现的基础。

　　根据徐盛桓（2014：1—6）的建议，心智哲学下的语言研究可将拓扑观与计算观、意识观、意向观、涌现观共同构成语言研究的五个理论视角或理论观点。这五个"语言观"有望对语言活动从触发到形成的整个思维过程进行统一的解释。根据这一观点，语言表达式的形成过程大致如下。

语言活动究其根本是一个意识活动的计算过程（计算观），在这一过程中意向性起着定位和主导的作用（意向观），意向性主导下的意识活动会经历一个从原初意识到反思意识的过程（意识观）。这一从原初意识到反思意识的过程也就是认知主体对客观世界的最初感觉上升到自我感受的过程，认知主体对客观世界的感受需要大脑经历一系列的格式塔转换最后涌现而成（涌现观）。而语言活动的意识过程，即从对要表达的外界的感觉摄入成为主体对此的感受并以意象的形式在大脑里加以呈现的过程，是具有拓扑性质（topological nature）的（拓扑观）。当然，对于具体的语言研究而言，可以有所侧重，即只专注于某一个或两个视角，以便对某阶段的思维活动进行更为细致和严密的阐述。例如徐盛桓（2014）就对视角隐喻的拓扑性质进行了研究和分析。从这一新的视角来看，喻体和本体是同胚（homomorphism）和共相（universal）的。正因为喻体有不止一个与本体共同的"相态"，才使同一个本体可以产出多个喻体，而这不同的喻体却往往与本体之间保有一些基本的不变特征，也即本体和喻体之间的不变性导致了隐喻的产生。

参照徐盛桓的研究成果，本书尝试建构一个"语义变异解释框架"（见图3-2）来对语义变异的修辞现象作出统一的解释。需要说明的是，这里所论及的"本体""喻体"是一个概括性语词，这有别于传统修辞研究中比喻类辞格中的定义。作者所说的"本体"泛指一切正常的语言表达，而"喻体"则泛指一切变异后的修辞性话语。在本书中，不唯辞格（第五章），也包括歇后语（第六章），以及汉语非语法表达式（第七章）等。因此，这一解释框架可视为针对宽泛意义上的语义变异现象的一个指导性框架。

本框架以意向性为研究的起点，在一定的意向态度的作用下对特定的语言现实（本体）进行表达。语言现实也就是意向内容，总是指向特定的客观对象（事件）的，认知主体对客观对象形成初步的印象，即原初意识。这些处于模糊混沌状态的意识活动在拓扑空间经历一系列的格式塔转换后被"反思"为一种扩展意识。扩展意识借助本体和喻体之间的同一性优选某一或某些用例事件作为喻体，表征为语言现实。语义变异现象就此发生。本书后面的第五章、第六章、第七章将运用这一框架对修辞格、成语、歇后语等语义变异现象进行研究。但由于语言本身的复杂性，这一框架只是一个指导性的框架，涉及具体的语言生成机制的解释的时候我们会侧重运用一种或几种理论对其心智活动进行有针对性的描述，因此此框架会演变为几个不同的形式，用以指导具体的研究。后文中针对某一特定语言现象，如歇后语、转喻等的分析框架都是从这一框架衍生的，对此不再赘述。

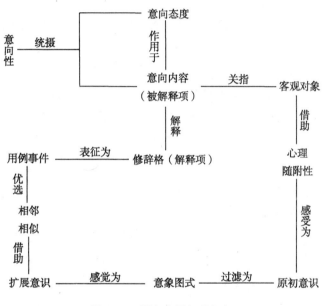

图 3－2　语义变异解释框架

第四章

心智哲学视角下的转类词研究[*]

　　本章从词汇层面对词语涌现的心智属性进行解读，为了使问题更加具体化，特以转类词中的名转动词为例，尝试用心智哲学理论对名词转换为动词的涌现机制进行说明。

　　所谓名—动转类，又叫名动转用，或名转动用，是英、汉语中普遍出现和广泛存在的语言现象。其基本特征是，在没有发生词形变化的情况下，指称事物的名词转而用来表示事物的动作、过程或状态，也就是名词转类为动词，从而作为动词在句中充当语义角色。名—动转类泛指一切由名词转指为动词的词，也曾有研究者将名词转为形容词包括进来，本章的研究对象仅为名词和动词之间的转换。

　　对名—动转类的研究由来已久，单是从认知语言学的角度对其进行的审视就包括了隐喻、转喻、视觉凸显等不同方面所取得的成果。但我们发现，现有的研究只是从人们所能观察到的名—动转类的语言现象出发，对其形成过程进行反溯推理，即通过采用"所见即所得"的研究方法对这一语言现象可能的生成机制进行解释和说明。究其根本，遵循的还是"从语言中来到语言中去"的研究路向。然而，心智哲学的发展为我们开启了揭示人类心智奥秘的新时代，它给语言研究带来的启示在于：语言研究不应仅仅满足于对某一语言现象的认知解释，更应该在"主体—语言—世界"的三元结构世界观的框架下对认知主体在语言思维过程中的心智活动，也就是对认知主体的心理状态和心理过程进行本质性的探索和追问。正是基于这一认识，本章尝试以名—动转类为切入点，用心智哲学

---

　　* 本章部分内容参考拙作《心智哲学观照下的名—动转类思维机制研究》（《中国外语》2010 年第 5 期）。

的相关理论对该语言现象的思维机制进行研究，以期在这一新领域有所发现。为此，我们将名—动转类的思维分为具象思维、抽象思维和语言表征思维三个阶段，分别对应于语言深层、语言浅层和语言表层。通过分析不同思维阶段名—动转类的思维特征，力求揭示名词转用作动词的心智基础。

第一节　心智哲学与语言思维机制

从哲学自身发展的历程来看，20 世纪西方哲学体现了从分析哲学到语言哲学再到心智哲学的发展路径。心智哲学在经历了逻辑实证主义、后期语言哲学、过渡阶段和20 世纪70 年代后的新时期等阶段之后，形成了当前的科学和形而上学两种主要的研究范式（刘高岑，2006：33）。而从认知科学及其相关学科的演变过程来看，心智哲学则和认知语言学及认知心理学、认知人类学、人工智能、认知神经科学都是从认知科学最初的六个支撑学科（哲学、心理学、语言学、人类学、计算机科学和神经科学）裂变而来的。因此认知语言学和心智哲学是认知科学的两个发展方向。

但认知语言学和心智哲学的研究目标却大不相同，前者和其他的语言学研究一样，是立足于语言现象，运用恰当的手段（认知语言学就是借助"认知"的手段）和方法寻求一种具有普适性的语言解释原则。也就是说，认知语言学所要了解的是人类所特有的符号语言与脑和认知的关系。为此，认知语言学研究者们从不同的视觉切入展开研究，如隐喻（Lakoff，1987、1993、2008）、转喻（Radden，G. & Z. Kövecses，1999；Panther & Thornburg，2007）和常规关系（徐盛桓，参见 Wu Bing-zhang，2009：27）等；后者则是以语言为"窗口"，通过对自然语言和人工语言的分析来了解人类心灵和智能的本性和工作机制。心智哲学的终极目标是要解决困扰人类数千年的心身（Mind and Body）问题、人类的意识之谜、意向性问题、心理因果性问题等哲学问题。因此它是哲学研究在"语言转向"后的纵深发展，与分析哲学和语言哲学一脉相承。它"脱胎"于语言哲学，但超越了语言哲学将语言意义视为"首要任务"（涂纪亮，2003：325）的研究目标，直接将心智的研究推向前台。

这种深入心智内部的语言研究，反映在语言思维中便是对"内部语言"（internal language）的探究。所谓"内部语言"，也有人称为"心理语言"（mentalese）（Fodor，1985：77），是语言表达形成之前的思维加工的、以"意义"为中心的一种非自然语言。内部语言跟抽象逻辑思维有更多的联系，它主要执行着自觉的自我调节的功能。因此，可以说，内部语言是和人的自觉性，即人的意识的产生直接联系的。有人将这种内部语言形成的头脑风暴称为"语言前思维"，它对应于"语言思维"，两者共同促进语言表达的最终形成（徐盛桓，2010）。根据徐盛桓的观点，语言前思维发端于动作思维（action thinking），终结于语言思维（language thinking），中间经历了意象思维（imaginary thinking）和意义思维（thinking of meaning）两个阶段。这四种思维处于不同的层次和水平，从动作思维到意象思维再到意义思维，抽象化程度越来越高，最后将意义思维经过一定形式的过滤和转换后与人的认知系统中固有的语言符号进行镶嵌和融合并以特定的语符加以表述，这样语言就以语言思维为临界点实现从思维到语言的突破。

根据上述对语言前思维的认识，本章尝试从心智哲学的角度对名—动转类的思维机制进行研究，即通过分析和描述名—动转类形成过程中从语言前思维到语言思维的涌现（emerge）过程及其实现手段来对名—动转类形成的心智活动加以说明，从而达成对该语言现象的本质性的理解。为了适应本书研究的需要，在徐盛桓（2010）将语言前思维分为动作思维、意象思维和意义思维的基础上，进一步将其概括为具象思维和抽象思维。我们初步的设想是：

思维的无限性和语言符号的有限性之间的矛盾决定了思维的语义生成（或理解）和思维的言语表达从来都不是一一对应的，对名—动转类的认识可以从思维生成到思维表达（内部语言→外部语言）和从思维表达到思维理解（外部语言→内部语言）两方面的情况加以考虑。

首先，从思维生成到思维表达这条线索，是以名—动转类的动作—意象思维作为研究的起点，可视为在思维层面展开的研究；其次，从思维表达到思维理解，是以"名转动词"这一语言表达作为研究的起点，可视为在语言层面进行的探索。这样一种从内至外和从外至内的考察正好对应于语言形成的一个基本规律：从"思维—语言"和从"语言—思维"的往复运动过程。

这两条线索并非孤立存在的，而是通过名—动转类所蕴含的物化内容而相互交织，共同解释该语言现象的运行机制。具体而言，就是在语言的深层我们通过"动作—意向思维"认识到名—动转类所具有的名动互含的特征，进而将这一初级思维抽象为以事件关系为其体现形式的内容思维存储于语言的浅层，这两个层次的思维就是我们前文所述及的"语言前思维"。最后，通过内容思维进一步抽象，固化成一种关于名—动转类的概念"模板"，这一"模板"在语言的表层的表现形式是"以名代动"，而在思维层面则属于语言思维的范畴。这三方面的关系如图 4 - 1 所示：

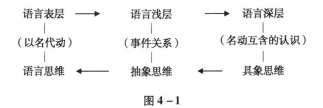

图 4 - 1

由于本章是关于名—动转类的思维机制研究，因此我们主要是顺着从思维生成到思维表达（内部语言→外部语言）这一线索展开的，同时为了叙述的方便间或也会兼顾语言层次的说明。

第二节　名—动转类的具象思维

一　动作思维、意象思维和"动作—意象"思维

根据"百度百科"（http：//baike. baidu. com/view/1452677. html，2010年3月30日读取）的解释，动作思维是一种对动作最直观的感知，处于认识的初级阶段，是一种基于动作本身的知觉行为。认知主体的思维活动和它的动作思维常常是即时性地联系在一起的，体现了"所行即所思"的思维特征。而意象思维则是认知主体在头脑中所形成的生活图景和要表现的主观思想感情融合一致的形象化的思考过程（《新闻学大辞典》，第148页）。尽管意象思维相对动作思维而言，它具有独立于外在的身体活动图式的表达，也就是"所思大于所行"，但是如果不借助身体活动图式，仍不可能完成以交流为目的的外在表达，也就是说，它受到身体表达的局限——"所思依赖于所行"。

心理学家和教育学家已经从不同的角度对思维进行了分类和研究，已有的研究表明，人类最初思维是借助于直觉行动来形成的，这就是动作思维。在动作思维之后又逐步形成了具体的形象思维和抽象的逻辑思维。但

作者认为，动作思维只是人类初期在认知水平极其低下的情况下为了认识世界而不得不借助对客观事物的直接感知而采取的一种认知手段，这是一种低层次的思维状态。随着人类认知能力的不断提高和世界图景的逐步完善，一个正常的成年人在认识客观事物时并不一定都是始于动作思维。相反，根据"运动和物质不可分"的马克思主义哲学观，现代人对客观世界的认识可能更多的是起始于一种"动作—意象思维"。

所谓"动作—意象"思维，指的是思维既带有明显的动作思维的直观形象等特征，同时又携带着表示该动作特征的一种意象图形，使认知主体在感知该事物的时候是通过大脑中相关的知识图景来完成的。根据"名动互含"的观点（徐盛桓，2001：15—23），我们认为，任何事物的认知都可能始自"动作—意象"思维，只是名—动转类体现得更为明显一些。借助对名—动转类的"动作—意象"思维的分析或许可以帮助我们获得对思维更加清晰的认识。

二 名—动转类的"动作—意象"思维

如上节所述，我们认为名—动转类在语言深层的思维是以动作思维为起点，还没有达到足够的抽象化程度，还携带着动作思维的直观、原始的特征；但同时，这一阶段的思维又不完全只是动作在大脑中的简单映射，而是已经具备了一定的心理意象，思维可以在认知主体的内心世界进行某种程度的"心理复述"（mental rehearsal），因此我们将其命名为"动作—意象"思维。那么这种"动作—意象"思维作为一种思维之源是如何发生的呢？

首先，我们仍然要借助"物质和运动是不可分的"这一命题来加以说明。什么是"物质和运动是不可分的"呢？简而言之，就是任何的物质和运动都不是孤立地存在的，世界上没有运动的物质，也没有物质的运动，物质和运动总是互为表里，合二为一的。例如我们要向一个学龄前的儿童解释"爱"的含义，如果单用语言来描述恐怕很难说得清楚，但如果我们借助于某些特定的动作，如亲吻孩子、拥抱孩子、抚摸孩子，可能孩子就较容易理解这一概念。因此，在人类发展的儿童时期，比如原始社会，由于原始人的思维总是混沌一团的，难以清楚分辨的，他们的思维感知便是来自日常生活的动作行为。因此，我们可以说，任何一种概念在思维的初始阶段总是和动作联系在一起的，也就是说动作概念中蕴含着事物概念，同时，事物概念中也蕴含着动作概念。

　　但是，当人类的认知能力发展到一定的程度，我们是否一定遵循着动作思维—抽象思维—逻辑思维这一基本的思维顺序来认识事物呢？我们不妨设想一下，当我们想表达或者是看到"我想回家"这一命题的时候，我们的思维活动首先指向的是"想""回"等相关的动作呢，还是与"回家"相关的一些"动作—意象"特征，比如"穿着围裙做饭的妈妈"，或"门口摇着尾巴欢迎你的大黄狗"等。根据我们生活的经验，答案不言而喻。因此，在我们看来，"动作—意象"思维包含了这样三个基本要素：①动作思维；②基于动作思维的意象图像；③认知主体趋近的欲望。

　　至于这一"动作—意象"思维是如何产生的，我们不妨通过以下两个例子来进一步加以说明：

　　（1）John *bicycled* to town.
　　（2）他临走时还不忘袖了一匣火柴。

　　当我们看到句（1）的时候，头脑里首先产生的往往不会是"John""bicycle""town"这些用语言表示的概念，也不会仅仅产生有关"骑车"的动作思维。而是会产生"John 正骑着（要素1）一辆自行车"的"动作—意象"思维（要素2），以及 John 想去镇上的欲望（要素3）。这样由要素1至要素2再加上要素3就共同为我们提供了例句（1）所体现的一种"动作—意象"思维，这一"动作—意象"思维为主体寻找对应的语言符号表达所指概念提供了思维基础。

　　与此过程类似，例句（2）也体现了"动作—意象"思维形成的三要素：①动作思维（走）、（不忘）、（往衣袖里装）；②动作—意象思维（关于一个人准备离开房间的图像）；③趋近的愿望（想拿起一盒火柴放在衣袖里拿走）。

　　由上面的论述可知，名—动转类是以动作思维为触发点，但却是以"动作—意象"思维为起点开始从内部语言到外部语言的认知活动的。但说到底，"动作—意象"思维仍然是一种根植于直观动作的具象思维，这一阶段的认知活动还停留在对动作的初步感知和临摹的状态——"所思依赖于所行"，要转化为能够表达思维的语言还需要经过进一步的抽象和概括，从而得以进入名—动转类思维的第二阶段——抽象思维阶段。

第三节　名—动转类的抽象思维

名—动转类从具象思维到抽象思维，也就是从语言深层进入语言表层，这一阶段的名—动转类在语义上体现为一种事件关系。那么名—动转类在从具象思维发展到抽象思维的过程中借助了认知主体的什么样的心智能力以及这一抽象思维具有怎样的思维特征将是本节要讨论的问题。

一　意向性：从具象思维到抽象思维的心智基础

如前所述，"名动互含"使名—动转类体现了动作和事物两方面概念的融合，也就是说，一个命题有可能产生不止一种的语义，而认知主体最后之所以能达成正确的认识，是因为认知主体具有一种关指（about）对象的能力——意向性。

所谓意向性（intentionality）是心灵代表或呈现事物、属性或状态的能力。简单地说，很多心理活动是关于外部世界的，意向性就是这里的"关于"。也就是说，意向性是心灵对事物、事态存在的感知、再现（represent）或表征的能力。

美国语言哲学家约翰·塞尔认为意向性是确立人脑与外部世界之间联系的关键因素，语言问题在某种意义上就成了人的心智是如何将意向性赋予或施加给一些没有意向性的实体，如口语声音、书写符号等，使这些实体能够起到表征作用（转引自段开成，2004：10）。因此塞尔认为意向性具有两方面的本质特征：①针对性；②表征性。在他看来，针对性表明一个命题的形成往往是认知主体根据自己内在的表达需要来提出的，也就是说，说话者在设定一个命题的时候往往是针对特定的对象而形成的；而表征性则意味着意向性有命题内容和心理方式，前者确定意向性的满足条件，后者则确定意向性命题内容的适应方向。

那么意向性的工作机制是怎样的呢？塞尔（2004：21）为我们描述了一个被他称为"意向性网络"的组织形态：在这个网络的底层就是人的心智能力，心智能力本身并不具备表征能力，但认知主体可以通过对心智能力赋予特定的意义使其具备表征性。具备了表征能力的意向性并非孤立地存在的，而是和其他的意向性相互关联共同作用于认知主体，使认知主体在意向性的作用下生成一定的命题内容并根据意向性的适应方向形成不同的言语类型。

我们知道，思维最终需要借助语言来进行表达。而"动作—意象"思维在很大程度上来说是混沌的、模糊的，而（正常的）语言（相对于思维而言）无疑是简洁的、凝练的。这就需要对认知主体赋予意向性，这样思维就能够选择适切的命题方式和适应方向，使之能够逐渐从混沌到清晰、从具象到抽象，并进而获得一定的主谓结构/论元结构。

二 内容实在性：名—动转类抽象思维的特征

现在我们再来看看名—动转类在抽象思维阶段具有怎样的思维特征。徐盛桓（2010）将抽象思维命名为"意义思维"或"内容思维"。在他看来，内容思维的一个主要特征就是，思维具有内容实在性。如果说"动作—意象"思维阶段思维的主要特征还是直观的和具象的，那么内容思维阶段则已经具备了抽象思维的一些基本特征，具备了一定的抽象性和概括性。它比动作—意象思维更加简短，浓缩了"动作—意象"思维的意义内核。这一阶段的思维如果用语言结构来表征的话，其基本结构是主谓结构（徐盛桓，2010）。本节拟从这一角度讨论名—动转类的抽象思维的形成过程。

这里所谓的"主谓结构"，是从语言本体出发对抽象思维进行的一种学术描述。即这一阶段的思维主要体现为施动者和动作，以及动作所涉及的一系列事物。例如，我们要表达"我爱妈妈"这一命题，在动作—意象阶段，可能更多地体现为"拥抱""轻吻"这样一些具象思维。然而进入内容思维阶段后，就会初步抽象出施动者的"我"和施动者所发出的动作"爱"，以及动作的承受者"妈妈"这些内容元素。因此我们说，内容思维的主要特征就是承载了一定的思维内容，具备了语言结构的基本轮廓，能够抽象地表达动作—思维阶段所形成的具象概念。我们知道，无论是认知语言学，还是生成语言学，都是用论元结构（argument structure）来表示语言结构的。而论元结构"是沟通认知与句法结构的桥梁，是语义和句法的接口"（刘辰诞，2005：66），因此，我们也不妨将内容思维看作连通认知与语言的中介。如果从论元结构的角度来分析语言浅层中的抽象思维，就可以发现，这一阶段思维的一个显著特征就是将概念结构进一步抽象为论元结构，各种论元角色及其角色分配为我们认识这种抽象思维提供了帮助。我们试以例句（3）为例加以说明：

(3) My mother clothed the table

例句 (3) 隐藏的真正含义是:

(3)′My mother covered the table with cloth

这里动作的发出者是 my mother, 所发出的是 "cover" 这个动作, cover 这个动作所指向的对象是 "table", 所使用的工具是 "cloth"。因此我们可以将其解读为 V〔(a, b), v (instru)〕, 即

V (cover)〔a (my mother), b (table)〕, v (cloth)

该表达式的含义是,"我妈妈"以"桌子"为直接对象、以"桌布"为工具实施了动作 "cover"。很显然, cloth 在这里是动作 cover 的实施工具。但实际上例句 (3) 中 cloth 并非动作的实施工具, 而是动作本身, 也就是说, 例句 (3) 体现的语义是 "'my mother'以'table'为对象做了动作'cloth'"。其逻辑表达为 "V (cloth)〔a (my mother), b (table)〕"。

那么为什么 (3)′的逻辑表达式可以从 V〔(a, b), v (instru)〕变化为例句 (3) 的 V (a, b,) 的呢? 从认知语言学的角度来看, 这是转喻思维在其中发挥了重要作用。

根据 Lakoff (1987)、Langacker (1993) 以及 Taylor (1989) 等认知语言学家对转喻的研究, 转喻的基本特征之一就是, 转喻是一种概念现象, 即在一个概念结构中包含概念 A (本体) 和概念 B (喻体), 它们的关系是用概念 B 指代或推理概念 A。在例句 (3) 中, 我们可以用 "A 是 B" 对 cloth 进行语义还原: 名词 "cloth" 的概念是喻体 (概念 B), 动词 "cloth" 的概念是本体 (概念 A), 因此就是用喻体 cloth 所表示的事物的概念来指代本体 cloth 所表示的动作概念。我们认为, 是转喻促动名词所体现的事物概念转化为动词所体现的动作概念。

那么转喻在这个过程中是如何发挥作用的? 也就是转喻产生的心智基础是什么? 在此, 我们试以塞尔的 "意向因果性" 理论加以说明。

塞尔将意向性结构分为: ①命题内容和心理模式; ②适应方向; ③满足条件; ④因果自我指称性; ⑤意向性网络和前意向能力背景。同时他给出了意向分析的一个新的模型, 这是一个由神经活动 (neuron firings)、

行为意向（intention-in-action）、生理变化（physiological changes）、身体运动（bodily movement）构成的综合模型，其关系是因果链关系（Searle，2004）。

例句（3）所体现的意向因果链如下。

首先"my mother"有"想盖上桌子"这个愿望（"愿望"正是意向性诸多心理状态之一），其次，如果"my mother 想盖上桌子"，那么她在思想上（神经活动）就必须考虑到需采取的措施（如使用的工具等），这样的神经活动就导致 my mother 采取相应的行动（身体运动），而身体运动又是需要借助一定的手段（用桌布覆盖）来完成的。这样神经活动（Neuron firings）、行为意向（intention-in-action）、身体运动（bodily movement）就构成了"My mother clothed the table"的意向因果链。由于初始的"愿望"和"神经活动"都需要借助"身体运动"（覆盖）来完成，因此我们认为，在这个因果链上，处于核心位置的是"身体运动"，认知主体关指的对象相应的就是"用桌布覆盖"这一动作而不是工具"桌布"。因此，意向性的适应方向所体现的是第一人称的视觉而不是第三人称的视觉，它满足了名词 cloth 转用作动词 cloth 的意向条件，使认知主体能够作出符合这一适应方向的言语选择。

因此，我们认为，名—动转类的内容思维从本质上来说是线性的和有缺省成分的。这种缺省表现在语言结构上便是论元结构的转换。后者可以借助一定的语境将缺省部分的语义成分加以补足。这一转换过程是借助转喻思维来实现的，而转喻思维的心智基础在于人类思维的意向性。

第四节　名—动转类的语言思维

作为思维水平发展的最后阶段，语言思维是语言生成（或理解）和表达过程中最复杂的一个阶段。这是因为，思维的语义生成和语言表达并不是一个一一对应的过程，相反两者之间具有多重矛盾。这些矛盾主要表现为：

1. 语言的社会性与思维的私人性；
2. 思维的无限性和语言系统的有限性；
3. 语言符号的有序性和思维的跳跃性；
4. 语言序列的缺省性和思维的相对完备性。

为了消解这些矛盾，语言思维就必须对概念系统进行必要的重构。也就是说，在语言思维阶段，认知主体要通过一系列的操作手段对语言前思维进行处理，使之和人类固有的语言系统相融合。就名—动转类而言，它在语言思维的驱动下，在语言表层体现为"以名代动"的语言结构式。这样一来，名—动转类的语言前思维、语言思维和语言结构式就形成了一个"主体—语言—世界"的三元结构。

沈家煊（2008）指出三个世界是并行同存的，即物理世界、心理世界和语言世界。认知语言学的一个核心观点是，语言世界不是直接对应于物理世界而是有一个心理世界作为中介。从这一观点出发来观察语言思维，不难发现，语言思维位于语言世界，外显为物理世界的语言结构式，但通过心理世界中的语言前思维来完成从概念系统到语言结构的语义实现。换言之，语言思维是用语言世界的一些符号或符号集来反复指代物理世界真实存在的一些事物，只是这些事物是经过了心理世界的抽象和过滤的。

但语言思维毕竟还是一种思维形态，还无法作为一个物理实体为人们所认识，因此这就需要借助语言思维的物质外壳——语言来加以显现。因此语言思维还必须经历一系列的转换、提升、删减、分解等认知活动来形成语言符号，并与认知主体中已有的信息进行融合和重组。我们试以下面两个例子加以说明：

（4）He papered the wall .

（5）The newly married couple ringed each other.

例句（4）和例句（5）所体现的语义内容分别是：

（4）′He covered the wall with paper.

（5）′The newly married couple put each other the rings on their fingers.

比较例句（4）和例句（4）′及例句（5）和例句（5）′不难发现，paper和ring在由名词转用作动词后所承载的语义内容减少了，例句（4）′和（5）′中分别包含了表方式（with paper）和位置（on their fingers）的状语，但转用作动词后却没了这部分语义成分。之所以会出现这种情况，我们认为，是因为名—动转类从抽象思维到语言思维要经历一个思维解构的过程，这一解构的过程的目的是为抽象思维在语言思维阶段找到最恰当的"替代者"。

例如，从例句（4）到（4）′，名转动词 paper 在抽象思维阶段已经将最初的"动作—意象"思维"（贴）纸"这一概念抽象为有人要"用纸来糊墙"这一动作概念。但到此时为止，我们的思维还停留在对 paper 这一概念认识的模糊状态，即还难以判定"paper"一词所承担的是动作还是动作发出者的论元角色。只有进入了语言思维，在特定的语境下，在施事者"He"和施事的对象"the wall"共同制约下，认知主体对 paper 进行重新解构，提取了与"某人用纸糊墙"这一命题相关的信息，并将冗余的信息"覆盖（cover）"等进行过滤，才找到了最佳的替代者 paper 来替代抽象思维中"cover the wall with paper"这一概念。最后在这样的语言思维的促动下，paper 作为动词的语义角色入句，完成了从概念系统到动作语义系统的最终转换。

同样，例句（5）中 ring 作为名词，所承载的是"a circular metal band"这一语义内容，相应地，在抽象思维阶段，认知主体会对这个词形成"指环/戴指环"这样的"事物/动作"概念。而这样的抽象思维在具体语境的触发下则可以解构为相应的事物和动作概念："圆圈状的指环"或"戴指环"，这两种概念相互交织形成了有关"ring"的抽象思维，在例句（5）′中所提供的"newly married couple"的语境下，相关的文化背景知识，则很容易引起人们关于"结婚"这一场景的联想：既然是新婚夫妇（1），那么自然就需要举行仪式（2）；既然是举行仪式，那么就必然要"佩戴"戒指（3）。这样由（1）及（2），又由（2）及（3），使例句（5）中只需要用简单的一个 ring 就能表达例句（5）′中"put the rings on their fingers"的信息，因此，在这里，我们说是用名转动词所含有的动作概念代替了该词原本具有的事物/动作概念，也可以说是用缩减了的一种信息缺省概念代替原来的"满信息"概念。

第五节　名—动转类的同一性解释

本节从心智哲学的视角出发，对名—动转类的思维机制进行了分析。

我们认为，名—动转类的形成是一个从思维生成到思维表达和从思维表达到思维理解的往返过程。在思维层面经历了一个从具象思维到抽象思维最后再到语言思维的过程。这三个阶段分别对应于语言深层、语言浅层和语言表层。位于语言深层的内部语言要通过认知主体的一系列的心智活动外显为外部语言，体现的是思维向语言的转化。这种转化是以"动作—意向思维"为起点，在意向性的关指下转化为具有内容实在性的意义思维，意义思维以论元结构的方式进入语言思维，并经过一系列的镶嵌组合与认知主体大脑中固有的信息进行合并后形成外部语言。但由于内部语言和外部语言是具有同质异构的两种语言形态，因此他们的结构必然有所不同。大致而言，内部语言是相对粗糙的、混乱的，是认知主体对客观世界的感觉；而经过格式塔转换后的外部语言则是合乎语法规范的，能为交际所用的，是认知主体对客观世界的感受。

尽管外显的结构并不相同，从本质上来讲，内部语言和外部语言却是"同构"的。无论是"John *bicycled* to town"中 bicycle，还是"他临走时还不忘袖了一匣火柴"中的名转动词"袖"，无不体现了名词与动词在内部语言和外部语言的同一性特征。对于名词"bicycle"而言，语言前思维中所形成的"a vehicle with two wheels that you ride by pushing"的意象在动词"bicycle"的具象思维中同样也会出现，只不过在语言涌现过程中，因为受到语境的限制而最终产生了暗含"ride bicycle"之意的动词。与此类似，"袖了一匣火柴"中的动词"袖"所涉及的动作的载体"衣袖"与名词"衣服的套在胳膊上的筒状部分"的意象是同一的，只是一个用作动作的载体，一个则是指事务本身。但从本质上来讲，在语言前思维过程中呈现的意象是同一的。正是因为两者具有同一性，才使得名词的语义内容能够"变身"为动词进行表达。这也正是名—动转类为什么可能的原因所在。

第五章

句法的意向性解释[*]

第一节　从构式语法到心智哲学的句法研究

句法研究历来是语言学研究的一个重要组成部分。随着 20 世纪 80 年代认知语言学的兴起，句法研究同样迈入了"认知"时代。构式语法作为认知语言学的标志之一，一时之间风头无二。构式语法自 20 世纪 90 年代传入中国后，在英、汉语界引起了广泛的重视，近年来对该理论的研究更是日趋深入。但随着研究的深入，构式语法自身的缺陷也日趋显露。例如，候国金（2013）就撰文指出了构式语法的八大弱点：①派别林立，观点不一；②观点不清；③过分强调构式的单层面性和独立性；④过分强调语法系统的开放性；⑤过度夸大语法和语义的关联性；⑥无法解释一个具体实体构式的跨语言差异；⑦构式语法的原则有过于绝对之嫌；⑧构式语法的"语用"属于姑且用之的"权宜语用"。尽管构式语法存在如此之多的不足，但由于该理论重视人们对语言知识的学习或习得过程，将构式视为与人类经验有关的重要情景，在句法研究上采取"所见即所获"（"What you see is what you get"）的方式，从而将句法研究推进到一个新的阶段。

但人们对语言现象作出解释是理论语言学研究的一个重要目标，重点是对语言结构特别是句式结构形成的过程作出解释，从而对有关的语言学理论作出知识论和情感论层面的说明和评价。这一研究的实质，是要揭示如何在某一语言系统框架内将一定的语义内容建构成为一个特定表达式。

---

[*]　本章部分内容参考拙作《去粗取精、取精用弘——国内构式语法综观》（《重庆大学学报》（社哲版）2009 年第 2 期）及《句法的意向性解释》（《中国外语》2013 年第 5 期）的部分内容。

在当代，语言学的这一研究主要被归结为句法—语义的界面研究。目前，语言学关于句法—语义界面的研究已经取得不少成果，然而句法研究的意向性维度仍然较少进入研究者的研究视野。"心智哲学与语言研究"的初步成果显示，将意向性导入句法研究之中也许能够部分克服构式语法研究的种种不足。

这是因为，特定句式所承载的语义内容就是话语主体意欲用该句式表达的内容，也就是话语主体的意向内容；而主体借以勾勒出某一特定句式的心理特征就是他的意向态度。本书所说的句法的"意向性解释"，就是将句法—语义界面的研究具体化为话语主体是如何以他的意向态度来组织他的意向内容以成为一个句子表达式的。句子表达式的形成还应服从某种语言的语法系统，表达式是语法系统的规定性同话语主体的意向性互动的结果。由于句法研究是个庞大的命题，本章仅以英语中动句为例，对诸如此类的句式结构的形成作出意向性解释，希望这一研究也能给其他句式研究的意向性解释提供一些参考。下文提到"中动句"如无另指，则专指英语中动句。但考虑构式语法近年来的影响力及与本书的相关性，因此第二节先对构式语法的相关研究进行简短的回顾。

第二节　构式语法研究综述

作为格语法的创立者，Fillmore 于 1990 年提出了"构式语法"（Construction Grammar）这一新的句法研究思想。但构式语法得以发展并广为认知却是因为 Adele E. Goldberg（1995）和 Paul Kay（1995）等学者的不懈努力。尤其是 Goldberg 的博士学位论文"A Construction：Grammar Approach to Argument Structure"更是将构式语法研究推向了高潮。

构式语法的基本观点是，假设 C 是一个独立的构式，当且仅当 C 是一个形式（Fi）和意义（Si）的对映体，而无论是形式或意义的某些特征，都不能完全从 C 这个构式的组成成分或另外的先前已有的构式推知。Goldberg 所说的构式范围比较广，不仅包括一般所说的句式，也包括成语、复合词、语素等。从句式这个平面说，按 Goldberg 的构式语法理论，句式有独立的语义，因此一个句子的意义，并不能只根据组成句子的词语的意义、词语之间的结构关系或另外的先前已有的句式所能推知，句式本身也表示独立的意义，并将影响句子的意思。

　　国内对构式语法的研究始于 20 世纪 90 年代，最初是汉学界将构式语法用于对汉语一些特殊句式的分析（张伯江，1999、2000），并在该理论的基础上提出了句式和配价的关系（沈家煊，2000）。英语界随后对该理论进行了更为详尽的引进和介绍（纪云霞、林书武，2002；董艳萍、梁君英，2002）。纪、董等人的介绍包括以下内容：①构式语法的起源及其主要的理论观点；②构式语法的特点；③构式语法研究的焦点；④动词和构式的关系。

　　其后，国内学者对构式语法作了进一步的分析和总结（石毓智，2006；严辰松，2006；应晨锦，2004），认为构式语法在以下几个方面具有传统语法和生成语法无可比拟的优越性：①从理论上扩大了语法研究对象的范围；②强调语言研究的全面性；③对语言共性进行了成功的解释；④区分了构式义和词义，指明了构式义和词义有互动的关系；⑤强调实证语料的重要作用。总体上说，这一阶段对构式语法的研究还停留在引进和介绍的层面，但这也是一种新的理论走向成熟的必由之路。

　　随着研究的逐步深入，有学者开始对该理论进行了反思和质疑，质疑主要集中在三个方面：一是构式研究存在着方向性的失误；二是缺乏语法的系统观（石毓智，2004）；三是构式语法的单层面性使语言的简约性、生成性大大受损（应辰锦，2004）。

　　对于上述质疑，另一些学者却提出了不同看法。如针对石毓智等学者认为构式语法忽略语法系统性的说法，张韧（2006）就构式与语法系统的认知心理属性进行了研究。他认为构式语法是有着自己的语法系统的，这个系统就是"以构式为基本单位建立起来的巨大网络"。

　　此外，学者们还从不同的角度对构式语法重新进行了审视和思考：或从构式语法内部的形义匹配关系对四种构式语法模式进行对比研究（田朝霞，2007）；或在认知语法的视野下讨论了"构式"这一术语的多种内涵、构式的类型以及语法构式与词汇的关系（张韧，2006）。在此基础上，袁野（2007）更将体验及意象图式的理论引入 Goldberg 及 Iwata 的研究中去，建立了自己的仿拟构式语法（simulation construction grammar，也叫"体验式构式语法"）。其主要的观点可概括为：一个构式意义的形成，不仅需要这个特定结构本身所故有的结构义和该结构中主要动词词义的共同作用，还要借助于人的认知经验和仿真模拟的能力。

　　不难看出，至此国内学者对构式语法的理论研究经历了一个从不成熟到渐趋成熟的过程，从最初的简单介绍到深入反思，并进而对该理论进行补充和完善，正是这种客观、科学的研究态度推动着构式语法研究逐渐走向深入。

对应于 Goldberg 本人思想的演变和推进，国内的研究者同样对构式义和词汇义之间的关系进行了深入的研究。其中最具代表性的是陆俭明（2004a，b）和王黎（2005）关于构式语法与词语的多功能性的讨论。争论的焦点在于：究竟是应该用词语的句法、语义的多功能性来解释构式还是相反。陆俭明认为，"相同的词类序列、相同的词语、相同的构造层次而且相同的内部语法结构关系，甚至用传统的眼光看还是相同的语义结构关系却还会造成不同的构式，表示不同的句式意义"，原因就在于词语的语法、语义的多功能性。不难看出，陆俭明认为词汇的多义性决定着构式的多样性。王黎则认为，从认知的角度来看，应该是用构式理论解释这种多功能性，而不是相反。也就是说，是构式决定了词语的语法、语义具有多功能性。此外，张韧（2007）在 Langacker 的认知语法的框架下讨论了词汇与构式的互动问题，指出 Goldberg 以构式为核心的表征模式存在一些理论困难。他认为，从认知语法的角度来看，成分义（即词汇义）本身是构式义的一个方面，因此不能通过构式义来解释一个成分的灵活使用。

到目前为止，学界对构式义、词汇义之间的关系普遍认同的观点是，二者之间体现的是一种互动的关系，并不像 Goldberg 最初所认为的那样以构式义为核心的表征模式一定优于以词义为核心的表征模式，两者之间不是一种简单的体现与被体现的关系。

在对构式义和词汇义的关系进行讨论的基础上，有研究者从认知的角度对引申机制进行了探讨（李勇忠，2004；许艾明，2006；张韧，2007）。他们都认为转喻在构式义的引申过程中发挥了至关重要的作用。张韧（2007）更是站在构式化表征的高度讨论了两类转喻现象，它们分别体现向心与离心式语义压制，他认为这些现象说明了"转喻引申往往在句法组合或特定的构式环境下发生。通过构式网络来处理这些现象，有可能最终把名词与动词的多义性问题作统一的分析，把词义与句法关系这样的理论语言学的核心问题化解为一般性认知问题"。

显然，国内对构式语法的研究历经了"引进介绍—反思质疑—补充完善"的过程。这一阶段的研究内容主要集中在对词汇义和构式义的关系及其引申机制方面，并对转喻在构式义和词汇义的压制与反压制的过程中所发挥的作用得出了比较一致的观点。

第三节　句法研究的基本手段

一　句法—语义的"界面"研究

从 20 世纪 70 年代以来，语法研究集中于句法—语义的界面研究，主要是探索动词语义和句法之间的关系，认为动词语义对句法形成具有决定作用，并在此基础上深入地探讨了动词论元与句法实现的映射关系。这是基于"词汇语义决定句法"的假设作出的研究。

其中，生成语法关于句法—语义界面的研究大致经历了三个阶段：在标准理论（Standard Theory）阶段，词汇的选择性限制作用于句法；在管约论（Government-Binding Theory）阶段，词汇语义以题元角色的形式决定句子的合法性；在最简方案（Minimalist Program）阶段，选择性限制和题元角色不再是合并和移位的条件。

语言包括词库和运算系统两个组成部分，词库明确地和详细地描写进入运算过程的词汇项目的特征，运算系统使用这些词汇成分生成推导式和结构描写，由普遍语法的运算推导可产生"收敛"（converge）或"破裂"（crash）两种结果：如果推导式产生一个合理的结构描写 SD，这一个推导便收敛，否则，便破裂；生成语言学就是通过运算推导产生的"收敛"或"破裂"来说明语言表达式的生成。认知语言学认为语义是语法的基础，存在于人的概念化过程中；认知语言学有个口号：语法是概念化，语言构件的重要内容是概念内容；意象是认知的基本运作要素，是概念内容在认知过程中的构思方式；就句法—语义界面的研究而言，它的基本取向是认为语义结构就是概念结构，语义描写离不开意象的刻画，不同的人在不同的语境下对同一事态进行观察和表征会有不同的概念和意象，反映在语法上就成为不同的句法结构；认知语言学对句法结构的研究主要是以构式（construction）的形式展开的，研究中涉及一个重要的概念：识解（construal）；在构式形成或解读的过程中，识解是"以变换为不同的方式理解同一情境的能力"（Langacker，1987：138—141）；语言运用者"会将在语言中编了码的概念表征进行'打包'和'呈现'"，听话人同样也是运用识解，在"心智中唤起同样的概念表征"（V. Evans：40—

41）。认知语言学就是这样通过分析人们的心智活动的认知过程来研究句法的。生成语言学、认知语言学分别是在第一代和第二代的认知科学的影响下发展起来的，它们以不同的理念和不同的假设将语言研究同人的心智联系在一起，使语言学的研究获得了长足的发展。

进一步思考发现，人们的心智是人的"大脑活动的结果"，是同"自我"联系在一起的（Gabbard，2005）。从事大脑和心智研究三十多年的世界著名脑神经科学家安东尼奥·达马西奥（A. Damasio）把他的一本新著定名为"自我进入心智：意识大脑的建构"（*Self Comes to Mind*：*Constructing the Conscious Brain*），他在该书中（2010：16）指出："我研究有意识的心智，特别看重'自我'。我相信有意识的心智是加进了自我过程的基本心智过程；心智若没有自我，这样的心智不会是正常意义的心智。"达马西奥在另一部书里说，"意识，无论是处于其最基本的水平还是其最复杂的水平，都是把客体和自我统领在一起的那个心智模式里"（1999：10）。出于这样的考虑，我们设想，在研究一个句式的形成时，句式的创始者总是把"自我"——"为自己而存在，观照自己，思考自己"的"自我"——同他要表达的客体统领在一个心智模式里的。这给我们这样的启发：通过心智活动的认知过程来研究句法，可以套用上面达马西奥的话：句式结构是为表达自我服务的，句式结构若没有自我，这时的句式结构不会是正常意义的句式结构。这就带来了句式研究的一个较新的维度：用自我意识里的"意向性"作为解释的手段，这就是意向性解释。这表明，按照这一维度对一个句式结构进行研究，本质上说就是对这个句式结构进行意向性的诠释。

二　句式研究的两个基本手段：意向性解释与溯因推理

意向性解释和溯因推理是句法结构研究的两个基本手段。对句式结构要进行意向性解释，要采用溯因推理（abduction）的研究方法。之所以要运用溯因推理，是因为一种语言的句式是前人所建构的，这位句式的创始者之所以这样而不是那样来进行建构，自有他把"自我"同他要表达的客体统领在一个心智模式里的意向性；但因为该句式的建构已时日久远，这位创始者又没有留下他的意向性说明，当代的研究者只能凭溯因推理的方法来加以分析，即以已有的句式结构为果，反推形成这一"果"的意向性之"因"。

1. 对"意向性"的说明

"心智哲学与语言研究"的研究成果表明，任何话语表达，都是根据一定的意向态度对一定的意向内容作出的诠释，这种诠释可称为"意向性解释"（intentional explanation）（徐盛桓，2013）。中动句的运用也是如此。这是该句式的运用者，尤其是该句式的创始者，想通过该句式对某一事件在特定的情境下的状态作出带有自我意向性的诠释。像 The floor waxes easily/ The steaks you bought cut like butter 这样的句式为什么会这样排列？就是为了对诸如［WAX（people，floor）（easily）］、［BUY（you，steak）Ù CUT（people，steak）（like butter）］这样的事件作出具有某种意向性的解释。

意向性（以下内容部分参照徐盛桓，2013）是人的意识的核心成分，是一次意识活动的发端，并贯穿于这一活动的整个过程。意向性可体现为意识活动的一种"工具"，是意识观照（construe）事物事态时所展现出的一种体现"利己"的取舍倾向，表现为意识活动中对对象的注意、过滤、选择、表征时的心理状态。从意向性产生的心理过程来说，它是在意识活动中对对象给予"注意"时进行分配、选择和定位中产生的，是意识活动在一定的社会生活过程中和一定条件下在分配注意、行使选择和进行定位时的意识的反映。意向性倾向于"利己"的属性是人们心理的一种自然属性；所谓"利己"就是"人"这种物种在长期的自然选择中所形成的一种关心自我、爱惜自我、保护自我——就是黑格尔所说的"观照自己，思考自己"——的意识的具体体现，常常表现为在各种场合、以各种程度、用各种手段来最佳地贴近自我。所谓"贴近"可能从贴近此时此地的心境到贴近习得了的文化风俗习惯、从贴近物质利益到贴近思想情怀；"我"可能从个体的"小我"到各种群体的"大我"。一个意向性框架（frame of intentionality）所含的内容如图 5–1 所示。

图 5–1 意向性框架

意向性解释就是说话主体以一定的意向态度对所要表达的对象内容作出的说明。例如，"人们艰辛地在地板上打蜡"［WAX（people，floor）（difficultly）］是一个原生态的"事件"（event）；人们可以就这一事件建构出一个句式结构例如 The floor waxes difficultly，来对这一事件在某情境下的状态的自我感受进行表达，即建构出一个"用例事件"（usage event）（徐盛桓，2012b）。为什么建构出这样一个句式作为"用例"？就是因为这样一个用例在这一情境下可以很好地表征这一句式的创始者对这一事件的自我感受，或者说，用这样的象征性的意象"解释"了为什么这位创始者会这样来诠释这个事件的；当然，对于这个事件，在另外的情境下还可能建构出另外一些用例事件，如 Some people/workers were waxing/ waxed the floor difficultly/quickly 等。因此，就事件和用例事件二者的关系来说，事件是建构用例事件的原始根据，是用例事件在一定的情境下作出解释的对象，可称为"被解释项"（explanandum）；用例事件是根据事件在一定情境下建构出的一个表达该事件的用例，是对被解释的对象作出的一种说明、解释和分析，可称为"解释项"（explanans）；联系被解释项和解释项是人们之所以建构出这样的一个句式结构来解释这样的一个事件的心智原因，称为"解释"（explaining）。这一解释是以意向性为取向的，称为意向性解释。解释项、被解释项、解释三者可以连成一个"意向性解释"三角：解释项是实实在在的可视可见的语言表达式，被解释项是实实在在的客观事实事件，二者都是实在存在的；解释是指语言主体的心智过程，是在语言运用主体的意向性统领下通过主体的基于过去记忆、社会经验、百科知识之上经过格式塔转换而产生的联想和想象而在主体头脑里涌现出来（emerge）的意象（image）。正是这一思维过程使解释项能作出对于被解释项基于一定理由的解释，反映了语言运用者之所以在这样的环境下对这一事件进行这样表达的意向性。如图 5 - 2 所示（参照徐盛桓 2012c：133 的观点）。

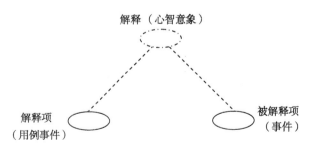

图 5 - 2　"意向性解释"三角

从句式结构形成过程来说，是句式结构的创始者要以用例事件（"解释项"）通过心智意象（"解释"）来诠释某个客观事件（"被解释项"），这是一个过程。但是，若从当前进行的句式结构研究来说，研究者是要通过心智意象对用例事件之所以是这样的建构作出解释，这是一个与之相联系又相区别的另一个过程。我们所进行的句式结构的意向性解释是后一个过程，这是要清楚区分的。

　　2. 句式研究的溯因推理

　　我们所进行的句式结构的意向性解释的过程，实际上是追溯出心智意象是如何形成用例事件的过程。徐盛桓（2012d：6）认为，句子表达式的形成一般经历三个阶段：①面对一个新的事件；②用新的视角表达这一事件，即对事件的构成成分进行能体现某种意向性解释的排列，并赋予这样的排列以语言符号形式，成为用例事件，形成社会性表征；③通过交际将这一符号形式转化为语言共同体的共识，在社会群体中获取最大的认同，形成一个语言表达式。将事件表达为用例事件，就是将事件的构成成分进行能体现某种意向性解释的排列，这是据意向性的"因"得出用例事件的"果"。但对一个已经形成的句子表达式的形式如中动句进行研究，就是要以既定的句式结构的"果"反溯其形成的"因"，即面对一个既定的语言事实，追溯它的句式构成成分及其排列为什么可以或应该是这样或为什么不可以或不应该那样排列，以及该种语言的语法系统有怎样的选择限制（selective constraint）和机制，反映了什么样的意向性，这样的意向性承载了什么样的个体经验、文化—历史的积淀和百科知识。这就是把用例事件作为"果"，运用溯因推理，反溯是何"因"造成了用例事件与事件之间的差异。研究就是要看看这样的用例事件对自然的事件的偏离是如何反映出心理意向性的，而这样的句式结构又是如何在该语言的语法系统框架内体现出这一心理意向的。因此，一方面，将事件建构出用例事件是句式的创始者以用例事件对事件作出意向性的解释；另一方面，后来的研究者对用例事件的形成过程作出解释同样也是依靠意向性解释。两者的意向性解释实质上是一样的，运用的都可以是"意向性解释"三角，但运用的方向不一样。前者是以事件为基础通过意向性的解释形成用例事件；后者是反溯性的，对于已认定的用例事件，通过溯因推理，探讨形成这样的句法结构过程中意向性发挥了什么作用、如何发挥作用。溯因推理是一种容错性的合情推理；也就是说，所得到的意向性解释可能只是一种初步看起来是合情合理的一家之言，不排除可能会有某些因素考虑不周，因而会另有因由（徐盛桓，2005：3）。溯因推理的过程和规则简单地说如下：

R（结果）：得到的豆子是白色的

P（前提）：A 袋子里的豆子是白色的

∴ 得到的豆子可能是从 A 袋子拿出来的

这是根据结果 R 并从前提 P 反推出来的认识。但这是容错的，因为并不能排除 B、C ……袋或其他某地方的豆子也是白色的。

第四节　"意向性解释"中的"意向性"

人的语言活动归根结底是人的意识的活动。人们的意识活动源于感官对客观外界的感觉，这就是所谓的原初意识。原初意识肇始于对感觉给予注意。心理学的实验表明，客观外界的信息通过眼、耳、鼻、舌、身等的感觉器官向感觉的主体涌来，主体注意的实施可能是自上而下的目的驱动（goal-driven）或自下而上的刺激驱动（stimuli-driven）；无论实施何种驱动，主体都要进行筛选、认定，选择相关或显著的部分，即目标特征部分……一次只是很小的一部分（Yantis，1998：223）。主体是如何选择、认定，进而转化为语言活动的？这要主体发挥"自利"的意向性的操作。

意向性是人的语言活动中自我意识的核心体现。如果说意识活动总是带着"自利"的倾向，那么作为开启一项语言活动的意识活动并贯穿其始终的意向性就表现出明显的自利倾向。意向性包括两个相互影响、协同运作的方面：意向内容和意向态度。

首先是对言语活动的意向内容的选择和认定，如对杀鸡事件，是选择认定这事件的动态的特征还是其静态的特征。其次就是对意向态度的选择，即以一定的意向性倾向的态度来表达一定的意向内容。根据廖巧云、徐盛桓（2012：49），意向态度可细分三个次范畴：

1. 体现为一种心理状态，如相信、知道、怀疑、害怕、希望、热爱、憎恨等的心理状态；

2. 体现为对对象作出的心理估量，如认为对象显于［显要，与之相对的为"次要"］、前于、先于……另一（些）事物；

3. 体现为观照某物的某种心理取向，如对对象以常态的（中性的）、形象的、委婉的、谐趣的、夸张的、亲切的、责备的、美/丑化的等心理取向加以观察和叙述。

例如,对正在讨论的这个中动句,观照、表述这有关的事件是以常态的(中性的)心理取向(而不是诸如夸张、谐趣、形象等的取向);取相信(而不是怀疑、害怕等)人人在任何时候、任何地点、任何情况下做这事(杀鸡)都是一样容易(或困难等)这样的心理状态;这时对事件里的事物就会有相对的估量,如认为受动者重要于施动者,以至于受动者会显,施动者会隐等。事件在主体的大脑里的映射和涌现成为用例事件,就是受这样的自利的意向性统领的。

在语言主体大脑里映射和涌现出来的用例事件是象征某一事件的意象。这些非词语的意象可以改写成为词语的概念,这就成为文字表达的用例事件,也就是一个语言表达式。

"象征(symbol)是那样的一个符号,即如果没有了解释项,它就会失去提供指称的品格。说出的话语就是这样的一种符号,它只有借助于它被理解为具有的那种意义,才能表示它所表示的意思。"(《皮尔士文选》,涂纪亮编,2006:301—302)像中动句这样的句式就是这样一个"象征"的符号。语言是象征性的,语义是由意象呈现的,句子结构式是按一定的意向态度将能体现意向内容的意象进行组织实现的。研究这过程中的映射和涌现,就是句法—语义界面研究的实质。

第五节 意向性解释视阈下的中动句试析

一 中动句用例事件与事件的比较

下面是中动句句式结构(用例事件)与它所表示的原生态事件的比较。

(1) Chickens kill easily. (Keyser et al. , 1984)

(2) Someone (例如 John) killed a chicken easily.

(1) 和 (2) 的语法成分的分析是:

(1a) Chickens (SUB) kill (VERB) easily (ADV).

(2a) Someone (John) (SUB) killed (VERB) a chicken (OBJ) easily (ADV).

（1）和（2）的语义关系是：

（1b）Chickens（PATIENT）kill（ACTION）easily（MANNER）.

（2b）Someone（John）（AGENT）killed（ACTION）a chicken（PATIENT）easily（MANNER）.

（1）和（2）的逻辑式是：

（1c）[KILL（Æ, chicken）]（easily）.

（2c）[KILL（someone（John）, chicken）]（easily）.

（1）是一个常见的中动句，是英语用以表达某一杀鸡事件的一种常见句式，或者说是英语表征这一事件的一个用例事件；（2）也是英语用以表达某一杀鸡事件的另一种常见句式，或者说也是英语表征这一事件的一个用例事件。但据人们的日常经验，表达式（1）并不能真正表征人们杀鸡的完整过程，中间"缺"了某些环节；而且也不符合英语语句 S（AGENT）V（VERB）O（PATIENT）习惯的语序[参看（1a）（1b）和（2a）（2b）]，倒是（2）比较接近使用英语的民族对这一事件的感觉和感受，在使用英语的民族的认识里一定程度上"还原"了这一事件，在这个意义上说，（2）可以看成大体表达了一个"杀鸡"事件。比较（1c）和（2c）可以明显地看出中动句句式结构[如（1）]的特征。据此，并参考 Fagan（1992）、Fellbaum（1986）、Hoekstra & Roberts（1993）、Iwata（1999）、Keyser & Roepe（1984）、Stroik（1992）、徐盛桓（2002）等在生成语言学、功能语言学、认知语言学框架下研究中动句的成果，将中动句的句法特征小结如下：

1. 主语必须为受事，施动者在句中不出现；

2. 谓语动词是及物动词，必须是主动形式；

3. 主语不能是泛指单数，是复数则谓语动词用现在时，是定指可用其他时态；

4. 谓语动词后要有表状态的副词或短语作状语。

中动句的句式结构为什么会有这样的特点？下面试反溯它的意向性的因。

二　中动句所反映的意向性

句式结构的意向性研究作为心智哲学视阈下的语言学研究，是要探讨事件映射为用例事件的心智过程：从意向性统领下对事件的感觉开始——定向——映射——涌现——成为能体现意向性的用例事件。

中动句所表示的事件原先本身作为一个自然事件，本来并无固定的展现方式。按照使用英语民族的常态是这样来展现它的：有人——以某种状态——杀了——一只鸡，这可看作英语表示这一事件的常见表达式：[Someone（AGENT）killed（ACTION）a chicken（PATIENT）]easily（MANNER），表示为逻辑式是：{[KILL（someone，chicken）]（easily）}。中动句句式结构可完全不是这样：Chickens（PATIENT）kill（ACTION）easily（MANNE）。据此推测，句式的创始者是根据他"自我"的感受，把这一事件映射为 {[KILL（Ø，chicken）]（easily）}；也就是说，他想表示杀鸡这样的事件，论谁做、杀的什么鸡、在什么地方做、在什么时候做，其状态（例如轻而易举地/很难地/可以很快地等）都是一样的。这样的感受，就是整个事件的状态，所以要把表示某一状态的状语短语放于句末。如果没有这样的状语，那还是表示动作，但放在谓语动词后面就被易于解读为某一具体动作的状态。

这样，在表达式中就要：

1. 隐去了施动者；
2. 用一般现在时，不表示特定的时和体以及其他的如地点等的情境；
3. 被杀的对象是复数；
4. 表示状态的状语短语在句末。

隐去了施动者并将受事用作主语，这就弱化了事件的行为特征；一般现在时能强化经常性的状态，表现出事件是处于一种经常性的状态；受事主语的可数名词非定指复数是表示一类没有特指的事物；而之所以要有表示某一状态的状语短语放于句末，是因为如果放在谓语动词后面易被解读为某一具体动作的状态，而不放在谓语动词之后，那是因为，把动作说成出于某种状态而不只是一个"光杆"动作，可以减轻动作的动态性而加强状态性，但如果放在谓语动词后面就易被解读为只是修饰某一具体动作的状态。

我们发现，中动句在运用时有两种情况从表面上看似乎与上述四项特征不符：（一）可数名词作为受事主语并非一定要是复数。如 The book sells/sold/is selling well，表示"这种书一般/过去/现在正很畅销"这种状态。可数名词受事主语可用定指，并可用其他某些时态；（二）句子并非一定要有表示某一状态的状语短语放于句末。如 The meat doesn't cut/The house doesn't sell/ I thought we were out of gas，but the car drives。前两个例句是否定句，"切不动"（不可切）表示的是一种可能性，这就是一种状态；第三个例子说的是这车没有油却"能开动"，说的也是可能性。不难发现，这些所谓的"例外"其实是从另一个角度表明中动句表示的是某一事件的状态。

三　事件的映射

本书认为中动句是某一事件的用例事件，而从事件演化为用例事件是大脑神经映射能力的产物。这里所说的"映射"（mapping），是心智哲学视阈下语言研究从数学的函数借用的一个概念，说的是事件客体作为一个集合其元素同大脑神经中的一个集合的元素二者间的一种特殊的对应关系，表现为客体事件的元素映射成为心智所呈现的意象，例如将［KILL（John，chicken）］（easily）这样一个事件映射为大脑里的一个有人在宰杀鸡的意象。达马西奥说，"大脑映射大脑外的周围世界，也映射大脑本身所作所为，映射在心智里体验成为意象。意象不仅指视觉意象，还包括其他感觉器官如听觉器官、触觉器官、内脏器官等来源的意象"（2010：24）；"这样的隐性大脑事件就叫作心智"（2010：23）。正如李恒威所说，"意象的神经对应是映射，而映射的心智对应是意象"（2011：66）。

值得注意的是，这一映射并不是客体在心智里的原原本本的"摄像"，而是一种以各种手段最佳地贴近自我的动态的创造过程，成为一个把客体和自我统领在一起的心智模式，因为"大脑是一个创造性的系统"（Damasio，1999：322）。从中动句的句法特征也可以感受到映射过程的创造，中动句表现了一幅同"人杀鸡"完全不同的图景：施动者隐去了，仿佛是鸡"自己"在宰杀。这个映射的创新过程在心智哲学研究中称为涌现（emergence）。

四　中动句的"意向性解释"

在心智哲学和生命科学、脑科学、系统科学等学科里，"涌现"（emergence）是这些科学的一个核心概念，用以说明在这些学科的研究中，复杂系统、复杂模式是如何从相对较为简单的模式相互作用中产生出来的。杰弗里·戈尔茨坦（Jeffrey Goldstein，1999：49—72）说，"涌现"

指的是，在复杂系统的自组织过程中，新的有内聚力的（novel and coherent）结构、模式或性质的出现。映射就是这样的一个新结构、新模式出现的过程。这个过程是一个心理过程：感觉器官对事件物理属性的感觉映射为一种新的有内聚力的模式，成为主体的感受，以意象（image）的形式在大脑里呈现出来。这个过程是事件的物理属性通过主体"自利"的大脑神经的映射，在心智里扩展为主体对该事件感受的心理属性。事件的物理属性是客观的，成为主体的心理属性是主客观交融的，是把事件统领在客体与自我统一的那个心智模式里得到的感受。这个感受过程是主体在过去自我经历的记忆的基础上，通过主体的联想和想象，使当下事件的情境发生格式塔转换（Gestalt）而造成涌现。由于发生了涌现，所以映射就不会是客体原原本本的"摄像"，而转换成为一种贴近自我的动态的创造过程。格式塔转换机制六条原则现在已是心理学的常识，这里就不再介绍了；格式塔转换可使感觉的对象在心理感受上发生"脱胎换骨"的变化，可参看徐盛桓（2012a，d）。

现在要进一步探究的是，通过格式塔转换而涌现出来的映射，其动态的创造过程为什么会产生贴近自我的效应。我们试以"意向性解释三角"作出如下说明：

(1) The car drives easily.

(2) The books sell quickly.

(3) 这地方玩起来真痛快！

由于中动句是用主动形式表示被动意义的一种句式，因此上面三个例句我们可以分别改写为：

(1)′someone drives the car easily.

(2)′some people sell the books quickly.

(3)′（这些学生）在这地方玩起来可真痛快！

根据第三节所建构的"意向性解释三角"可知，所谓的"意向性解释三角"就是将中动句视为一个用例事件，而将正常状态的语言表达式视为事件。后者作为被解释的对象能够在心智意象的作用下形成一个特殊的句法表达式成为"被解释项"。"解释项"因心智意象的解释功能而充当了"解释"被解释项的涌现成分。例如例句（1）The car drives easily 作为一个中动句，很显然是从主动句（1）′转换而来的。但为什么这里的说话者要用较不常见的（1）而不用更为常见的（1）′呢？作者认为，这是因为认知主体的意向态度发挥了重要的作用。

"心智哲学与语言研究"的基本假设之一就是，感觉信息的表达是语言应用的基础。感觉信息的基本来源是认知主体对客观事物的感觉和感受，当一个人在驾驶某辆汽车感觉很平稳、很舒适的时候就会产生一种愉悦的心理状态，这样的一种感觉经过大脑的信息过滤后就可能形成一种基于感受的心智意象，如果认知主体正好在与人讨论驾驶感受，通常情况下会形成如（1）那样的语言表达式。但如果认知主体在一种"极度愉悦"的意向态度的支持下则有可能形成如（1）′那样的中动句来表达自己特殊的心理感受。

同理，例句（2）和例句（3）也是在认知主体的某种特定情绪的感染下，对所看到和所感知到的客观事物赋予了自己的独特感受，从而形成了具有特定指向性的意向态度。这种意向态度指引着认知主体用异于常规的句法结构来表达语言信息，从而形成对句（2）′和句（3）′的意向性解释。例如看到一些人卖书很快，可能会因为带一种惊叹的语气说"The books sell quickly"，而在一个地方痛快地玩乐了一场后往往会不由自主地说出"这地方玩起来真痛快！"这样的语言表达式。说到底，这些语言表达式都是在认知主体的意向态度的指引下自觉地选择更加适合当时语境的句式的结果。而当我们在对语言进行溯源式研究的时候可以尝试从意向性的角度进行推衍式的解释。

第六章

英语语义变异辞格的心智研究*

第四章我们从词汇的层面对语言表达形成过程中的心智活动进行了分析，考察了名词在转换为动词的过程中所涉及的思维现象。从本章开始到第七章结束，我们将从语义的层面对一些语义变异现象进行解读。本章将以转喻为例，对英语语义变异辞格是如何以"喻体"代替"本体"的情况加以说明。

第一节　西方修辞研究发展概述

古典西方修辞学的起止时间是从公元前 500 年至公元 400 年，也就是从柏拉图时期到奥古斯丁时期（从莱庭，2007），其后在中世纪时期、启蒙时期分别有所发展。进入现代后，修辞学的研究开始吸收认知科学的营养，从认知的角度对修辞语言进行解释，这是相对于经典（或曰传统）修辞而言的。从研究取向来看，前者属于描述性的表达论，后者属于解释性的机制论。大体而言，修辞研究经历了一个从"事物中心论"到"概念中心论"的研究转向。综观修辞学研究的历史，大致经历了从辉煌走向没落转而焕发新的生机和活力这样三个不同的阶段。从词源上说，"rhetoric"是由"rhetor"（演讲者/说话者）和"ic"（术/学）两部分组合而成"演讲术"，这成为后来修辞学史的源头。作为"演讲术"的古典修辞在古希腊和古罗马被广泛应用于各种论辩场合，从智者时代发展到亚里士多德时代形成一个顶峰，一时之间呈现一片欣欣向荣的景致。但一些

---

　　* 本章部分内容参考拙作《英语辞格系统新探》（《天津外国语大学学报》2013 年第 4 期）及《转喻的意向性解释》（《湖北民族学院学报》2012 年第 5 期）。

学者过于强调修辞的辞藻新颖和句法工整，同时以能迷惑听众于不察为根本任务。这种重视修辞的智慧性技巧而轻视其道德修养的语言观受到柏拉图等人的猛烈攻击。Plato 反对修辞学的最大理由是，修辞是以巧言代替真言，以伪饰代替真相，修辞自他以后被套上了"诡辩论"的魔箍。

但柏拉图对修辞的厌恶并没有影响到他的学生亚里士多德。相反，亚里士多德首次站在哲学的高度写出了举世公认的第一部演讲修辞学专著——《修辞学》（Rhetoric），并首倡修辞的"劝说功能"（the faculty of observing in any given case the available means of persuasion）。这样修辞就从带有语言迷药性质的诡辩"术"提升为塑造听众道德观的"智慧活动"，这种修辞的"劝说观"从公元前 5 世纪的古希腊和古罗马时期一直持续到中世纪。

到了文艺复兴时期，以法国哲学家佩特吕斯·拉米斯（Petrus Ramus）为代表的文体风格修辞学在学术界占据了主导地位，修辞学的研究内容从传统的"五艺"压缩为文体风格和演讲技巧。这种修辞学风一直延续至 17 世纪，这一时期修辞学主要以文体、辞格为研究对象，因此也就在一定程度上被视为与语言交际功能相脱离的东西，修辞只不过是意义的一种装饰点缀而已。至 19 世纪，曾经无限风光的修辞学陷入了低谷，文体风格修辞学则走向了极端的形式主义道路，修辞学研究往往是费尽心机地寻找新辞格，作出别出心裁的分类，修辞成了一门"死学科"。

但曾几何时，在西方修辞学的研究体系中，修辞学曾和逻辑学、语法学并称为"中世纪西方人文三学科"。哲学和修辞学曾以辩证法为纽带形成了一段蜜月期，这正如利科所言"亚里士多德的修辞学构成了从哲学出发将修辞学制度化的最辉煌的尝试"（转引自汪家堂，2004）。但从传统上说，哲学是探究的模式，而修辞是这种探究的客体，哲学所追求的是真理，而修辞学追求的是舆论。这种追求目标的不同最终导致了中世纪修辞学和哲学的分离。这种分离的结果导致 19 世纪修辞学已成为一门自动切断与哲学、逻辑学与诗学的联系，而将修辞学窄化为"比喻学"的死科学。修辞学研究从此钻入辞格研究的死胡同，它所关注的仅仅是不断寻找一些新的辞格来进行差强人意的分析和研究，而不是尝试站在哲学的高度建立一套具有普世观念的修辞理论体系。

面对这一困境，学者们从不同的角度进行了多样化的尝试，试图重拾修辞学曾经的辉煌。20 世纪中叶，西方修辞学领域掀起了一股复兴的浪潮，试图重建衰落已久的传统修辞学。修辞学复兴的理论动力是回归哲学，以语言哲学为先导，从语言背景出发讨论意义问题，进而对修辞哲学进行新的尝试，分析修辞的本质，探讨人类修辞的动机，构建"新修辞学"的理论框架，完成对传统修辞学的改造（温科学，2006）。Pierce的符号学理论、莫里斯的符号学三层面理论、维特根斯坦的语言游戏说和巴赫金的对话理论极大地影响了理查兹修辞学思想的形成，并进而开启了20世纪当代修辞学的复兴之路（鞠玉梅，2010）。这个过程中，"互动"被视为当代修辞学与哲学的一个交叉点，"修辞互动"成为知识产生的一种途径，知识是在"修辞互动"中逐渐建构起来的。当代哲学家不仅认为修辞与认知有联系，而且认为哲学离不开修辞。哲学论辩本质上是修辞的，亨利·约翰斯通（Henry W. Johnstone，1978）在《哲学论辩中的有效性与修辞》（*Validity and Rhetoric in Philosophical Argument*，1978）中认为，哲学上的真理就是论辩的结论，修辞是"体现人性的最好方式，也是知识存在的最好方式"（从莱庭、徐鲁亚，2007：78）。

　　当代西方修辞学所探讨的基本问题和语言哲学研究的核心问题有许多相通之处，语言哲学为当代修辞学的形成和发展提供了哲学基础，孕育在语言哲学中的新修辞学为修辞学的研究提供了新路径，拓宽了新视野，注定了当代修辞学和语言哲学密不可分的关系（鞠玉梅，2010）。随着认知科学的不断发展，20世纪西方哲学从人类语言指向人类认知，语言哲学逐渐进入一个新的发展阶段：心智哲学。心智哲学被Searle等称为"21世纪第一哲学"，一个重要的原因是因为哲学与语言的研究表明语言最重要的性质是基于心智的，因此，意义和意向性是先于语言的心理能力，在我们能够阐明语言的性质之前，我们必须将先于语言的心理能力搞清楚。语言依赖于心智，甚于心智依赖于语言。

　　半个多世纪以来语言研究的趋势是，越来越关注心智与语言关系的解说，以说明意义是如何建基于更具生物学意义的心脑关系之上的。这一趋势促使关注认知的语言学家除了关注认知心理学的进展以外，还开始关注身心关系的"形而上"的研究，这正是当代的心智哲学研究所关注的核心问题。可以说，心智哲学把人的心智活动直接推向了前台。心智哲学对修辞学的启示在于：修辞性话语作为一种外显的语符，它所表征的是认知主体对客观世界的感觉和感受，实质是身心关系在语言中的体现。正是基于这样的认识，本章以心智哲学为理论指导，以意向性、感受质、涌现性等为基础建构了一个修辞研究的理论框架，尝试对一些修辞现象进行研究。本章主要是对英语中的语义变异辞格进行心智哲学的阐释，后两章将对其他修辞性话语所涉及的语义变异现象进行研究。

第二节　英语修辞格新探

一　修辞格的本质属性再探

在修辞学研究的历史中，学者们从未停止过对于修辞格（figures of speech）的本质属性的探索，从亚氏起的整个古希腊、古罗马时期修辞一直被视为一种言辞的"装饰物"或语言的"变异"，这种偏见一直延伸至19世纪中后期，并最终导致了修辞学科的没落。其中最直接的一个原因就是修辞学家热衷于辞格的分类，而忽视了辞格自身的描绘—表现能力，使修辞研究成了单纯的"辞格"分类研究，丧失了修辞学传统的人文属性。其实早在文艺复兴时期就有人对辞格的所谓"装饰性"提出异议，至20世纪更多的学者从不同的立场批评这一说法。曾有符号学家指出："（语义）辞格并不是服务于表达领域的饰物，而是建立某种内容的机制。"（转引自张会森，1996：7—12）

基于这样的认识，20世纪初辞格研究首先在法语语文界得以复苏。法国修辞界沿袭了欧洲将 figures 作为"辞格"的传统，例如艾布拉姆斯（Meyer Howard Abrams）在1952年出版的 *A Glossary of Literature Terms* 词典中就将辞格视为"不同于文学语言的一种语言……使用者的目的不是明确告知某事某物，而是促使读者展开丰富的想象来对作者的观点加以理解"（a type of language that varies from the norms of literal language... figurative language does not mean exactly what it says, but instead forces the reader to make an imaginative leap in order to comprehend an author's point. http：//www. uncp. edu/home/　　　　canada/work/allam/general/glossary. htm#f，2012年1月19日读取）。

此后的研究中辞格被普遍认为是一种"变异"，但"变异"所针对的对象并没有人能够说清楚，直到20世纪60年代西方学者使用"零度概念"来对其加以说明。所谓"零度概念"，简而言之，就是绝对中立、不带任何感情色彩的语言；与此相对应，任何偏离"零度"的语言都被视为一种"变异"。无疑，辞格是一种典型的变异性语言。但"零度"的概念充其量不过是一种工作语言，因为事实上世界上没有一种语言是真正处于"零度"不偏离位置的，因此语言的变异也就是普遍存在的，辞格当然更是如此。

将辞格视为一种语言变异进行的研究绵延至20世纪下半叶，直到认知语言学的兴起，人们才认识到诸如隐喻之类的辞格不仅仅是语言变异那么简单，它们更多地体现了人类认识自然的一种思维方式和其表现（成果）。于是有了莱克夫和约翰逊（1980）的那本影响深远的巨著 *Metaphors We Live By*。由此展开的关于各种修辞格的研究，包括转喻、夸张、委婉语等，形成了辞格研究的认知语言学局面。这一时期的研究有一个共同的特点，就是将修辞格看作人类形象思维的结果，修辞格就是人们用类比的方式来认识世界的工具。主要采用的研究方法就是借用认知语言学的一些理论来对某一辞格的内在机制进行解读。无疑，这样的研究相比传统的辞格分类和变异研究已经实现了跨越式的发展。但认知视角下的辞格研究还有些问题没有解决，如两域论和空间合成理论关于隐喻的研究，都仅仅是提出了两域之间的映射或是不同输入空间的融合的假设，至于映射和融合的中介或具体的步骤却还是语焉不详。由于"语言是基于心智的"（蔡曙山，2007；徐盛桓，2011），对语言的研究归根结底要深入对其心智活动的探究，也就是要将"心智"推向研究的前台。因此通过对修辞活动所涉心智因素的分析，有可能解决"修辞格如何形成"的问题。要完成这一任务，我们可以立足于心智哲学的视角来对什么是修辞格进行新的审视。

二　从心智哲学的角度看修辞格

长期以来修辞研究采用的是"所见即所得"的方法，即对辞格如何形成语言表达式的过程进行刻画。但对语言前思维的过程却很少进行追问。这种语言前思维曾被维果茨基（Vygotsky）、乔姆斯基（Chomsky）等人进行过研究，同时在心智哲学中亦有一个专门的指称："心理语言。"（mentalese）和自然语言相比，它只是一种假设的语言，"其概念和命题不用词语来表征"（Fodor，1985）。因此，心理语言很可能是外部语言生成前的以意义为中心的思维过程，或者说可能是一种由感受而发生的思维，从"所行即所思"到"所感即所思"再到"所言即所思"。它在很大程度上是用纯粹的意义来加工，意义是思维生成、记忆和理解的基本单位（徐盛桓，2010：30—35）。

　　之所以选择从心智哲学的角度对修辞格进行解读，是因为历史上修辞学与哲学一直保持着紧密的关系，"新修辞"运动更是凭借修辞哲学的构建而得以展开。同时，半个多世纪以来语言研究的趋势是，越来越关注心智与语言关系的解说，以说明意义是如何建基于更具生物学意义的心脑关系之上的。这一趋势促使关注认知的语言学家除了关注认知心理学的进展以外，还开始关注身心关系的"形而上"的研究，这正是当代的心智哲学研究所关注的核心问题。可以说，心智哲学把人的心智活动直接推向了前台。心智哲学对修辞学的启示在于：修辞性话语作为一种外显的语符，它所表征的是认知主体对客观世界的感觉和感受，实质是身心关系在语言中的体现。从这个角度观察修辞格，修辞格的产生过程可以表述如下：客观外部世界所存在的事物在一定的意向性的指引下，经由视觉系统形成原初意识之后经历了一系列的格式塔转换而成为意象（image），该意象扩展（extended）成为对外部世界的一种感受。这种感受用语言来进行描述就是一个"用例事件（usage-event）"。随着使用频率的增加，这些"用例事件"演化成为符合一定类聚系统的语言模式，修辞格由此产生。

　　从心智哲学的角度看修辞格，意味着我们要采取一些哲学研究的分析方法，通过对修辞现象本质的探究来揭示产生该现象的最本质、最核心的一些问题。也就是说，通过对心智的研究来揭示人类语言的一些共性特征。我们知道，修辞话语实际上是人类"童年"时期形象思维的一种再现，最显著的一种表达特征就是"以 A 言 B"。但这里有两个问题一直困扰着研究者：

　　　1. B 为何能被 A 所言？
　　　2. B 是如何被 A 所言的？

　　这些是修辞研究一直在探讨的问题。认知语言学从映射和空间合成的角度对第一个问题进行了比较充分的说明，但对第二个问题则语焉不详。这为我们从心智的角度研究它提供了空间。为此，本章拟重建一个英语辞格系统，以便以"类"为单位，对英语辞格的语义变异现象进行分类解读。

第三节　英语辞格系统新拟

一　英语辞格系统研究回顾

英语辞格的分类问题一直是学术界热烈讨论但并未达成共识的话题。自 Aristotle 以来，学者们对辞格提出了多种多样的分类。修辞学传统上比较流行的做法是把辞格分为两大类：①语词格 "figures de mots"，或曰语义辞格。②思想辞格 （figures of de pense），或曰言语辞格，即语义辞格之外的其他辞格，如词语形式、句法配置辞格等。在现代辞格研究的系统化浪潮中，伯克（1950）和雅各布逊（Jakobson，（1967）首先对辞格的分类问题进行了阐述。后来利奇（Leech，1969）、维克思（Vickers，1988）、科贝特、康纳斯（Corbett & Connors，1999）等在接受昆体良（Quintilian）关于辞格（figures of speech）的基本含义的基础上，将英语辞格分为两大类，即 "形式"（schemes）和 "语义"（tropes）两大类。μ 学派则根据 "零度偏离" 的概念，将 "辞格" 定义为 "对'零度语言'一定的偏离"，并在此基础上对辞格进行了意义深远的分类研究。

μ 学派运用元语言学和符号学将修辞格分为 "表达" 和 "内容" 两大类及 "词" 与 "句" 两级，在这种双重二分法基础上建立了一个由四类辞格组成的修辞系统：词法辞格、句法辞格、语义辞格和逻辑辞格。与此同时他们提出了 "零度偏离" 的概念，尝试对辞格的本质属性进行解释，并用 "冗余性"、"自改正"、"不变项" 等概念对辞格之间的关系加以描述。μ 学派这一辞格理论对整个辞格研究具有开创性意义，它 "第一次指明纷繁复杂的辞格产生具有系统性和联系性（Dubois，1981：P. xiv）"。

无疑，μ 学派的辞格分类系统为我们借助理论形态建立科学的辞格系统提供了很好的示例，但正如托多罗夫（Todorov，1972）所指出的那样，这一分类体系的不足之一在于 "这样一种划分方式从逻辑观点看是无可非议的。但人们可以问它在何种程度上符合实际的运作，而不只是一种简单的助忆方法呢？"（转引自李幼蒸，1999：333）与此同时，这种分类系统还面临着辞格收录的标准是否合理的质疑。

μ 学派固然存在上述种种不足，但它的双重二分法所构建的修辞格系统基本覆盖了整个的语言使用范围或修辞领域，有值得我们学习和借鉴的地方。不过这种分类方法的确在实际使用中有烦琐之虞。另外，μ 学派的分类系统中有三类属于语言系统的辞格：①形态变异格；②句法变异格；③语义变异格。这三类辞格中，"句法变异"似乎可归于"形态变异"一类，因此作者在科贝特和康纳斯（1999：379）"形式"和"意义"二分的基础上尝试对英语辞格系统进行新的构建。需要说明的是，由于本节是从心智的角度对英语修辞格及辞格系统进行研究，因此两大分类中"语义"类辞格是本书的研究重点。本书也因此不再对"形式"类辞格进行专门的分类研究，而是接受科贝特和康纳斯的分类标准，将一些常见的英语修辞格进行对照分析，分别归入"语音形式变换"类和"结构形式变换"类。

二　英语辞格系统拟构

1. 科贝特和康纳斯对"形式"类英语辞格的区分

在 *Classical Rhetoric for the Modern Student* 一书中，科贝特和康纳斯指出，所谓的"形式"类辞格主要是指通过词语内部音（节）的变换或语句结构调整来实现语言变异的修辞现象。前者被称为"词形辞格"（Schemes of Words），后者则称为"构形辞格"（Schemes of Construction）。词形辞格和构形辞格根据内部音（节）的增删和变换被细分为两大类八小类，具体如表 6 - 1 所示。

表 6 - 1　　　　　　　　　　　　　形式类修辞格

	音（节）的增删	音（节）的变换	平衡	逆序	省略	重复
词形（变异）辞格	词首添音 词中插音 词尾添音 词首省音 词中省音 词尾省音	音位变换 首音互换				
构形（变异）辞格			平行 对偶	倒置 插入 同位	语境词省略 连词省略	首辅音重复 元音重复 首词（组）重复 尾词（组）重复 层进 倒装重复 异形重复 同源词重复

资料来源：参照胡曙中，2002：279—280。

从表 6-1 可以看出，科贝特和康纳斯对"形式"类修辞格的认定主要是从词的发音变异和句式结构的变异两个方面进行区分的。由于本书主要针对"意义"类辞格的生成机制进行研究，因此对 Corbett & Connors 不多作讨论，只是借用这一部分内容以完成对整个英语辞格体系的建构。研究的重点放在"意义"类辞格的划分和机制的探究。

2. "意义"类英语辞格的划分

在 Corbett & Connors 的分类体系中，"意义"类的修辞格是指在语言使用过程中语义发生变异的修辞格，这一类辞格以喻类辞格占了很大比重，如隐喻（metaphor）、转喻（metonymy）、提喻（synecdoche）等。显然，除了喻类辞格之外，英语修辞格还有其他诸多类型的语义修辞格。因此本节拟对一些常用的英语修辞格重新进行分类，目的是方便后文对该类辞格的生成机制进行考察。

观察发现，常用的语义类英语修辞格主要包括：①喻类辞格：明喻（Simile）/隐喻（Metaphor）/转喻（Metonymy）/提喻（Synecdoche）等；②拟类辞格：拟人（Personification）/拟植物（Plantfication）/仿拟（Parody）等；③转义类辞格：反语（Irony）/双关（Pun）/夸张（Hyperbole）/委婉（Euphemism）等；④移置类辞格：移就（Transferred Epithet）/通感（Synaesthesia）/一笔双叙（Syllepsis）/轭式搭配（Zeugma）等。

本书对语义类修辞格重新划分的目的是对该类辞格的生成机制进行系统说明，并进而回答"B 是如何被 A 所言的？"这一问题。对此徐盛桓（2008）曾论及"一个修辞格的生成，是想要表达的意向内容在意向态度的制约下通过相邻/相似关系的中介推衍出一个有特色的修辞表达式的过程"，本书作者接受这一观点，并据此将上面所归纳的四类常用的语义类英语修辞格按照"相邻""相似""既相邻又相似"三个维度进行重新分类如下：

  A. 相邻类：转喻、提喻、反语、夸张、双关

   a. 同向相邻：转喻、提喻

   b. 反向相邻：反语

   c. 双向相邻：夸张

  B. 相似类：明喻、隐喻、拟人、拟植物、仿拟、通感、移就

   a. 内涵相似：明喻、暗喻

　　　　b. 情感相似：拟人、拟植物

　　　　c. 心理相似：通感、移就

　　　　d. 结构相似：仿拟

　　C. 既相邻又相似：委婉、一笔双叙、轭式搭配、双关

综上，我们重新建构如下一个英语辞格系统：

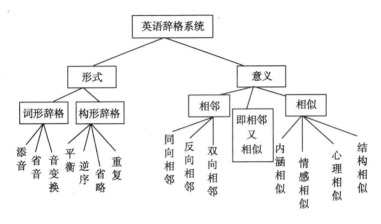

图6-1　英语辞格系统

在这个英语辞格系统中，意义类修辞格的重新划分体现了语言运用的常规关系假设（徐盛桓，2007）。即语言运用总是设定话语中所涉及的对象和事件之间所形成的关系是常规关系，常规关系可以通过相邻/相似关系把握；隐性的意向推衍出显性表述是通过常规关系维系的，并受说话人意向性制约。从本质上来说，修辞格的出现就是认知主体的隐性意向以显性的表述被呈现的结果。但这个显性表述是如何被呈现的，也就是"B是如何被A所言的"则是语言学家一直乐此不疲的话题。

三　语义变异辞格的心智研究：以相邻类辞格为例

我们在前面对早期研究中英语修辞格的分类情况进行了回顾，接受了传统上"形式"和"意义"的二分法。在此基础上，我们根据本体和喻体之间的三种关系——"相邻""相似""既相邻又相似"，对意义类辞格作了进一步的区分。本节则是对其中"相邻"类辞格进行心智探析，所以依据的理论框架正是第三章所构建的"语义变异修辞现象的解释框架"。

如上节所示，作者将转喻分为"同向相邻""反向相邻"和"双向相邻"三小类。所谓"同向相邻"指的是本体和喻体在语义关系轴上处于

同一个方向。大多数转喻属于同向相邻，但也有少数例外。如反语：This diligent student seldom reads more than an hour per mouth，显然一个每月读书不超过一个小时的学生无论如何都和"勤奋"沾不上边的。因此反语是一种反向关系的相邻类辞格。而夸张则是一种同向相邻，无论夸大还是夸小，在语义轴上都处于同一个方向。限于篇幅，本节仅对同向相邻类辞格的生成机制进行说明。

　　从上面对意义类辞格的分类可知，"转喻"和"提喻"是两种主要的同向相邻类修辞格。近年来，认知语言学将转喻和隐喻视为人类最基本的认知操作，是对抽象概念认识和表达的强有力的工具，因此对于此二类修辞格的研究热情有增无减。认知视角下的转喻被普遍定义为相邻关系的替代，如局部与整体、局部与局部等。但相对而言，提喻则较少被人关注，间或作为转喻的一个分支被顺带提及。尽管如此，仍然有学者提出不同看法，认为转喻体现的是两个"绝对独立"（absolutely separate whole）事物之间的"相关或对应的关系"（relations of correlation or correspondence），因此两者之间是一种相关但不包含的关系。而提喻体现的是两个不仅相关而且包含的两事物之间的"连接关系"（relations of connection）（Fontainer 1968：65）。这种将提喻从转喻中分离出来并视为两个对等概念的提法被一些学者所认同，并进而从认知语言学的原型理论角度出发对两者之间的模糊性进行了说明（陈新仁、蔡一鸣，2011）。作者拟在此基础上，运用"意向性解释框架"对转喻和提喻的生成机制进行统一的说明。先从几个语言实例说起：

　　（1）We had to carry bottles of very expensive Cologne and we con-stantly sprayed him down.（Jeffy Rodack：*World's No. I Spoiled Kid.*）

　　（2）Joanne burned Player after Player in her nervousness at his father's eccentric and preoccupied driving.（John Updike：*Home*）

　　（3）They were short of hands.

　　（4）He could hardly earn his everyday bread.

　　例（1）中 Cologne（科隆）作为一个城市以盛产香水出名，因此这里用一个相关事物来转喻另一个事物。例（2）中的 Player 作为一种香烟的品牌名被用来转指"香烟"本身。这两个例子都是"绝对独立"的两个事物之间的指称。而例（3）和例（4）的情况则略有不同，尽管都是相邻事物之间的指称，但无论是 hand 还是 bread 都与它们所指称的事物之间具有一种类属关系。本书认同陈新仁、蔡一鸣（2011）的研究结论：转喻和提喻都是"相邻类比喻"这一范畴的成员，只不过前者属于典型成员，后者是非典型成员，两者之间的边界是模糊的。正因属于同一范畴的成员，因此它们的生成机制有望在"意向性解释框架"下得到统一解释。

根据"语言运用的意向性假设"可知：语言交际的一个基本特征是说话人向受话人表达意向，而受话人则要辨识其意向。意向性包括两方面：意向内容和意向态度（徐盛桓，2008）。因此意向性是任何一种言语行为的起点，并且贯穿整个言语行为过程的。这也正是本书能够建立起"意向性解释框架"的立论基础。

意向性具有统摄作用，无论是修辞性话语还是一般话语，其意识活动都是以意向性为出发点展开的。在修辞格的形成过程中，首先是说话主体持有对某一客观对象进行修辞性表达的意向态度，然后才会对所欲表达的内容予以关注。例如，例（1）的说话主体想要用一种偏离一般性话语的表达方式来谈论"香水"。则这种态度会直接表现为他对客观事物的关注。而香水的一些物理特征，如"外观为透明溶液"、"主要成分为香精和乙醇"、"可直接喷洒"等，都会借助于心理属性（mental property）对于物理属性（physical property）的随附性（supervenience）被语言主体所感觉，这就是主体对于客观事物的原初意识（primary consciousness）。这种原初意识经过一系列的格式塔转换，形成关于"香水"的意象图式，意象图式进而被主体觉知为扩展意识（extended consciousness）。至此，认知主体对于想要解释的对象，也就是意象内容，即"香水"的语言表征仍未实现，还停留在语言前思维阶段，即所谓的"心理语言"。"香水"作为一种非自然语言在意识层面被感觉为一种扩展意识，这种扩展意识经过一定形式的过滤和转换后与人的认知系统中固有的语言符号进行镶嵌和融合并以特定的语符加以表述，这样语言就以语言思维为临界点实现从思维到语言的突破。由于客观事物总是处于一种常规关系之中的，客观事物以两种基本的形态存在，要么相邻，要么相似。因此"香水"的认知主体就会自觉地借助百科知识，优选出一个最能体现"香水"特征的"用例事件"来作为扩展意识最后涌现出来语言表达式。如果语言主体恰好拥有"科隆盛产香水"这一常识，那么自然地，"科隆"作为一个邻近事物就很容易被用来指代"香水"。从意向性解释的角度来看，则 Cologne 作为一个转喻辞格充当了"解释项"（explanans）的角色，它被用来解释认知主体的意向内容，而"香水"则扮演了"被解释项"（explanansdum）的角色。一个转喻辞格就此产生。

例（3）、例（4）中提喻的生成过程与此类同。只不过由于认知主体百科知识体系的不同，在原初意识转换为扩展意识的过程中，涌现出来的是与意向内容"既相关且包含"的用例事件。因此，认知主体只需要付出相对较少的认知努力就可以用一个修辞格来表达意向内容。当然，解释项对被解释项的解释力似乎也就更有说服力。例如，hand 作为身体的一部分，在认知主体试图借助相邻/相似关系来选择恰当的修辞格表达自己的话语意图的时候，该词语就很容易被用来指代"worker"这一真正的意向内容。

综上所述，我们发现，英语修辞格的生成机制大致可以用意向性来进行解释。即一个修辞格的形成总是在认知主体一定的意向态度之下，借助修辞性的话语来对欲表达的意向内容进行解释。为了使解释充分合理，则首先需要在对客观对象形成原初意识的基础上，通过认知主体的自觉行为将头脑中的意向图式转换为扩展意识，并进而借助相邻关系选取一个用例事件作为语言表征对象。这个用例事件随着使用频率的增加而逐步演化成符合一定规格的类聚系统，修辞格由此形成。为了对意向性在修辞格中所发挥的作用作出更加清晰的刻画，我们特以转喻为例，说明在认知主体的意向性指引下，转喻的本体是如何被喻体"解释"的。至此，我们初步勾勒了修辞格的生成过程，但对于转喻在"意向性解释"过程中经历了怎样的思维转换过程则需更多笔墨来加以说明。因此在下面第四节我们通过回顾认知语言学视角下的转喻思维机制的研究推衍至第五节的转喻的意向性解释，目的是说明随着研究的不断深入，人们对这一问题的理解越来越深刻。从而对于修辞格是如何产生的问题作出更加明晰的说明。

第四节　从转喻至转喻思维

大体而言，转喻研究经历了一个从"事物中心论"到"概念中心论"的研究转向。这种因为研究视觉的变换而产生的转喻观的变化，导致了转喻研究的修辞观、语义观、认知观和逻辑观的交替出现，这些不同的转喻观从侧面反映了不同历史时期语言学研究的变化和发展。但进入 21 世纪以来，随着认知语言学作为当代语言研究主流范式的确立及其理论体系的不断完善，国内外众多学者已开始将认知语言学的理论应用于第二语言习得和外语教学。与之相对应，转喻研究也应从传统的修辞研究转向转喻思维机制的研究。

一　转喻本质属性的研究[*]

1. 转喻的基本特征

从 20 世纪 80 年代起，认知语言学家对转喻的思维机制进行了研究，并先后对转喻的基本特征进行了描述（Lakoff，1987；Langacker，1987；Taylor，1989；Ruiz de Mendoza，1999），主要的观点包括：①"转喻"是一种概念现象，在一个概念结构中包含概念 A（本体）和概念 B（喻体）两部分，概念 B 可以用来指代或推理概念 A，概念 B 的内涵比概念 A 更丰富；②概念 B 和概念 A 之间存在邻近关系，它们之间的映射在相同的认知域中进行，大多数转喻属于双向映射；③概念 B 具有凸显性特征，因为概念 B 与概念 A 相比更容易被理解、辨认或更容易记忆；④转喻具有可转换性，即概念 B 与概念 A 之间可以进行转换。

据此我们认为转喻的最本质特征是邻近性、凸显性和可转换性。

2. "转喻"的定义

关于"转喻"的定义，最早是来自佚名作者的《修辞和解释》一书（转引自张辉、孙明智，2005：4—9）。该书将"转喻"定义为一个词格，"从邻近和紧密的事物中获得语言形式，通过这一语言形式我们能理解不被该词语命名的事物"。在西方的修辞研究中，"转喻"被定义为"A figure of speech that consists in using the name of one thing for that of something else，with which it is associated；use of one word for another that it may be expected to suggest"（cf. The American Heritage Dictionary，1991：79），或者是"Metonymy is the substitution of the name of an attribute or adjunct for that of the thing meant"（cf. The New Oxford Dictionary of English，2001：1165）；在中国的传统研究中，往往将转喻看作一种"借代"或"转指"，被视为

---

[*] 本节内容参看拙作《名—动转类的转喻理据与词汇学习》，中国社会科学出版社 2011 年版。

修辞学上的词格之一。甲事物同乙事物不相类似，但有不可分离的关系，利用这种关系以乙事物的名称来代替甲。不难看出，无论是西方还是东方的修辞研究，都将转喻限定在词汇层面，这无疑在很大程度上制约了转喻研究的宽度和广度。

随着认知语言学的发展，人们越来越认识到，转喻不仅是一种修辞的工具，而且是一种认知的方式。转喻可以帮助人们通过一个易懂或易感知的事物去认识该事物所处 ICM 的整体或 ICM 中其他部分。在认知语言学领域，目前尚无一个公认的定义，许多学者给出的通常都是工作定义。

尽管，对转喻的本质属性的研究到目前为止学术界仍然还没有形成一个定论，但有一点是可以肯定的，那就是转喻不仅仅是事物间、词语间或概念间的一种替代，更有可能是一种认识上的转移和处理。

3. 转喻的分类

对转喻不同视角和不同重点的分析导致对转喻不同的认识和分类。无论是传统的修辞学还是认知语言学，都认为转喻是基于邻近性的基础之上形成的。只是两者对邻近性的理解不尽相同而已。传统修辞观认为邻近关系可以发生在语言之间，如雅各布逊认为邻近性存在于语言符号之间（Koch，1999）。而乌尔曼（Ullmann，1962：218）则认为邻近性是指两个词之间的意义邻近。认知语言学家所说的"邻近性"则相对更为宽泛，包括了语言、现实和概念三者内部的、三者之间的邻近性，并在提出"理想化认知模型"（ICM）的基础上将邻近性分为两种：①整体 ICM 与其部分之间的邻近性；②同一个 ICM 中部分与部分之间的邻近关系。

总之，到目前为止对转喻的分类已经从传统的罗列式发展为以类属 ICM 为基础所形成的整体与部分之间的各种范型的归纳，并抽象为高层和低层转喻两种转喻类型，这无疑是转喻认识的一种深入。本节在此基础上，以认知域的分类为切入点，对转喻重新进行了分类。这一分类方法直接受到徐盛桓（2008a：69—77）将可能世界划分为想象世界和特设世界思想的启发。在他的研究基础上，本研究提出，将转喻按照可能世界逻辑理论划分为三种：现实世界转喻、想象世界转喻和特设世界转喻。

第一，现实世界转喻。

一般说来，现实世界转喻指的是转喻发生的认知域是现实世界，转喻的源域和目的域都是我们现实生活中可验证的事物。具有现实性和可验证性等特点。这一类的转喻是比较容易理解的，因为它们的源域和目的域的两事物可以根据现实世界中所得到的认识认定它们的类属同一性，从而追溯出二者内涵和外延的传承性。如 She is a new hand，"hand" 是身体的一部分，用以指代手的拥有者。显然，这样的源域和目的域在我们的认识经验中是真实存在的，因此也是易于理解的。

第二，想象世界转喻。

在转喻中并不是所有的喻体都是我们的生活经验可以认知的，有一些目的域存在于想象世界中。例如在很多的神话故事中神仙们大袖一挥就变出了一个虚拟的场景，有山有水，甚至还有金银财宝。但无论如何一切都并非真实世界中存在的，而是人们创造性的想象。当人们谈论这个特设世界中的事物的时候，会下意识地和真实世界中的事物进行仿体对应，形成一些想象世界的转喻。但一旦魔力消失，这些转喻也就随着想象世界的消失而不复存在。发生在想象世界中的这一类转喻，我们将它们命名为"想象世界转喻"。这一类转喻的源域和目的域之间的传承不能直接发生，而是根据可能世界逻辑的仿体理论，在想象世界和现实世界之间建立其他成员之间的仿体对应关系，这样在需要的时候就可以用想象世界中的事物指代现实世界中的对映体了。

第三，特设世界转喻。

特设世界指的是人们为转喻的实现所设定的认知域，认知域里的事物是在一个特定的语境中专门设定的，离开了这个特定的语境，事物就失去了特定的含义。用特设世界中的事物来指代现实世界的转喻，我们称为特设世界转喻。例如，小孩子经常喜欢玩"过家家"的游戏，在这个游戏中通常有人扮演新郎和新娘，当我们年纪渐长，几个儿时玩伴谈论童年趣事的时候，往往会把当时的游戏看成一个特设的场景，在提到某某人的"新娘"或"新郎"的时候实际上就是一种特设世界转喻的应用，但这种转喻具有临时性、边缘性和情景性等特征。

二　转喻思维

1. 转喻与转喻思维的关系

对转喻与思维的研究，是指从转喻现象出发，对转喻这种现象进行感知和分析，达到对转喻现象的概括性的认识，并反溯人们形成这种用法的思维过程，进而尝试概括出这一思维过程的基本特征。我们将有这样特征的思维看成人们的一种思维方式、思维习惯、思维能力，称为"转喻思维"。

认知语言学对转喻的研究实际上是关于转喻思维的研究，到目前为止并没有对这两个概念进行区分。本书认为转喻不仅是一种语言现象，也是一种思维现象。因此对转喻的研究应该从语言层面展开，研究的对象包括词语、词义和指称。而对转喻思维的研究则应从思维层面展开，包括概念、内涵和外延几方面的内容。转喻和转喻思维既有联系，又有区别，人们对转喻的运用离不开转喻思维所起的作用。因此我们将"转喻思维"定义为转喻实现过程中大脑的一种思考过程，而将"转喻"定义为转喻思维的一种认知结果。二者具体体现为三种关系：思维与表征；实现与被实现；还原与被还原。

2. 转喻思维的特征

转喻思维是一种为了寻找代偿而进行的思维活动，或者说是一种替代性思维，这就是转喻思维的本质属性。所谓"替代性"，是指转喻运用的语言外部标志是词语的转指、替代，即在思维上受一种以"X 替代 Y"的模式支配。为了说明这个问题，我们先要回过头来看一看什么是思维。

思维是主体的一种行为，是主体发现客体对自己有所影响后，为了做好应对工作而在大脑的生存意识的主导下对所获得的有关客体的信息进行分析、处理、回应的行为。思维是思维意识的表现形式，是思维意向的实现、思维方案的落实、生存意识和思维意识在现实生活中的自然展现（参看"百度百科"，http：//baike. baidu. com/view/17753. Htm，2008 年6 月 9 日）。根据需要而实施转喻的言语活动时，思维主体为了促使进行转喻的言语活动的思维意向的实现，保证进行转喻的言语活动的思维方案的落实，就要以"X 替代 Y"的模式作出分析、处理、回应的行为，这就是转喻思维活动，即寻找出以 X 替代 Y。

应该说，转喻思维不是唯一的替代性思维，隐喻思维也是受"X 替代 Y"模式支配的，但二者有区别。转喻思维的替代，是受认识上认为 X 与 Y 有相邻关系支配，而隐喻的替代，是在认识上认为 X 与 Y 有相似关系支配。还有其他的替代性思维，这里就不一一列举了。

转喻从本质上来说是处于不同类层级结构中的概念之间发生的一种内涵和外延的传承。所谓"内涵外延的传承"（徐盛桓，2009），指的是一个概念的内涵和外延在因果力的作用下同时发生一种传递和承接的行为，即居于上一层级的概念的特征属性在下向因果力的作用下被传递给下一层级，使后者具备了前者的某些特征属性；同时，居于下一层级的概念的特征属性也在上向因果力的作用下对上一层级概念的形成产生影响。徐盛桓认为，在转喻的形成过程中，事物的分类和概念内涵与外延的认定是转喻发生的客观基础，而内涵与外延的传承则是其主要的内部动因。这种传承性使转喻思维表现具有自己的区别性特征。何爱晶（2009：15—19）将这些特征归纳为：①联系的先在性；②建造的非语境性；③传承方式的多样性；④新奇性；⑤意向性。

3. 转喻思维的基本功能

第一，整体涌现功能。

转喻的理解不是通过感觉的"加和"实现的，而是"整体涌现"的。所谓"涌现"，在认知科学中指的是，整体出现了部分所不具备的性质。这点类似于格式塔理论中的"整体大于部分之和"。转喻的涌现观可表述为：转喻一旦建立，喻体对本体的表述超越了本体自身的内涵。换句话说，喻体可以表达不止于本体自身所具备的某一内涵，而是有可能表达本体不具备但却有关联的概念。由此我们认为，整体涌现功能是转喻思维的基本功能。

第二，传承功能。

我们所理解的转喻思维，是类层级结构中处于不同层级、不同类别的两个概念以相邻性为基础，在上/下向因果力的作用下所发生的传承。因此推断，传承性是转喻思维的又一基本功能。正是因为具有传承性这一基本功能，转喻才能在处于不同可能世界的两个概念中发生，而不仅是在真实世界中发生。

第三，概念特征选择功能。

转喻的产生具有很大的偶然性。一个喻体往往可以指代不止一个本体，如：

　　　丝竹扬州，曾听汝，临川数种。
　　　（陈维崧：《满江红·过邯郸道上吕仙祠示曼殊》）

该词中的"临川"既可以指代"才子"，也可以指代"戏剧"，意味着概念特征之间的指代是具有选择性的，会受到具体的语境的制约。在这种选择的过程中概念之间既有竞争也有互补，最后根据语境的需要完成概念特征的选择。

本节我们从认知语言学的视角对转喻和转喻思维的一些核心问题进行了说明。同时，我们也对转喻思维的特征和功能作了进一步的阐释。众所周知，认知语言学有关隐喻/转喻思维的研究已经远远突破了传统意义上的修辞研究，将辞格研究从修辞引入了认知的层面。但同时我们也发现，两域论和合成论对隐喻/转喻的研究过分注重域与域之间的各因素之间的关系，而对认知主体本身的主观因素考虑较少。这就为我们从心智哲学对转喻的思维机制作出解释提供了可操作的空间。

第五节　转喻的意向性阐释：心智哲学的解释

转喻研究经历了一个从修辞到认知的过程。时至今日，"转喻是一种比隐喻更为基本的认知机制"已成为学术界的共识。认知语言视野下的转喻不仅是一种修辞现象，甚至也不仅仅是一种语言现象，而是一种概念现象，是人们了解和认识客观世界的一种思维方式。如同隐喻一样，转喻也是基于人们的基本经验，它所表示的是一个实体与另一个实体之间的"代表"（stand for）关系，其实质是概念性的（conceptual）。对转喻的认知研究主要遵循两种路径：其一是在结构主义的指称论基础上发展起来的、对两个实体之间的"邻近"关系的考察；其二则是认知语义学所描述的单一领域矩阵（domain matrix）内发生的概念扩展，以及由此产生的指称转移。这在转喻的研究历史上无疑是重大的突破。然而无论是"映射论"还是"指称转移论"都只是从本体和喻体自身出发，对二者之间的转换关系进行描述，强调的是本体和喻体各成分之间的运作和推演，而对这一过程中认知主体的作用的关注度尚显不足。这样一来，不同的认知主体对于同一个客体可能形成多种转喻性的表述。例如，对于就餐的某位客人，侍应生 A 和侍应生 B 可能作出如下两种不同的描述：

A：The pretty face is waiting for her check.
B：The fur coat is waiting for her check.

为什么对于同一位客人 A 和 B 会使用不同的转喻性表达？对此，认知语言学尚未提供富有说服力的解释。但认知语言学家对隐喻研究的反思也许能为我们提供一些启示：克罗夫特和克鲁斯（2004：198）批评认知语言学的隐喻研究应该更为"精练"（formulated more concisely）以及源域和目的域存在"图式化程度不足"（less schematic）的问题。作者认为，所谓不够"精练"和"图式化程度不足"主要是说概念隐喻的概括性可以更为具体些，更多地将认知主体的意识活动渗入其中。转喻研究面临着同样的问题（Mendoza & Campo，2002）。这样看来，转喻研究要深入，一个可能的选择就是以转喻的意向性解释（intentional explanation）为突破口，通过考察转喻发生时认知主体作出语言抉择的意识活动来对转喻的生成机制作出更加符合语言实际的说明。借此我们希望能够对上述问题作出回答。

一　意向性及其对语言研究的启示

1. 意向性概述

意向性总是与"意识"、"觉知"、"意图"这些概念相伴相随的。对于意识（consciousness）的理解，我们很难用一个确切的定义来加以说明，但同时我们又真切地感受到它的存在。这正如埃德尔曼（G. Edelman，2007）说："我们都隐含地知道意识是什么。它就是在进入无梦的深睡，以及在深度麻醉或昏厥这类不太经常的情形中，你失去的东西。它也是你脱离这些状态后重新获得的东西。"尽管如此，仍然有学者尝试着将"意识"定义为"意识是'我'于第一人称的、当下体验中的那份对某事物的觉知及其自觉知。概言之，意识的本性及觉知及自觉知"（李恒威，2011：98）。这样看来，意识和觉知似乎的确如许多心理学家所认识的那样是普遍使用的一对同义词（It is fairly common practice to use "consciousness" and "awareness" as if they were clearly synonymous terms，or at least terms with unproblematic meaning）。

一般而言，意识的基本结构可以归纳为"'我'—意识到—X。这个结构表明，意识结构在呈现客体（某物）意象的同时也粘连着主体'我'"（李恒威，2011：98）。在我们看来，正是由于这一结构中有对象X的存在，使意识和意向性可以作出粗略的区分。对此，现象学家胡塞尔曾有过如下论述：

　　意向性是意识的本质属性。意识总是"关于某物的意识"，它总是意指着某物"以不同的方式与被设想的对象发生联系"，意识对于某物的"关涉""意旨""拥有"均是在意向性的意义上说的（Husserl，1969：168—176）。

　　对于意向性的研究最早可追溯到古希腊时期的亚里士多德，后来托马斯·阿奎那、布伦塔诺、胡塞尔等也都从不同的角度对意向性问题作出了超越性的发展。德国哲学家布伦塔诺（Franz Brentano）被公认为将意向性话题引入现代哲学的第一人。而对意向性理论进行了较为完整的阐述的当数美国著名哲学家 John Searle。从意向性的哲学研究史来看，它并非某一学派或传统所专属的哲学话题，相反几乎所有的哲学研究流派都或多或少地会涉及这一命题。正如塞尔所言：全部哲学运动都是围绕意向性的各种理论建立起来的。

　　据此，有人将意向性的嬗变脉络归纳为：①意向性前史：从古希腊、中世纪到布伦塔诺；②胡塞尔现象学的"意识意向学"；③海德格尔生存论的"此在意向性"；④萨特对胡塞尔"意识意向性"的改造；⑤梅洛·庞蒂的"身体意向性"；⑥分析哲学：语言意向性、心灵意向性和集体意向性（李晓进，2012：142—151）。

　　纵观意向性理论的演变历程，无论是基于胡塞尔（Edmund Hussel）的现象学的意向性理论，还是基于后期维特根斯坦（Ludwig Wittgentein）的语言分析哲学的意向性理论，这两大进路对意向性的理解都围绕着"心理状态的属性"和"行动的属性"这两方面展开。前者被概括为意向性的"关指性"（aboutness）属性，即从心理状态而言，意向性总是关于和指向某一特定对象的。例如，"愿望"指向有吸引力的对象，"信念"则是关于某事件状态等；后者被用于社会认知，指的是集体行动中的目的性、有意性。也就是说，意向性不是所有心理活动的特征，只有那些有对象（这些对象可以是实在存在的也可以是虚拟存在的）作为其指向、关于、涉及的心理活动，才是有意向性的。这样的心理活动便是心灵活动或心智活动。

　　本章所论及的转喻的意向性是从第一个层面的意向性属性进行的考察，指的是意向性的关指性特征。之所以选择意向性为切入点对转喻的生成机制加以说明，是因为自 20 世纪以来语言学和哲学形成了融合的基底，出现了哲学的语言学化和语言学的哲学化趋向。在这一过程中，意向性充当了至关重要的角色。通过从语言意向性到心理意向性的延伸和发展，意向性构成了当代语言哲学与心智哲学的交会点。

2. 语用学转向与意向性解释

20世纪的哲学研究通常被打上"分析"的印记，这个所谓的"分析时代"经历了一个从"认识如何可能"到"语言表达如何可能"的哲学基础的转变过程。无疑，"语言"在这一过程中发挥了不可替代的作用。这从"语言学转向"（linguistic turn）、"语用学转向"（pragmatic turn）和"认知转向"（cognitive turn）这三个转向可窥一斑。所谓"语言学转向"指的是发生于20世纪前半期、由维特根斯坦及卡尔纳普等哲学家主导的语义哲学的研究，它主张使用语言语形分析手段解决哲学问题；"语用学转向"则指发生于20世纪70年代的语用哲学研究，代表人物包括奥斯汀、塞尔等；"认知转向"发生于20世纪末期，植根于语用学对讲话者意向性、心理等的关注来解决科学认知问题，形成认知哲学（Nerlich & Clarke，1996：6）。

其中，"语言学转向"作为哲学领域中的一次根本性转向，语言取代认识论成为哲学的中心课题，人们不再全力关注知识的起源、认识的能力和限度等问题，转而探究语言的意义和本质、理解和交流等，这一转变为"语用学转向"和"认知转向"奠定了基础。但是，"语言学转向"以来形成的形式理性与科学主义的观念，导致了某些"不能令人容忍的极端倾向"。

例如，它企图用"科学的逻辑"来取代哲学，这一点带有极大的片面性。另外，它所采用的逻辑分析方法也脱离科学发展的历史、社会结构与文化背景，忽视了心理因素对科学的影响，最终导向了极端的科学中心主义。正是由于语言的语形和语义方法在求解哲学问题上的缺陷，哲学家们才开始寻求其他的途径，发现了通常为人所忽视的语用分析方法，并普遍认识到，"作为人们如何使用语言符号的理论的语用学，而不是语义学，应当成为语言理论的核心"（Peregrin，1999：425）。

在这样的历史背景之下，哲学家们转而从语言使用的维度出发，探究语境和社会文化对语言运用的影响，哲学的"语用学转向"应运而生。"语用学转向"究其根本是对语言的社会属性的认定。这就要求对意向性的研究绝不能仅限于语义层面，而必须把它当作在人类进化当中，充溢社会文化特征的语言心理现象，即它必须外展于语言使用的界域中（殷杰.
2003：53—64）。对文本的研究不再仅仅是从语义层面进行的分析，而必
须诉诸心理意向性分析。意向性研究就此步入一个新的历史发展阶段。

与此同时，语言学研究本身也逐步摆脱早前纯逻辑的束缚，转而和哲
学、逻辑学、符号学等一样关注语用推理、语用语境、语用过程、语用规
则和语用逻辑等。在这一背景下的语言研究必然要将认知主体的意向性、
心理关注作为研究的重点。可以说认知哲学和认知语言学同时被认知科学
催生。认知语言学和诸如转换生成语言学、系统功能语法等研究最大的区
别便是关注认知主体的"涉身性"（embodiment），它所坚持的"语法是
概念化"的假设，其基本出发点就是语义不仅仅是真值条件，还跟人的
主观意识密切相关。

在这一框架下语言的研究，无疑是将认知主体对客观事物的感受和感
知推向了研究的前台。换言之，对于诸如隐喻、转喻等语言偏离现象的研
究，不再仅仅是从修辞或语义的角度进行，而是通过分析认知主体的思维
过程来解释它们究竟是如何产生的。对此哲学家们早有论述："最有意义
的不是直接观察到的东西的精确性质，而是对被观察到的理论事实给出解
释性的表述，因为正是这些理论事实的集合构成了科学知识的基础。"
（郭贵春，1991：205）认知语言学在这方面作出了巨大的贡献，它通过
建构一套概念系统来对语言的生成和理解加以说明。

尽管认知语言学在语言研究中将认知主体提升到了一个前所未有的高
度。但观察发现，它对认知主体的意识活动的重视程度似显不足。这就如
我们在引言中所述，认知语言学的"映射论"和"合成论"尚不能很好
地回答"同样的映射或合成过程为何却能产生完全不同的语言表达式的
问题"这一问题。而心灵的意向性研究也许能弥补这一不足。对此，心
智哲学与语言研究的成果（徐盛桓；2010，2011，2012）为我们提供了
方法论的启示。

二 转喻的本质属性再探

1. 转喻的认知解释和意向性解释比较

认知语言学对转喻的本质性描述主要有三种观点：一是 ICM 理论
（Lakoff，1987；Lakoff & Johnson，1980；Lakoff & Turner，1989）。认为转
喻是一个认知过程，这一过程可让我们通过与其他事件的关系对另一事件

概念化。二是认知参照点理论（Langacker，1993；Alac & Coulson，2004）。认为转喻的发生是因为中心的或高度凸显的部分作为认知参照点唤起了相对不那么凸显的部分。三是认知域矩阵理论（Mendoza & Campo，2002）。转喻被视为一个认知域矩阵拓展或缩减的过程。

认知语言学对转喻的本质特征的认识决定了它赋予转喻区别于传统辞格的定义。其中被广为接受的是莱克夫和约翰逊（1980）的定义，认为转喻如同隐喻一样，是我们日常思维的一种方式。它以经验为基础，遵循一般和系统的原则，并被用于组织我们的思维和行为，属于一种认知方式和现象。这样的认识固然是合理的，但未必充分。这是因为在现有的关于转喻本质属性的探讨中，无论是从 ICM 的角度研究概念映现（concept mapping）的替代关系，还是从参照点的角度考察凸显问题，抑或是从认知域矩阵的角度研究拓展和缩减问题，都主要是从本体和喻体所对应的两个概念本身出发，对它们的涵项加以考察，而对与认知主体相关的认知因素、情感因素和社会文化因素还考虑较少。这种研究可能存在的问题就是对转喻形成的初始条件、中介等方面的说明还不够清楚。请看下例：

(1) The Sax won't come today.

(2) He always enjoys Shakespear.

对这两个句子，门多萨（Mendoza）等人通过描述源域和目的域的构件来说明 Sax 何以能转指 Sax player、Shakespear 何以能转指 Shakespear's book。但仔细观察之下不难发现，Mendoza 等的研究考虑到了母域和子域映射和转换的多个条件，但唯独没有给认知主体的意向性留下活动空间。这点可以从潘塞和索恩伯格（2004）所研制的"转喻关系基本结构图"（见图 6 - 2）看得更加清楚（转引自张辉、孙明智，2005：2）。

从图 6 - 2 我们不难看出，潘塞和索恩伯格认为与转喻相关的主要因素包括语言形式、语言内容和 ICM，来源义通过语言形式/载体与目标义联系在一起，此外，还有一些"其他的意义成分"作为 ICM 的一部分内容与来源义和目标义发生关系。那么这个"其他的意义成分"究竟是什么？它又是如何产生的呢？Panther 和 Thomberg 没有作出说明。根据心智哲学的语言学研究的成果，我们认为所谓的"其他的意义成分"指的就是认知主体在一定意向态度指向下的意向内容，其产生的根源是认知主体

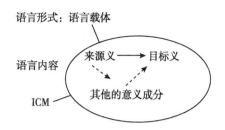

图 6 - 2　转喻关系基本结构

对客观事物的感觉和感受，也就是认知主体的心理意向性。从这一认识出发，参照徐盛桓（2012b）关于"隐喻"的定义，我们对"转喻"重新下定义如下：

如果一个语言单位 L 被认为是转喻 Z，则本体必须隐现，记为（L is Z）。且同时要满足如下条件：

ⅰ 在实指的情景下在语句中找不到它的约定所指 N；

ⅱ 在特定的意向性下却能够有所指，如指某个 P；

ⅲ P 和 L 至少在一个方面相邻。

其逻辑表达式为：

$$Z = \begin{cases} 1.\ L\ is\ Z \\ 2.\ L \neq N,\ and \\ 3.\ L \triangle Z \end{cases}$$

"实指的情景"是指在一定范围的人们习以为常的现实生活。所谓转喻，指的就是在现实生活中，语言单位 L 通常不是（不指称为、不约定为、不描写为、不解释为）Z，用日常话语来说，就是 L 与 Z "语义"不搭配。但在特殊的语境中、在一定的意向性作用下，L 和 Z 却又是可以搭配使用的。需要特别强调的是，新定义里的相邻关系泛指上、下义之间的相邻关系，而不仅仅局限在物理空间的相邻关系上。如用"LV"转指"LV bag"，利用的就是"LV"这一品牌与该品牌下的"包"之间的语义邻近关系。我们试以下面几个例子对这一新的定义加以说明：

（3）Finally she married money.

（4）Her husband bought a LV as her birthday gift.

（5）对面来了个红领巾。

根据上述逻辑式，我们可将例（3）作如下解读。

如果语言单位"rich man"被视为转喻"money"，则它的本体必须隐现，记为 M is R，且同时满足如下条件：

ⅰ 在通常情况下我们不能用 rich man 代替 money；

ⅱ 在特定的意向性下却能够用"money"代替"rich man"，如（3）的说话者可能在一种嘲讽的心理趋向下说出这样的句子；

ⅲ "rich man"和"money"至少在一个方面相邻，例如 rich man 和 money 是"拥有—被拥有"的关系，是上、下义之间的相邻关系。

（4）和（5）的理解与此类似，不再赘述。

2. 何为转喻的意向性解释

心理学家对意向性解释的研究提示我们，要对一个发生在特定时间的特定行为作出合理的解释，一个可行的办法就是对认知主体作出某一行为时的观念、信仰、价值观等作出合理的推测和判断（Fred Vollmer，1986：1）。认知主体之所以会作出这样或那样的行为选择，往往是因为在他的观念上认为这样的选择是对的。所谓的观念/信仰换成日常话语就是"他相信/认为/坚持/喜欢/憎恶/讨厌××"。例如通常情况下一个人入住宾馆后所做的第一件事是插上房卡开灯而不是其他，是因为"他相信"只有先接通电源才能从事其他活动。这在言语行为上同样有所体现。当一个人对另一个人说"Please close the door"，是因为他"认为"对方有完成"关门"这一行为的能力，同时"相信"对方乐意完成这一行为。

从这个角度来说，任何的话语表达都是以意向性为起点并贯穿于整个话语行为始终的。这是因为，"人类的心智进化过程将人类设计为有理性的：人类相信的是他们所应当相信的，希望是他们所应当希望的"（Dennett 1987：33）。对此，心智哲学与语言研究有一项假设：感觉信息的表达是语言运用的基础，也就以主体的眼、耳、鼻、舌、身所获得的感觉信息是语言表达内容的基础（徐盛桓，2011）。这里的感觉信息包含两个层次的体验：一是感觉，二是感受。前者是客观现实在认知主体大脑中所形成的初步印象，即所谓的"原初意识"；后者是认知主体对最初印象的主观性判断，即"反思意识"。例如：

（6）念武陵人远，烟锁秦楼。（李清照：《凤凰台上忆吹箫》）

当读者首次读到这阕词的时候，可能会在头脑中形成"怀念远在武陵地方的人"和"青烟笼罩着秦朝的楼阁"这样的意象，但由于读者知道"武陵人"典出刘晨、阮肇，借指心爱之人。并且也熟知"秦楼"出自《列仙传》：相传春秋时有个萧史，善吹箫，作凤鸣，秦穆公将女弄玉配给他为妻，他夫妻筑凤台（又称秦楼）并居其间，一天傍晚萧史吹箫引凤，夫妻乘凤而去。这样一来，读者的原初意识就会和原有的文化知识背景发生映照和融合，从而得出反思性意识：李清照用此仙凡相恋的典故，点出对丈夫的思念，也写丈夫对自己所居妆楼的凝望，表现了夫妻情深。这里体现了转喻的一种特殊用法——用历史典故转指眼前情景。从转喻的意向性解释的角度来看，就是利用了认知主体（读者）对语言实体"武陵人"和"秦楼"的主观认识，从而用这两个历史典故来转喻性地表达自己的独特感受。

综上所述，我们认为转喻就是主体在"感觉"了对象 L 后渗入了主体的观念、信仰、情感等个人因素后所形成的一种与 L 在概念上具有邻近关系的感受，记为 Z。用这样的感受来解释 L 就形成了 Z 的意向性解释。

三　转喻的意向性解释：原则和框架

我们在上文对什么是意向性解释和什么是转喻的意向性解释进行了一些说明。本节将从技术层面对转喻的意向性解释作进一步的探讨。具体而言，就是利用意向性的构成原则建立一个解释性框架来对转喻的生成机制进行推导。

对于意向性的基本构成，心理学和心智哲学从不同的角度进行了多维度、多层面的研究，他们的研究成果启发了语言学的意向性研究，并形成了针对语言学研究的意向性的基本构成。根据廖巧云、徐盛桓（2012：49）意向性主要包括两方面。

1. 意向内容：关指什么对象，即所关指的内容，对转喻而言就是被隐去的本体。如例句（5）中的"红领巾"的本体所指——"少先队员"。

2. 意向态度：对所关指的内容持何种态度取向，在语言表达的时候采用何种语气来进行描述。例如，对于进城务工的农民的称呼就随着历史的演变而发生了很大的变化。从 20 世纪 80 年代开始，外出打工被认为是农民向城市的"盲目流动"因而被称为"盲流"。后来随着他们对城市的贡献逐步得到社会的认可,这一群体有了新的称呼"打工仔/妹"。到了最近儿年,"打工仔/妹"的叫法又慢慢地被"农民工"所取代。从"盲流"到"打工仔/妹"再到"农民工"和"城市务工人员"很明显体现了社会对于这一群体的一种意向态度的转变:"盲流"体现了一种国家意志下对这一群体的不赞同的态度;"打工仔/妹"体现了城市市民对这一群体的歧视和冷漠;"农民工"的称呼尽管有一定进步,对他们在城市生活的合法性存在一定程度上的认可,但他们的身份仍是"农民",暗含了一种与城市市民区分对待的态度。

为了使研究更加深入,意向态度被进一步细分为三个次范畴(廖巧云、徐盛桓,2012:49):

1. 体现为相对的估量,如重(于)、前(于)、显(于)、先(于)等;

2. 体现为某种心理状态,后面可以有一命题作为其宾语,如相信、希望、爱/恨等;

3. 体现为某种心理取向,如委婉、谐趣、美/丑化等。

对于 2 和 3 我们前文已经涉及。这里主要对 1 稍加说明。所谓"相对的估量",指的是语言运用过程中认知主体基于个人的经验和感知言语对象时所形成的优先选择。就转喻而言,就是喻体优先的问题。当一个人说"我是个新手"(I am a new hand)的时候,在说话人的知识背景中已经具备了"HAND FOR LABOUR"这样的基本知识,从而将 hand 或"手"作为一个凸显性特征而被优先选择为喻体。而当人们说"俄美要求平壤放弃发射导弹"的时候,也经历了一个"感知—优选"的过程,从而在"朝鲜"和"平壤"两个邻近概念之间实现概念的转换和替代。拉登和考威塞斯(1999:45)曾从八个方面对喻体的优先性进行了归纳和总结:①人类先于非人类;②具体先于抽象;③互动性先于非互动性;④功能性先于非功能性;⑤典型成员先于非典型成员;⑥事件过程的最初阶段和最后阶段先于中间阶段;⑦人体的直接感知先于间接感知;⑧居支配地位的先于次要地位的。

为了对转喻的意向性解释作出更加清晰的说明,我们将本体设定为"被解释项",喻体设定为"解释项",提出如下的转喻意向性解释的三原则:

第一,意向性统摄原则;

第二，解释项优先原则；

第三，解释项—被解释项的非因果关系原则。

原则二主要是阐明喻体的优选论特征，上文已有论述，此处从略。原则一表明，认知主体的意向性活动是转喻产生的起点并贯穿着转喻表达的始终。说是"起点"，是因为任何的语言表达都是在特定的意向性的"关指"之下产生的，这点前面已有论述。但为什么又说贯穿语言活动的始终呢？这点其实是从意向性的内容来说的，我们如何选择以及选择一个什么样的喻体来表征本体其实都离不开意向内容，也就是说语言表达总是在经过一定的心理估量后形成的。因此当一个人对另一个人说"He is a new hand"就意味着他在心理上已经有"刚刚从事某些工作的人是新手"这样的意向，并据此对新人持一种包容/无奈/开脱的态度，最终选择了与"工作"在语义关系上邻近的"hand"来完成整个转喻表达。

原则三则主要是对解释项与被解释项之间的关系加以限定。在我们看来，本体之所以能被解释，往往是多方面因素综合考虑的结果，其中文化背景知识、个人认知能力以及对本体的感觉所形成的意象占据了主导地位。一个被解释项之所以能成为解释项的"解释"，不是因为它们之间具备"原因—结果"的关系，而是多种因素经过格式塔转换后融合而成的结果。我们试以"意向性三角"图对这三个原则作出图示：

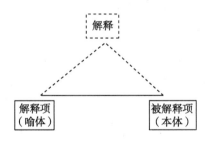

图 6 - 3　意向性三角

图 6 - 3 显示，本体之所以能被喻体所转指，从意向性解释的角度来看，是认知主体坚持一定的"意向立场"的结果。即在一定的先决条件下（如本体和喻体之间在物理空间或概念结构上的邻近关系），认知主体通过对自身的信念/愿望/观念/信仰等因素的考虑，来对表达对象作出解释性的说明。我们将本体视为被解释项（explanansdum），喻体视为解释项（explanans），从本体到喻体是在认知主体意向性主导下完成的一种"解释"行为。两者之间的关系是一种解释和被解释的关系。值得注意的

是，被解释项和解释项都是客观存在的语言事实，我们称为"实在存在"；而"解释"是存在于认知主体大脑中的意识活动，是一种"虚拟存在"的意象。

四　意向性对转喻的阐释

认知语言学视野下的转喻研究主要是对本体和喻体之间的映射和合成的过程进行描述，由于认知语言学的"涉身性"特征，这样的描述已经涉及了一定的认知心理因素，如焦点和凸显度等。但转喻的这种认知解释还存在对主体意向性关注不足的问题，其结果是无法对喻体的多样性作出合理的解释。例如，我们在引言中所提及的问题："为何不同的侍者会对同一个用餐客人作出 pretty face 和 fur coat 这样大相径庭的转喻性表达？"在作者看来，这主要是因为认知主体不同所导致的意向性所指不同。对于同一个指称对象（本体），认知主体可能持有不同的意向态度。A 对客人的天生丽质印象深刻，因此在描述的时候会用到"pretty face"这样带有浓厚的欣赏和喜爱的词语。而 B 关注的是客人的衣着，因此才会用"fur coat"来指代客人，潜意识里透露出一种"羡慕"或是"嫉妒"的态度。用我们所研制的转喻的意向性原则来解释这个例子就是，顾客作为本体是被解释的对象，是"被解释项"；pretty face 和 fur coat 作为喻体是用来解释被解释项的，是"解释项"。解释项和被解释项是在我们现实世界中真实存在的，能够为我们所观察、所认识，是一种实在存在。而引发解释项和被解释项之间转移的是侍者 A/B 的不同意向性，这种虚拟存在于大脑中的意识活动是同一本体下不同喻体得以产生的真正原因。

本章在对英语修辞纵向回顾的基础上，从心智哲学的视角出发对英语辞格的本质属性进行了新的探究，建立了一个新的英语辞格系统。该系统借鉴传统的辞格分类方法，将英语辞格进行了形式和意义的二分。但不同于已有研究的是，我们按照相邻、相似、既相邻又相似的标准将意义类辞格进一步进行了区分。为了验证第三章"语义变异修辞现象解释框架"的解释力，本章特以"相邻类"辞格为例，用该框架对转喻和提喻的生成机制作出了解释。由于在这一框架中意向性具有"统摄"作用，因此本章还专门对意向性的解释作用进行了说明。所建立的"意向性三角"将转喻的本体视为"被解释项"、喻体视为"解释项"，本体之所以能被喻体指代，是因为在意向性的统摄下，本体可以被解释为喻体。

第七章

歇后语的语义变异研究[*]

第五章和第六章是从语义的层面对语言表达式的生成过程进行心智哲学的解读。第五章已经对语义变异辞格进行了心智层面的考察，本章尝试从不同的角度对汉语歇后语的语义变异所涉及的心智因素加以说明，第八章则是针对汉语非语法表达式的语义变异问题展开研究。

歇后语作为一种修辞性话语，其变异体现在前、后两个部分的语义内容上。一般而言，歇后语被认为是一个比喻性的说法（尽管学者对前、后两个部分哪个是本体哪个是喻体存在争论，本章将对此展开讨论），因此一个常规的语义为了通俗易懂往往以一种非常规的（修辞性的）话语来表达。如"巷子里赶猪——直来直去"。但这种变异后面的机制是什么，为什么这种变异的语义内容能够为人们所理解则正是本章所要讨论的问题。

第一节 歇后语研究简述

歇后语是汉语特有的一种语言现象，曾被归为汉语修辞格的一种。但也有人认为歇后语跟成语、惯用语、格言等同属于"熟语"的范畴，是词汇学的研究对象，而不是修辞学研究的对象（张宗正，1993；谭永祥，1999）。一般认为，英语没有和它完全对应的表达法。但也有人认为，英语中的 Tom Swifty 这一语言表达通过用副词做场景并提供双关意义的用法类似于汉语歇后语，可视为"英式歇后语"（杨先明，2008）。根据韩庆

　＊ 本章部分内容参考《歇后语研究新论——一种心智哲学的观点》（《现代外语》2011 年第 4 期）及《恩施方言歇后语研究——心智哲学视阈下》（《外国语文》2012 年第 1 期）。

果（2002）的研究，国外对汉语歇后语的翻译目前还未达成共识，存在以下几种情况：①用比喻取代歇后语，将歇后语翻译为 Chinese enigmatic folk similes（Rohsenow，1991），这种翻译模糊了歇后语和比喻的界限；②有的译法局限于解释性的说明，不适合作为命名（naming），如："a two-part allegorical saying, of which the first part, always stated, is descriptive, while the second part, sometimes unstated, carries the message"（外研社《汉英词典》，1996）；③有的将其笼统地归入中文成语或习语的范畴，以汉语"歇后语"或拼音"xiē hòu yǔ"称之。这种种情况表明，歇后语研究还有很大的拓展空间。

学术界对歇后语的研究主要包括两大块：即共同语歇后语的研究和方言歇后语的研究。两者大体上都经历了一个从"描写—表达论"到"解释—认知论"的研究历程。

基于"描写—表达论"的研究，主要涉及的问题包括：歇后语的起源、命名、性质、构成、分类、修辞特征、功能及翻译等。这些研究从不同的侧面对歇后语进行了刻画，加深了人们对该语言形式的认识。其中一些研究论证翔实严密，在学术界产生了较为广泛的影响（如温端政，1980、1981 等）。另外，有的学者（张宗正，1993）对歇后语与修辞格及词汇之间的关系进行了讨论，对于歇后语能否归入修辞格提出了自己的看法。张宗正认为，词汇学所关心的是歇后语本身，以及它的组合材料是不是现成的和固有的；而修辞学所关心的并不是歇后语本身而是其组合方法以及构成歇后语的语言材料与现实语境的种种联系。因此建议在修辞学中增设"歇后"这一辞格名称。不过这一观点并没有得到学术界的普遍认可，到现在为止，还没有看到一本有影响的修辞学著作中将歇后语作为一个专门的辞格来展现。

这一时期的另一项主要工作是收集和整理各种歇后语并形成专著或词典，代表性作品包括马国凡、高歌东（1979）的《歇后语》；李兴望、闵彦文（1984）合编的《歇后语大全》等。这种研究只说明了歇后语"是什么"，没有对"为什么"歇后语可以这样用作出科学合理的解释。

随着认知语言学的异军突起，学术界对歇后语的研究开始转向"解释—认知论"。主要是借用认知语言学的相关理论，如概念隐喻、合成理论、认知参照点等对歇后语的机制进行研究。本书作者也曾借助徐盛桓（2007）的"自主—依存分析框架"，对汉语歇后语的认知机理进行过探究，初步尝试从认知的角度对歇后语的生成机制进行解释，但现在看来当初的研究尚有不尽如人意的地方。因此，本章第二节先对认知语言学视角下的汉语歇后语的研究进行回顾和说明，第三、四节再从心智哲学的角度力求对歇后语的生成机制作出更加清晰的解释。

第二节　认知语言学视野下的汉语歇后语研究

上节谈到歇后语研究经历了一个从"描写"到"解释"的发展路径。兴起于 20 世纪 80 年代的认知语言学为研究者从认知的角度解释汉语歇后语的生成机制提供了可能。正是因为有了这一时期的研究，才为我们当今从心智哲学的角度研究歇后语奠定了基础。因此本节将利用徐盛桓（2007）所提出的"自主—依存分析框架"来对歇后语的认知机理进行探析，目的是从历史发展的角度来揭示歇后语研究的走向。

一　"自主—依存分析框架"的理论说明

自主—依存作为哲学上的一对范畴，指的是有联系的甲、乙事物间的一种不对称关系。在这一联系中，甲事物是相对独立的、自在的，乙事物是依赖于甲事物、受甲事物的规定和支撑的。从语言学的角度来说，自主—依存存在于语言的各个层面：语音层面，用以研究元音和辅音在拼读时的相互影响；词汇层面，用以说明某一复合词内部成员之间的相互作用及其对新词义产生的影响；句法层面，用以研究谓词同谓元的配价关系及其对句子生成的影响。徐盛桓（2007）的"自主—依存分析框架"正是从认知语言学的角度，研究自主和依存关系在话语表达中的地位和作用，并进而探讨语言运作的生成机理。该理论的主要内容包括：

隐性表述体现为自主成分，自主成分以交际的意向性为导向，以相邻/相似关系的认定为主要手段，推衍出依存成分；自主成分主导着依存成分，并对依存成分发挥"拈连"的作用；依存成分的存在和运作是以自主成分的意向性为其导向的，依存成分的运用要体现自主成分的意向性；依存成分在需要时原则上可以还原为自主成分。

根据徐盛桓（2007）的理论，自主—依存的二元关系可能有两种联结的形式：分解式（segmentation type）和推衍式（derivation type）。分解式指的是由同一个母体（matrix）分解为两个成分。其中一个起主导作用的，成为自主成分；另外一个是依附于它的，即依存成分。自主成分 + 依存成分构成原母体，例如，一个单音节的语音结构可以成为一个母体，在这个语音结构母体里元音是主导的，辅音是依存于元音的，分别成为自主和依存成分，可表示为：

$$M = \{AUTO + DEP\}$$

推衍式是指依存成分是由自主成分推衍出来的，自主成分是依存成分的母体，依存成分包含在自主成分这个集合内，是该集合中的元素。一个自主成分可以包含若干个依存成分，可表示为：

$$AUTO = \{DEP1, DEP2, \cdots\}$$

$$DEP1 \in AUTO, \quad DEP2 \in AUTO, \cdots$$

在推衍式自主—依存二元联结中，自主成分对依存成分起着主导作用。徐盛桓（2007）曾经指出：当在一定的条件下自主成分的地位确立以后，自主成分就会表现出强烈的主导性，主导着依存成分的形成和运作。甚至在需要的情况下可以达到对依存成分实施"拈连"的地步。即自主成分有可能把本来只是属于自主成分的某些特点、规则、意向、性质和用法等，趁势拈连到依存成分上来，在一定的程度上也就成了依存成分的特点、规则、意向、性质和用法，而使依存成分可能达到"'习'非成是"的地步。

徐盛桓（2007）还指出，"自主—依存分析框架"只适用于推衍性的依存成分（derived dependency）。根据我们的初步观察，歇后语由"前言"和"后语"两部分组成，人们之所以能够从"前言"感知"后语"，可能正是因为两者之间存在一种推衍性关系。据此本节将对此加以说明。

二 歇后语生成机制假设及运作手段

为了清楚推衍式的依存成分在歇后语中的运用，我们有必要对歇后语生成提出一个认知假设。该假设如下：

歇后语中的前言是隐性的，其显著度应是交际双方所共知的，是自主成分，表示为 AUTO；后语是显性的，用于理解前言，是依存成分，表示为 DEP。歇后语中 AUTO 和 DEP 之间应具有如下关系：

（i）在语音层面，后语（DEP）的发音应与前言（AUTO）接近，其显著度能触发对 AUTO 的联想；

（ii）在句法层面，AUTO 与 DEP 之间应具有语义上的共性，读者能从 DEP 产生对 AUTO 的联想；

（iii）AUTO 和 DEP 在结构上是完整的，两者阐述的内容是统一的。

当然，上述（i）、（ii）、（iii）三原则并非要同时适用于所有的歇后语。例如，原则（i）很显然是针对谐音歇后语，而原则（ii）则是对应于双关歇后语。而原则（iii）则适合所有的歇后语。

由"自主—依存分析框架"理论的介绍可知，该框架运作时所采用的主要手段是拈连。具体而言，在歇后语的认知过程中，通过拈连的手段，常规关系中的相邻/相似关系，使 AUTO 主导着 DEP，并对 DEP 发生意向迁移，从而帮助读者领会该歇后语的内涵。在此过程中，通感发挥着重要作用。正是因为人类天生具有用一种类型的感觉（如听觉）去感知和体悟另一种感觉（如视觉）的能力，才使我们有可能在有限的认知范围内去发现和认识更多的事物。

三　汉语歇后语的认知机理

1. 比喻式歇后语

比喻式歇后语所表达的概念都非常直观、生动，它的本体表达的是非常抽象的概念，可视为源域。源域的意象图式结构系统映射到目的域中就形成了歇后语的后语。例如：

（1）十五只吊桶打水——七上八下
（2）兔子的尾巴——长不了
（3）巷子里赶猪——直来直去
（4）张飞穿针——大眼瞪小眼

例（1）中的前言为"十五只吊桶"，但单从这一个部分来看，读者/听者还无法确知说话者的真正含义。它可以被视为一个陈述句或是一个名词性结构。但同时它的显著度又足以让读者/听者了解一个基本事实：有十五只吊桶从井里打水出来。因此这一前言是显性的和自主的。由基本的数学知识可知，"十五"是由数字"七"和"八"相加而成。因此，根据格式塔理论所概括出的相邻律可知：由数字"十五"可以推衍出数字"七"和数字"八"，而"七"和"八"正是一前一后的关系。在常规关系中，"前一后"与"上一下"是具有相邻关系的方位词，因此结合吊桶打水的语境，很容易将"七""八"两个数字与"上—下"这一动作联系起来。这样例（1）的认知过程可以表述如下（→意为"推衍"，下同）：

　　数字"十五"→数字"七"和"八"→两个数字之间的前后关系→联想到打水时的上下动作 → 七上八下 → 忐忑不安

　　与例（1）不同，例（2）、例（3）、例（4）三个歇后语则是相似律发挥了作用：兔子的尾巴喻其短；巷子喻其直；张飞的眼睛喻其大、针眼喻其小。这些歇后语都是自主成分以自己的意向为导向，通过拈连的手段，将自身的特点、规则、性质等"袭因"到依存成分，从而使读者/听者清楚说话者的表达意图。

　　2. 双关式歇后语

　　双关式歇后语分为两种：谐音双关和谐意双关。

　　第一，谐音双关歇后语。

　　谐音双关歇后语指的是歇后语的后一部分，即后语是根据"同音词语"的同音关系，达到"双关"的目的。也就是说，后语要通过同音词来达到解说前言的语义的目的。即通过前言（AUTO）在发音上与依存成分（DEP）的相邻或相似的关系，将 AUTO 所要表达的意向趁机拈连到 DEP 上去，使得原本不具有该意向的 DEP 具备了 AUTO 所要表述的话语含义。

　　如：猪鼻子插葱——装象（相）

　　这里"象"和"相"同音，正是这种语音层面的自主—依存关系，使得 AUTO 能够采用拈连的手段在发音上对 DEP 产生影响，将其所主导的"大象"的"象"趁势转移到 DEP 的"面相"的"相"上来，从而让读者/听者能够理解说话者的真实含义。

　　除了这种同音双关歇后语，还有一种近音相谐的情况，也可以用自主—依存理论进行解释。如抓着胡子过河——牵须（谦虚）过渡（过度）。在这一歇后语中存在着两次自主—依存的转换。首先，"牵须"和"谦虚"为近音相谐，根据相邻律的规定，AUTO "抓着胡子"所提供的"牵须"的意向性心理特征被"拈连"给了 DEP，从而被读者/听者理解为耳熟能详的一个词语"谦虚"；其次，"过河"和"过渡"是同一个含义，有了前面的"谦虚"这一信息作铺垫，读者就很容易将 AUTO "过渡"转化为 DEP "过度"来加以理解。

　　第二，谐意式双关歇后语。

　　谐意式双关歇后语的后语是"多义语"，即歇后语后一部分的字面意义是对前一部分语义的揭晓，"多义语"的引申义或比喻义才是它的实际意义。如：

（5）一根筷子吃藕——挑眼
（6）三年不漱口——一张臭嘴

例（5）中"挑眼"的字面意义是指一根筷子挑着藕片上的眼，其实际意义则是指"挑毛病""挑刺"；例（6）中的"三年不漱口"引申出了"满口污言秽语"这样一个比喻义。这一类句子的共同特点是，前言中的某个词或词组或触发包括本义和比喻义的多个语义。由于受到语境的限制，后语部分选择的往往是更具表现力的比喻义。我们可以用"自主—依存分析框架"对上述两个歇后语的认知过程进行简略的分析。

例（5）中"筷子吃藕"为自主成分（AUTO），由百科知识可知，藕片具有藕眼多的特征，因此用筷子吃藕的下意识动作就是挑起藕片来吃，这样就形成了后语"挑眼"（DEP）。但该歇后语的认知到这一步并未结束。如前所述，通感在我们的认知过程中总是发生着微妙的作用，因此 AUTO 通过拈连的方式将其比喻义"挑毛病""挑刺"袭因到 DEP 上来了，其认知流程如下：

筷子吃藕　→ 用筷子挑起藕 → 挑藕眼 → 挑刺、挑错

与此类似，例（6）的认知流程可以表述为：

三年不漱口 → 有臭味 → 脏话 → 语言不文明

综上所述，无论是汉语中的比喻式歇后语，还是双关式歇后语，它们都是自主成分在相邻/相似律的引导下，通过拈连的方式，并利用了人类所具有的通感的认知特征，将 AUTO 的特征、性质等迁移到 DEP 上，从而使其具备了它原本不具备的一些特征，从而产生了超出 DEP 本身的语义特征的具有讽刺、幽默等语言效果的语言表达式。

本节我们从认知语言学的视角对汉语歇后语的认知机制进行了研究。可以认为，这样的研究属于"解释—认知"的研究范式。这种基于"解释—认知"论的研究致力于探求歇后语内在机制的研究，是对"歇后语为什么可能"进行的学理追问。但纵观已有的歇后语认知研究，我们发现，这些研究对歇后语机制的刻画略显粗糙。主要表现为简单地套用一种或几种理论对歇后语的机制进行说明，而对歇后语运用的初始条件、各种

变量、变量的组合与相互影响等因素考虑不够充分。这种状况可能反映了下面的状况："在我们阐明语言的性质之前未能将认知主体的心智能力搞清楚",而"语言的认知是从心智的认知中导出的"(蔡曙山,2007)。语言学中所论及的表征不过是更加基本的诸如信念、愿望和意向等心智表征的延伸,因此我们对语言学的研究应深入认知主体的心智层面进行探究。有鉴于此,下面两节尝试从心智哲学的角度出发,对歇后语形成过程中所涉及的心智活动进行描述,以期从根本上回答"歇后语为什么可能"的问题。由于汉语歇后语从大的方面可以分为共同语歇后语和方言歇后语两类,所以本章三、四节将分别从心智哲学的视角对这两类歇后语进行研究。

第三节　心智哲学视阈下的共同语歇后语研究

一　意向性:歇后语表达的起点

心理意向性(intentionality)论题最早由奥地利哲学家、心理学家Brentano引入现代哲学,他首次从心理学的视角和世界观的高度对意向性作了深入的研究,从而开辟了心智哲学关于意向性研究的传统。20世纪以来意向性研究主要是沿着现象学和语言哲学两条路径不断延伸和拓展的。

现象学的意向性理论研究肇始于Husserl,后来Heidegger和Sartre从存在主义的角度对现象学的意向性理论进行了改造。Husserl和他的老师Brentano一样,认为意向性是"关涉某物的意识",在他看来,意向性具有一种体验的特性,它总以不同的方式与被体验的对象发生联系,包括了经验、情感、意愿、思维等方式的意识活动总是以意向性为其根本特征的。但是对于意向性的本质问题,胡塞尔更愿意将其视为一种意义指向性而不是如布伦塔诺般视其为心理意向性。

沿着语言哲学路径进行的意向性理论研究被认为是一种语用观的意向理论,一个重要的特征就是研究的重点从心理现象转向了日常语言,即以"语言"作为了解人们内心世界的窗口和基底,并用语言分析的方法来解决心智哲学的一系列问题。这一研究领域的重要人物包括Wittgenstein、Austin和Searle。Wittgenstein后期提出了著名的"语言游戏论"(language game) 将语言的意义与语言的运用联系起来，Austin 在此基础上创立了言语行为理论 (speech act theory)，独创性地提出"语言也是人的行为"这一论点，意在说明支配语言使用的人类心灵是比语言更为根本的东西。但真正从心智哲学的层面考虑语言与意向性的关系并将心智哲学的意向性理论推向深入的则是 Searle。他通过对比意向活动和言语行为对事物或事态的表达，指出二者在结构层次上是类似的，并进而指出意向性在语言层面的结构特性就在于某一种心理模式及其对内容的描述构成了意向状态。基于这一认识，Searle 将"意向性"定义为"某种心理状态的特征，由于这种特征，心理状态指向或涉及世界中的客体或事物状态" (Searle，1990：72)。

按照这一描述，意向性两个最主要的特征是指向性和表征性。所谓指向性，又叫关指性 (aboutness)，是指认知主体的心理状态直接指向客观世界某一具体事物或状态；所谓表征性，有其特别的哲学含义，指的是意向性有命题内容和心理方式，它所体现的是意向性与世界的关系。即意向性以某种特定的方式来与世界建立联系，如将某一命题内容指向特定的事态或对象等。命题内容确定意向性的满足条件，而心理方式则用以确定意向性的适应方向 (转自段开成，2004)。在本节，我们对歇后语的研究正是以意向性为分析的起点，通过对它的指向性特征和表征性特征进行分析来说明歇后语产生的心智基础。

首先是歇后语的意向性的指向性特征。语言作为一种交流工具，其最基本的功能是交流信息，因此语言的使用者总是具有某种特定的表达意图的，歇后语的表达亦然。歇后语使用者的表达意图就是一种表达的意向性，在心理上体现为不同的心理活动。这些心理活动往往意味着在我们的心理上存在着期望、相信、喜爱、愤恨等各种心理方式和状态。例如我们要表达"张三没安好心"这样的心理内容，那么在我们的意识中会呈现不同的心理形式，我们可以采取相信 (我相信"张三没安好心")、认为 (我认为"张三没安好心") 和怀疑 (我怀疑"张三没安好心") 等多种心理形式。根据具体的语言环境，语言使用者需要选择最恰当的方式来表达这种语言意图，如果为了体现一种讽刺、幽默的语言特色，则说话者可能选择"黄鼠狼给鸡拜年——没安好心"这样一个歇后语来进行表达。因此，对诸如"黄鼠狼给鸡拜年——没安好心"一类歇后语的表达都是从语言使用者对客观事物或意识状态的特定指向和关注开始的。

其次是歇后语的意向性的表征性特征。歇后语的表达起点不仅需要主体针对特定的语言对象确立表达意向，同时还要以某一种特定的意向状态，如信念、畏惧、希望、愿望、爱慕、仇恨、厌恶、喜欢、怀疑、高兴、兴奋等作为命题方式，来表征心理内容。心智哲学意义上的表征不同于心理学领域的表征，后者往往指的是信息或知识在心理活动中的表现和记载的方式，是外部事物在心理活动中的内部再现。因此这种"表征"可以是具体形象的，也可以是语词的或要领的。而心智哲学范畴内的意向性的表征则既非图像（picture），也非再现（re-represents）。因此歇后语的表征性特征实际上指的就是语言使用者如何通过一定的心理方式（如认为）等来表达歇后语的心理内容（"张三没安好心"）。因此上例中"黄鼠狼给鸡拜年——没安好心"这一歇后语的意向性就包含了以"我认为"这一心理方式为伴随条件来满足"张三不安好心"这一命题内容的表征性特征。

由是观之，所谓"歇后语的表达是以意向性为起点的"，具体而言，就是指歇后语使用者面临一定的社会情境所产生的表达需求总是指向特定的对象的，同时，这一被关指的对象则通过一定的心理方式指向所要表达的意向内容，即后语。而后语若要被刻画和描摹，必然会以一种心理模式来体现。因此可以说指向性特征和表征性特征分别从不同的角度说明了歇后语使用者的意向状态与客观世界的关系，歇后语的表达正是以此为出发点并进而发生的。

二　歇后语中的心理随附性与心理属性的涌现性

如前所述，我们从心智哲学角度对歇后语进行的研究不仅是要对歇后语产生的认知过程进行刻画，而是试图在此基础上对其形成过程中的心智活动进行研究。这就不得不关注哲学研究的首要问题：身心关系。因为包括歇后语在内的任何一种语言现象究其实质都是外部客观世界经由我们的耳、鼻、口、舌等和大脑神经（身）作用于我们的内心世界（心）所产生的对客观世界的认识。因此说到底歇后语所体现的仍然是一种身—心关系。而与身—心问题关系密切的一个概念就是"随附性"（supervenience）。我们对歇后语的研究离不开对随附性的说明。所谓随附性 Davidson 给出了如下描述：

"不存在这样的两个事件，它们在所有物理方面是相同的，但却在心理方面有所不同；或者说，一个在物理方面没有任何变化的对象在心理方面也不可能发生变化。这种依赖性或随附性并不蕴涵依据规律或定义的可还原性。"（转引自陈晓平，2010：71—80）

Davidson 关于随附性的这一说明在哲学界引起了广泛的讨论，争论的焦点集中于"依赖性或随附性并不蕴涵依据规律或定义的可还原性"。换言之，对于心—物之间的随附性是否如同因果关系一样具有还原性，这仍然是一个尚待澄清的问题。但由于我们的出发点是立足于心智哲学理论从事语言学研究，最终的目标是借用心智哲学的一些理论来解释语言学问题，因此关于"随附性"概念的这些争论不影响我们以随附性为切入点对歇后语产生的心智活动作进一步的解析。

Davidson（1980）的"异常一元论"（anormalous monism）或"属性二元论"（property dualism）为我们的研究奠定了理论基础。根据该理论的观点，物质有物理属性（physical property）和心理属性（mental property）两种属性，前者是指物质本身可验证的物理生化属性，后者则是指物质作用于认知主体后所激发的认知主体对该事物的感觉和感知。结合 Davidson 关于随附性的描述可知，心理属性不是事物本身所具有的属性，它从属于物理属性，因此这一属性具有随附性（徐盛桓，2011）。这一认识对我们进行歇后语研究的启示就在于：对于歇后语生成过程中心智活动的研究，不仅要考虑物理事件所固有的属性（物理属性），还要充分考虑到在该物理事件的激发下，认知主体对该事件的信念、感受、愿望、情感等，也就是要考虑随附于物理属性的心理属性对歇后语运用的影响。请看下例：

尤占魁哂笑道："这次进剿……拿不出什么好办法，如今逃走倒有两下子。我把你好有一比：阎王的婆娘怀孕 —— 一肚子鬼胎。"（《南国风烟》）

在"阎王的婆娘怀孕——一肚子鬼胎"这个歇后语中，作为后语的"一肚子鬼胎"本身可构成一个物理事件，即可直观地表示为"肚子里怀着小鬼"之类的意向内容。但与此同时，这一物理事件又能激发人们对该事件的一些特殊感受和认识：所谓"鬼胎"就是"鬼的胎儿"，因此怀着"一肚子鬼胎"的必然发生在鬼界，例如"阎王的婆娘"。这样，由物理事件"怀一肚子鬼胎"所引发的关于该事件的心理感受就随附于该事件的物理属性之上，与之相关的歇后语的前言——"阎王的婆娘怀孕"也就顺势而出了。尤占魁对逃兵的轻视和鄙夷正是通过这样一个歇后语得到了完美的体现。

身心关系的另一个显著特征是心理属性的"涌现性"（emergent property）或称"突变性"。涌现性的核心思想是，当系统处于混沌的边缘时，适应性主体之间的差异不断扩大而产生相互干扰，必然导致涌现性的出现，但哪个主体在交互作用中最终占优势是不确定的（Holland，1998：115—124）。涌现性被描述为一个各成分相互作用的系统的总体表现，是该系统中居于高层次的成分所表现出的新颖特征。

事实上我们任何一种语言表达都体现了"涌现性"特征，只不过正常语序的表达中所"涌现"出的新质并不十分明显。例如，当我们想表达"多"这样概念的时候，我们的大脑就会产生相关的信息集合，如多的就是好的，多就是大量，多总是积极的、正向的等。这些信息共同构成"多"这一概念系统的各个层级，在这些成分相互作用下就可能会"涌现"出一个陈述句"越多越好"，或者一个更为有趣的表达"韩信将兵——多多益善"。当然，相比之下，后者所体现的涌现新质比前者要更加丰富和明显。因此，一个歇后语生成往往是意向内容在交互作用的过程中经过一系列的信息提升和增删之后所涌现出的新的语言表达式，它能够更加有效地体现语言主体的表达意图。

至此，我们对于心智哲学的两个重要概念"心理随附性"和"心理属性"的涌现性作了语言学角度的解读，目的是为我们下文建构歇后语的分析框架进行一些必要的说明。我们的总体看法是，歇后语的运用是在意向性的作用下，以特有的意向态度（使表达更加生动有趣或俏皮等），并在心智中选择一个合适的表达内容，指向某一物理事件，即歇后语的后语，该物理事件激发随附的心理感受，涌现出新质形成歇后语的前一部分——前言，前言和后语共同构成一个完整的歇后语。

三　歇后语分析框架的建构

如前言所述，我们对歇后语的分析是从心智哲学的视角出发，试图借助意向性、心理属性、随附性和涌现性等理论来对歇后语的生成过程中所涉及的心智活动进行探析，从而对歇后语之所以产生的原因作出更加深入的、本质性的说明。为此，本节将在第三章第六节"语义变异解释框架"（见图3-2）的基础上略作修改，建构了一个针对歇后语的解释框架。

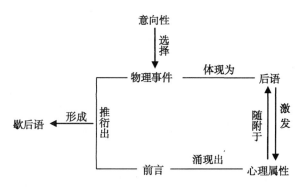

图7-1　歇后语分析框架

　　图7-1表明，歇后语的产生基于人对某些心理状态和事件的特别关注，并选择一种合适的方式来表达自己的感受和感知，歇后语就是选择了一种幽默风趣的方式。这样，在大脑中呈现为特定的意向内容，该意向内容就是歇后语的后语。后语作为歇后语的触发点（trigger），所体现的是一个物理事件。根据属性二元论可知，物理事件总是伴随着一定的心理事件，因此后语所体现的物理事件必然也会作用于我们的心理，从而在心理引发我们关于该事物的一些感受、愿望、信念、感情等。这样的一些源自于心理属性的感受质相互作用涌现出一种新的语言表达式来代替后语，那便是前言。前言和后语两部分构成一个完整的歇后语。下文我们将依照此分析框架对歇后语的运行机制进行更为细致的分析。

四　歇后语运用的心智过程

1. 对歇后语的比喻性的质疑

　　关于歇后语的比喻性的问题，历来的观点认为歇后语是具有比喻意义的，它的前一部分被认为是一个比喻或譬喻。例如，《语言学百科辞典》对比喻式歇后语的解释就是"前一部分是比喻，后一部分是说明，如'猫哭老鼠——假慈悲''泥菩萨过河——自身难保'"等（戚雨村，1994）。按照这一说法，前一个歇后语应该理解为"（某人做某事就像是）猫哭老鼠，（这一行为）是假慈悲"，后一个歇后语则应理解为"（某人现在）就像是泥菩萨过河，（其结果是）自身难保"。但问题是前面部分作为比喻的话却缺乏比喻必备的两要素之一"本体"。（隐喻要素为三，但可隐去一个或两个，如"素肌应怯余寒"，"素肌"喻"梨花"）

温端政（1983）对此曾有过详细论述，认为歇后语的比喻如果要成立的话必须有一个前提条件：入句。例如"黄鼠狼给鸡拜年——没安好心"这个歇后语的比喻性不是体现在该歇后语本身，而是必须放在具体的语境下来考量，如"江青窜到小靳庄，是黄鼠狼给鸡拜年——没安好心"（《新月报》1978 年第 1 号第 156 页）。在这个句子中，歇后语的比喻性体现为：本体——"江青窜到小靳庄"，喻体——"黄鼠狼给鸡拜年"，而该歇后语的后语"没安好心"则不过是对该歇后语前面部分的解释和说明。

不难看出，无论是《语言学百科辞典》还是温端政，都认为比喻式歇后语的比喻仅仅存在于前言部分，只是温端政进一步对比喻成立的条件（入句）进行了限定。对此，作者的看法是，首先，我们对歇后语的研究是针对歇后语本身而言的，不能将歇后语的前、后两部分割裂开来进行研究。其次，这种比喻不是仅仅存在于前言中，而是由前后两部分共同构成的，无论入句与否，比喻都是存在的。其中充当本体的是后语，充当喻体的是前言。因此在"猫哭老鼠——假慈悲"中，本体是事件"假慈悲"（A），喻体是事件"猫哭老鼠"（B）。我们把它转换成典型的比喻句就是"'假慈悲'（A）就像是'猫哭老鼠'（B）"。因此我们认为，从本质上而言，歇后语前、后两部分构成了一个"A 是 B"的比喻式。因此所有的歇后语都可视为"比喻式歇后语"，但由于有些歇后语的前言不是直接由后语衍生出来的，而是从其双关语得来，因此这一类歇后语传统上被称为"双关式歇后语"。如"外甥打灯笼——照旧（舅）""孔夫子搬家——净是书（输）"等。

为了叙述的方便，我们仍然采用"比喻式歇后语"和"双关式歇后语"两个术语对这两类歇后语运行过程中的心智活动进行描述，并借此说明歇后语运用的心智过程。但前者指的是仅仅使用了比喻修辞手段的歇后语，后者指的是兼用了双关手段的歇后语。

2. 比喻式歇后语的运用机制分析

首先，我们认为，比喻式歇后语的表达和任何一种歇后语一样都是以"意向性"为起点的。这是因为任何的思维总是倾向于关注那些与自身关系密切的事物，这就是所谓的"针对性"或"关指性"。（关于意向性的这一特征前面已作了详细的介绍，不再赘述）而意向性主要包括两部分内容：意向态度和意向内容。意向态度表明说话者所采用的言说方式，例如委婉的、夸张的、隐晦的或是俏皮的。歇后语所体现的正是或幽默风趣或讽刺挖苦的意向态度。意向内容则是说话者意欲表达的内容，是意向性所关指的对象。譬如我们看到某人忙于某事，无暇他顾的情形，就会在人的大脑中产生相关的各种意识现象，形成有关"自顾不暇"的意识活动，这样一些决心或信念指向某一特定的内容，并赋予或施加给没有意向性的客观实体，如人的口、耳、鼻、舌。同时，这一意向性又与心智中已有的意向性网络和意向能力背景相互交融贯通并进而选择出意欲表征的意向内容——"自身难保"。这样的意向内容体现为一个物理事件，如"因为某种原因自己无法保全自己"等。根据前文的论述可知，针对身心关系，戴维森提出了一种"属性二元论"的解决方案。该理论的核心就是任何一个事物既有物理属性，也有心理属性，前者是基础，后者是前者作用于客观事物所引发的人对该事物的感觉和知觉，后者依附于前者。根据这一理论，我们可以推测，在意向内容"自身难保"体现为某一物理事件后，该事件除了呈现它本来就有的物理属性之外，还会激发认知主体对该事件的主观上的认识，表现为感知主体的信念、感受、愿望、情感等，这就是我们前文所讨论过的心理属性。在本例中，"自身难保"作为一个物理事件作用于我们的心智又激发了感知主体在感受过程中对感知对象的某种独特的"像什么"（what's it like to be）的主观感受［即感受质（qulia）］，"泥菩萨"这一物理实体带给我们这样一种感受："一个本应该给予人们护佑的菩萨，因为是泥塑的，在水里很容易融化，因而在过河的时候自身难保。"对"泥菩萨"的这一感受和我们心智中语言系统的各部分共同作用，使某种新奇的表达得以产生。这样，作为喻体的"泥菩萨过河"就和作为本体的"自身难保"共同形成了一个比喻式的歇后语：泥菩萨过河——自身难保。我们可将其抽象为"A是B"这样一个典型的比喻表达式就是"'自身难保'（A）（这种状况）就像是'泥菩萨过河（B）'"。这一心智过程如图7－2所示。

3. 双关式歇后语的运行机制分析

前文我们已经阐明，歇后语在本质上是一种比喻，其中后语充当的是本体，前言充当的是喻体。但在具体的使用过程中情况相对复杂，主

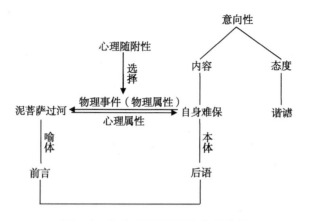

图 7 - 2　比喻式歇后语运行机制分析

要表现为作为本体的后语往往不能直接触发前言的出现，而是需要借助其语音、语义方面的近似成分来完成。因此双关式歇后语又可进一步划分为以下两类。

第一，谐音双关语。

如：外甥打灯笼——照旧（舅）

　　猪鼻子插葱——装象（相）

第二，语义双关语。

如：鸡蛋炒鸭蛋——混蛋

　　阎王的婆娘怀孕——一肚子鬼胎

我们对双关式歇后语的分析大体上遵循着比喻式歇后语分析的路径，即以意向性为起点，选择一个恰当的语义内容（后语），该语义内容体现为某一物理事件。这一物理事件作用于认知主体，从而认知主体产生了由该事物的物理属性所引发的心理属性，最后心理属性涌现为某一特定的感受成为前言的语言表达式。

但两种类型的歇后语在运用上显然是有区别的，这种区别主要体现为意向性所选择的语言意义的不同。具体而言，比喻式歇后语的意向性所体现的是事物的本体意义，如"我相信某人'自身难保'"所体现的本体意义就是"自己无法保全自己"。而双关式歇后语所体现的则是事物的识解意义，如"外甥打灯笼——照旧（舅）"中所体现的是其识解意义"和以前一样，没有区别（照旧）"，而非本体意义"照舅"（照亮舅舅）。一个挑战性的问题是：为什么同样是歇后语，比喻式的歇后语所体现的却是本体意义，而双关式歇后语所体现的则是识解意义呢？本书认为，这是话语表达过程中物理事件的心理随附性发挥了作用的结果。换言之，由于心理事件是由物理事件所引发的一种心理感受，但它又不能完全还原为该物理事件，因此心理事件对物理事件表现出一种"既依赖又独立"的心理感受，这种心理感受使认知主体得以在话语表达过程中对由感知对象所激发出来的信念、感受、愿望、情感等在特定的语境下能够进行相应的筛选和过滤，从而在"依赖"于认知对象的物理属性的基础上，引发出符合当前认知需要的"独立"的心理属性。

具体而言，在"外甥打灯笼——照旧"这一双关歇后语的表达中，前言和后语之间所构成的事件关系包括了人物（外甥、舅舅）、动作（打灯笼）和结果（照舅）。但在表达的过程中，由于意向性的引导，"照亮舅舅"这一事件结果被异化为其发音接近的"照旧"（zhào jiù），这样一来随附于物理事件"照舅"的心理属性"照旧"就得以凸显，而原本的物理属性却被隐去。从而成就了一个双关式歇后语"外甥打灯笼——照旧"，如图7-3所示。

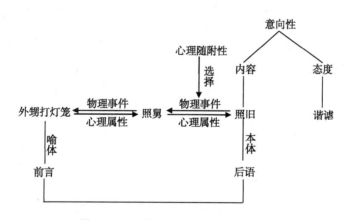

图7-3 双关式歇后语运行机制分析

与此类似，语义双关语同样也是随附性在语言表达中发挥作用从而导致意义接近的心理感受得以优先体现的结果。由于说话者的意向态度总是带有某种特定内容的态度，意在突出或是优选某一对象。因此这一意向性在语言表达的时候就不是直接采用的事物的本体意义，而是在具体语境下被识解的意义。如"鸡蛋炒鸭蛋——混蛋"。当说话者意图表达"某人不明事理、不讲道理"的时候，意向态度和意向内容就指向了"混蛋"，而"混蛋"所表现出的物理事件就是"混合在一起的各种各样的蛋，包括鸡蛋和鸭蛋",这一物理事件所引发的心理属性依据具体的语境作出适当的选择和过滤,就调整为符合客观实际的一种心理感受"混蛋就是'鸡蛋和鸭蛋混合炒在一起'的一种事物"。这样一来,独立于本体意义"某人不明事理、不讲道理"的识解意义"混合着的蛋"就借助于歇后语"鸡蛋炒鸭蛋——混蛋"得以体现了。

五　研究结论

本节借用心智哲学的观点对歇后语进行新的解读,说到底仍然是一种语言研究而不是哲学研究。我们研究的立足点和落脚点都是歇后语,所遵循的研究路径是"从语言中来到语言中去"。本节在对"心智哲学"相关概念进行阐发的基础上建构起一个针对歇后语的分析框架。借助该分析框架,我们对比喻式和双关式歇后语的运用机制进行了刻画。研究结果表明:无论是比喻式还是双关式歇后语,都是以意向性为起点,根据认知主体的意向态度选择一个合适的语言表达(后语),该语言表达式体现了某一客观事物在意识系统中的经验性特征。同时这一事物又激发了认知主体对该事件的感受和认识,这些心理属性范畴内的感受质经过一系列错综复杂的心智活动后涌现出一种新质,以语言的形式表征出来就是歇后语的前言。前言和后语两部分共同构成了一个或幽默风趣或讽刺戏谑的歇后语。

前面我们已经提及,汉语歇后语主要包括共同语歇后语和方言歇后语两个部分。第三节从心智哲学的视角对共同语歇后的生成机制进行了比较清楚的说明,第四节将进一步对方言歇后语进行分析。由于汉语方言门类繁复,本书仅以恩施方言为例对方言歇后语内在机制进行大致的勾勒。

第四节　心智哲学视阈下的方言歇后语研究

本节以恩施方言为例,在心智哲学视阈下对方言歇后语的语言感知起点、所涉及的心智因素及运算过程进行研究。

一　恩施方言歇后语概述

恩施方言是湖北省恩施土家族苗族自治州的民间用语,具有较为明显的民族特色和地域特色,但长期以来恩施方言歇后语未受到应有的重视,远远落后于共同语歇后的研究。CNKI搜索结果显示,目前对恩施方言的研究主要是对土家族语词本身的发音和句式意义的分析，或是对恩施方言俗语的搜集和整理，尚无人专门针对恩施方言歇后语进行研究。

一般而言，歇后语具有四方面的共同特征：一是形式上皆由前言和后语两部分组成；二是语义的着眼点落在了后语而非前言；三是具有鲜明的口语体特征；四是语用的幽默谐趣。但恩施方言由于具有特殊的地理位置和民族特色，因此除了上述四方面的特征之外还具有独特的民族特征和方言特征。

二　恩施方言歇后语的民族特征

所谓民族性，指的是"某一个体所确定个人身份的方式以及某一具有共同起源的人群所形成的社会阶层类型"。恩施土家族、苗族自治州地处湖北省西南腹地，是一个少数民族聚集地，其中土家族、苗族、侗族等少数民族占到总人口的38%。正因为这样，恩施方言歇后语带有浓厚的民族特征，许多的歇后语折射出了少数民族的社会习俗、生活风貌或人情世故。如：

(1) 三分钱的合渣——懒得热
(2) 猫儿喝合渣———花猫撩嘴
(3) 外孙是嘎嘎（外婆）屋里的狗——吃饱了就走
(4) 嘎公（外公）死独儿—没得舅（救）哒

例（1）和例（2）中都提到了"合渣"。何谓"合渣"？原来是恩施地区一道独特的饮食，将泡涨的黄豆在石磨中推碾形成类似豆浆的液体，将其放在锅里烧开，然后再将切成粉末状的青菜加入翻煮几分钟即可。这道菜因为价廉味美而广受恩施地区劳动人民的喜爱。由于价廉，因此三分钱的合渣（言其少）是没人愿意在锅里重新加热作为第二餐的饮食的。通过这一歇后语读者一方面了解了土家族特有风味食品：合渣；另一方面激发了读者关于该歇后语的思考：使用这一歇后语的言语主体究竟想要传达怎样的信息呢？稍加思考后恍然：为什么"懒得热"？因为只不过是"三分钱的合渣"而已，如此廉价的东西还要花时间来热一热以作第二餐，显然是不划算的一件事。因此该歇后语所隐含的"某事微不足道不值得费力去做"的语义不言自明。而例（2）中的合渣则是通过对于一种生活现象的描述来对一个人的个性品质进行刻画：猫儿在吃东西的时候总是喜欢用爪子在嘴上抓来抓去（撩嘴），在喝合渣的时候亦是如此，因此吃合渣的猫就成了一个"花猫"，而"花猫"用爪子在嘴上抓来抓去的样子是很讨人喜欢的。因此用该歇后语来形容一个人喜欢花言巧语讨人欢心，很是生动形象。在这里，"合渣"已不再仅仅是一道具食品，而是打上了民族烙印的地方语言了。

　　例（3）和例（4）则反映了恩施地区特有的一种称谓：嘎嘎（外婆）和嘎公（外公）。例（3）是说外孙如同外婆家养的一条小狗，只在需要的时候才会回家来寻求外婆的帮助。这从一个侧面反映了恩施山区的一种人情风俗：外孙往往自认为（或被认为）不是外婆家的嫡亲孙辈，只是和母亲的娘家人维系着一种松散的亲属关系。因此来去自由，只在有需要的时候才往外婆家跑。例（4）则是说只有一个儿子的外公不幸失去了独子，因此作为外甥就没有舅舅了。比喻某件事情已经逼上绝路无法解决了。

　　从这些歇后语的例子我们不难看出，恩施方言歇后语是立足于少数民族生活经验和生活习惯所引发出的具有地方特色的语言表达。这样的一些语言表达往往能够超越事物本身来说明一些客观道理引起人们的警醒或反思。

三　恩施方言歇后语的方言特征

　　由于恩施自治州地处楚、渝、湘等多省交界之地，因此恩施方言带有多种文化的影响，兼容巴蜀文化和荆楚文化，还带有些许湖湘语言。我们对恩施方言歇后语的方言特征的讨论将从语音、词义和语用几个方面进行。

1. 恩施方言语音上的方言性

　　恩施在行政区划上属于湖北，但在地理位置上更靠近川渝。因此恩施方言某些词的发音上，既受湖北话影响，又有川话影子。这一特点在恩施歇后语中也多有体现，如：

　　（5）叫（gào）花子烤火——各扒各的堆堆（儿）

　　（6）癞克包（癞蛤蟆）被牛叉（chā）了一脚——浑身都是伤

　　（7）六月里吃桃子——赶（拿）钯（pā）的捏

"叫花子"在恩施方言中读作"gào 花子"，"踩了一脚"则被说成是"chā 了一脚"，"软"在恩施方言中则为"pā"。从这些例子我们可以看出，恩施方言与普通话在语音方面无论是在音色还是在调类上都有很大不同。通过这些例子，我们可以略窥恩施方言歇后语在语音上的方言性。

2. 恩施方言在词义上的方言性

词义上的方言性在例（3）、例（4）和例（6）中已有所涉及。如前所述，嘎嘎/嘎公/癞克包等都是恩施方言独有的称谓和事物命名。是别的方言不用，或者是极少使用的语言。例如：

（8）花椒树上挂 gǎ gǎ—— 肉麻。

在恩施方言中，尤其是在农村和儿化语中常常将"肉"称之为"gǎ gǎ"。比如有人会问小孩子："你到 gā gā 屋头去有没有吃 gǎ gǎ 啊？"头一个"gā gā"（一声）就是我们例（3）中所提及过的"外婆"，而后一个"gǎ gǎ"（三声）则是指"肉"。因此例（8）这一歇后语的前言就会相应地引出后语"肉麻"（肉上面沾满了花椒当然是"麻"了）。正是因为恩施方言这种特有的词义方言性才使无论是言者还是听者都会忍俊不禁，从而达到良好的语言交际效果。

3. 恩施方言语用上的方言性

歇后语的引人入胜之处就在于前言的新奇，后语的别致，加上前言和后语巧妙地配合，会让人有妙趣横生和诙谐幽默之感。而这正是话语主体想要达到的交际效果。恩施方言歇后语在语用上同样具有方言性，如：

（9）叫花子争阶檐 —— 天亮哒是别个（别人）的
（10）母鸡屁股上拴绳——扯淡
（11）叩一个头放两个屁——行善没有作恶多

上述几个例子中都是用恩施方言作前言或者后语构成歇后语的，只有对恩施方言俗语具有一定的了解才能真正明白语言使用者的良苦用心，从而真正理解语言主体意欲表达的语言内涵。

至此我们已经对恩施方言歇后语的民族性和方言性进行了初步的描摹，对恩施方言歇后语有了基本的了解和认识。但对于语言研究者而言，仅仅停留于对语言现象本身的描述显然不够，因为语言研究最终的取向是从"描述"走向"解释"。方言歇后语的研究也不例外。基于这样的考虑，本节尝试从心智哲学的视角出发，对恩施方言歇后语的生成机制进行探究。

四　方言歇后语研究的心智哲学观

所谓"方言歇后语的心智哲学观"，这里指的是借用心智哲学一些成熟的理论和方法对方言歇后语形成过程中话语主体的心智活动进行研究，也即通过对心智的工作机制及规律的探索来弄清语言的本质，从而回答"方言歇后语为什么可能"的问题。作者受"基于心智哲学的语言研究三假设"（徐盛桓，2011b）的启发，借鉴徐盛桓"计算和表征五步骤"的论述来对恩施方言歇后语的形成过程中的心智活动加以说明。主要探讨如下几方面的问题。

第一，在方言歇后语的运用过程中，感觉和知觉的过程是从什么时候开始的？

第二，在这一过程中哪些因素起了主导作用？它们是如何运作的？

第三，心智计算的结果是如何涌现为语言表达式——方言歇后语的？

1. 方言歇后语的触发：意向性

本节回答"方言歇后语运用过程的感觉和知觉从什么时候开始"的问题。

一般认为，感觉是人脑对事物的个别属性的认识；知觉是客观事物直接作用于感官而在头脑中产生的对事物整体的认识。尽管感觉和知觉都是心理现象，但比较而言，感觉更为基本和原始，是人的全部心理现象的基础。知觉则和记忆、思维等处于同一个层面，属于较为高级的心理活动。然而无论感觉还是知觉都是人的大脑与外部发生联系的过程中所产生的对客观世界的原初认识，为语言的产生提供了可能。但感觉和知觉从本质上讲只是对外部事物的直观描摹和复写，无法为我们提供认识和分辨客观世界的心理基础。唯有在认知主体有意识地去"觉知"某一客观事物的时候，我们才会产生有关该事物的各种感官意象（image），从而产生对这些意象的所有者的感觉（a sense of ownership）。对此，现象学明确提出，物理地存在着的事物，它们不具有意向性。真正能够赋予物理现象以意向性的是人的意识、人的意识活动。由此可见，感觉和知觉的认知起点始于人们关于某事物的一种自我感觉。更加直观的表述就是："我"—意识到—

（X）（李恒威，2011：95）。这种认知主体对对象性活动的"关指性"（aboutness）正是心智哲学所论及的"意向性"。

意向性（intentionality）论题自奥地利哲学家、心理学家 Brentano 引入现代哲学后，沿着现象学和语言哲学两条路径不断发展。沿着语言哲学路径进行的意向性理论研究被认为是一种语用观的意向理论，一个重要的特征就是研究的重点从心理现象转向了日常语言，即以"语言"作为了解人们内心世界的窗口和基底，并用语言分析的方法来解决心智哲学的一系列问题。这一领域的代表人物当推约翰·塞尔（1980，1983）。他从心智哲学的层面考虑语言与意向性的关系并将心智哲学的意向性理论推向深入。塞尔将"意向性"定义为"某种心理状态的特征，由于这种特征，心理状态指向或涉及世界中的客体或事物状态"（塞尔，1989：110，杨音莱译）。心智哲学研究表明，意向性主要由两方面要素构成：意向内容和意向态度。前者指话语主体意欲表达的对象，后者指说话者为表达该对象所采取的相应的态度（委婉、讽刺、幽默等）。

由是观之，人们在使用语言的时候总是首先感觉或知觉到某一特定事物，并形成一种关于该事物的特有的或总体的印象。这一原初意象只有在意向性的指引下才有可能成为一种对事物的自觉意识。在言语交际中意向性就是人们的交际意图。即你想要表达的对某事物的"信念、畏惧、希望、愿望、爱慕、仇恨、厌恶、喜欢、怀疑"等的心理状态。例如，某人看到（感觉/知觉到）别人的不当行为而产生了"厌恶"的意向态度，这一意向态度往往是以某一特定的意向内容来体现的。或直陈：我很讨厌你的做法/说法；或委婉：这样做/说法似乎不合适；或挖苦讽刺：你真是"母鸡屁股上栓绳——扯淡"！

这样看来，作为语言触发点的意向性在方言歇后语的运用中所起到的作用类似于 GPS 的"定位"功能。话语主体要表达一定的意向内容总是必须根据具体的语言环境来采取合适的言说方式的。如果言语双方恰好具备相同/相似的民族文化背景的话，则话语主体很可能会挑选带有民族特色的语言表达式（如方言歇后语）来对自己的表达意图进行陈述，以一种幽默的方式表明自己对某事的看法。

例如在恩施地区人们若想表达"某人被牵连进了某事无法全身而退"的意向内容，可借助具有地方特色的歇后语（12）"猫娃（儿）逮糍粑——脱不到爪爪儿"来进行表述。因为糍粑是土家族特有的一种风味食品，具有很强的黏性，一旦粘在手上后很难清洗干净。而"逮"即"吃"。所以猫如果要吃糍粑的话就必然用手去抓，而猫爪子一旦沾上了糍粑的话是很麻烦的。同理，如果想对"某人倒打一耙"的卑劣行为表述愤慨的话则可用（13）"黄泥巴揩屁股——倒巴一坨"来表示。这里需要特别强调的一点是：方言歇后语因其具有强烈的地域特色和民族特色，因此相较于共同语歇后语的运用，它对语境及言语双方对该语境的心理认知能力有更高的要求。很难想象，一个不知"合渣"为何物的人会自如地运用（1）、（2）这两条歇后语。

　　通过以上讨论我们似乎不难回答"方言歇后语运用过程的感觉和知觉从什么时候开始"的问题。在我们看来，方言歇后语是言语主体在对客观事物进行感知觉的基础上，通过对感官意象的反思形成一种指向性的表达意图，并借助言语双方都能认知的方言俗语进行言语表达而形成的。因此方言歇后语的感觉和知觉是以意向性为起始点和触发点的。那么在意向性的定向关指下方言歇后语的使用者究竟是如何选择出一个合适的歇后语的呢？例如恩施方言歇后语通常用（14）"火坑里烧猪肠子—— 热一截，吃一截"来表达"某人做事无计划，只顾眼前利益"，但问题是，语言主体是如何从意向内容出发进而选择了前言的呢？换言之，方言歇后语在形成之初，语言使用者是如何进行心智计算活动来达成这一能被广泛认同的语言表达式的呢？这将是我们下一节要讨论的问题。

　　2. 方言歇后语的心智计算
　　前文对方言歇后语的认识起点进行了讨论，本节继续讨论在方言歇后语形成过程中的主导因素和运作方式，即方言歇后语的心智计算的问题。

　　必须说明的是，方言歇后语的"计算"并非指人的心智如计算机一般可以进行 $1+1=2$ 之类的数学运算（这是思维计算理论者所秉承的观点）而是指在方言歇后语的运用过程中，与之相关的心智活动是怎样进行的？也就是在感觉和知觉之后又有哪些心智因素涉入其中，它们是如何进行格式塔转换的。这要从思维的本质谈起。间接反映论者认为思维通过"语言"来间接反映客观世界，但它所反映的东西不是直观再现而是对事物本质的高度概括，因而是一种理性认识。认知心理学家则将思维视为一种认知活动，并且在认识活动中处于高级阶段，他们从不同的层面对思维的本质进行了论证。而思维的计算理论则认为，思维是一种信息加工过程。其代表人物福多认为，思维的过程是计算的过程，即是对心理表征的形式或符号操作，类似于计算机的符号处理（转引自廖玲，2010：97）。本书作者认为，思维在本质上是一种心智活动，是人们在感觉和知觉客观世界的基础上的创造性的认识活动。在作者看来，这种"创造性"的产生源于认知主体的心理属性的随附性特征。

戴维森（1980）的"异常一元论"（anormalous monism）或"属性二元论"（property dualism）为我们的研究奠定了理论基础。根据该理论的观点，物质有物理属性（physical property）和心理属性（mental property）两种属性，前者是指物质本身可验证的物理生化属性，后者则是指物质作用于认知主体后所激发的认知主体对该事物的感觉和感知。结合 Davidson 关于随附性的描述可知，心理属性不是事物本身所具有的属性，它从属于物理属性，因此这一属性具有随附性（徐盛桓，2011a：329—330）。关于"随附性"维基百科给出了如下定义。

一个由性质或事实所构成的集合 B 和一个由性质或事实所构成的集合 A 之间具有随附性，当且仅当，没有 B 的变化或改动，就不可能发生 A 的变化或改动。这时集合 A 随附于集合 B；集合 B 所包含的性质称为基本性质，集合 A 所包含的性质称为随附性质。

这一认识对我们进行方言歇后语研究的启示就在于：对于方言歇后语生成过程中心智活动的研究，不仅要考虑物理事件所固有的属性（物理属性），还要充分考虑到在该物理事件的激发下，认知主体对该事件的信念、感受、愿望、情感等，也就是要考虑随附于物理属性的心理属性对歇后语运用的影响。请看下面一些恩施方言歇后语的例子：

（15）尼姑庵里借梳篦——找错了廊场
（16）猴子掰苞谷——掰一个甩一个
（17）叫花子走夜路——假忙

由属性二元论可知，任何一个物理事件本身携带有关于该事件的要素特征。如例（15）"找错了廊场"这一物理事件就由动作（找）和地点（廊场）等要素构成，这种物理（生化）特征就是事物的物理属性。但与此同时，这一物理事件又会激发认知主体关于该事件的一些特殊的心理感受："廊场"为恩施鹤峰地区方言，意为"地方、场所"，因此"找错了廊场"就是"找错了地方"。这个物理事件引起"某人在不适当的地方找

（借）东西"的心理感受，那么何谓"某人在不适当的地方找（借）东西"呢？由人们的百科知识可知，尼姑的一个显著标志是光头（带发修行的除外），因此她们是不用梳头的，当然一般也就不会存放梳篦了。由于这一心理属性随附于物理属性从而引发关于"尼姑庵里借梳篦"的联想，于是一个方言歇后语"尼姑庵里借梳篦——找错了廊场"就此涌现。

例（16）和例（17）与此类同。例（16）的"掰一个甩一个"通过"掰"和"甩"两个动作构成一个物理事件，而这一物理事件所激发的心理属性就是"做事不专一，这山望到那山高"，这就好比是"猴子掰苞谷"；例（17）的"假忙"则是由"某人假装忙碌"这一物理事件引发了相关的心理联想：叫花子本是无所事事者，整天东游西逛，但却有某个叫花子在夜晚忙着赶路。因此关于这一可笑现象的诙谐表达"叫花子走夜路——假忙"就此形成。

·　综上所述，方言歇后语的心智计算所涉及的心智因素主要涉及事物心理属性，心理属性不是独立存在的一种属性特征，而是随附于事物本身所体现的物理属性的。物理属性引发话语主体对于某一物理事件的特殊的心理感受并进而以一个新奇的语言表达式对其进行描述的心智过程就是方言歇后语产生的心智计算过程。但这一计算的结果如何涌现为一个方言歇后语的呢？这正是下一节要讨论的问题。

3. 方言歇后语的涌现性特征

心智哲学所倡导的心灵表征理论是对功能主义的反动，功能主义把心灵想象为句法发动机，而心灵的表征理论则把心灵想象为一种语义发动机（semantic engine）。这种表征理论显然具有很大的吸引力，因为它去除了心灵的神秘化因素，明确地把它们整合到物质世界中（转引自任晓明、李旭燕，2006）。经典表征主义（功能表征主义）过分强调表征作为认知系统的调节作用而忽略了认知主体在调节过程中的主观作用。为了弥补这一不足，有学者（李恒威等，2008：29）将表征视为包含有语义过程的内在的神经过程，这一过程不仅是一个客观的物理过程，同时也有一个主观的涌现方面。我们对方言歇后语的涌现性特征据此展开讨论。

"涌现性"（emergence）是一个与自组织及复杂系统相伴相生的概念。普遍认为，复杂过程会表现出一些该过程未曾有过的特性，这就是涌现属性（Macwhinney，2006）。对涌现性理论作出了奠基性工作的当数美国著名学者 John Holland。涌现性的核心思想是，当系统处于混沌的边缘时，适应性主体之间的差异不断扩大而产生相互干扰，必然导致涌现性的出现，但哪个主体在交互作用中最终占优势是不确定的（Holland，1995：1—39、1998：115—124）。涌现性被描述为一个各成分相互作用的系统的总体表现，是该系统中居于高层次的成分所表现出的新颖特征。

这样一来，以涌现论观之，语言和其他任何一个复杂事物一样是一个非确定性的、非线性的、动态的、极其复杂的系统，其特征不能从组成部分的总和中推导出来（王士元，2006：5）。因此一些学者尝试用涌现理论对语言问题，尤其是对语言习得问题进行研究，并认为习得的成功从某种意义上讲在于复杂结构的输入和使用的频率。他们的研究结果对我们的方言歇后语研究具有启发作用：歇后语作为一种语言现象，它的前言和后语所描述的事件是处于同一个复杂系统内，只有当这些事件及其相关的各种社会情态因素共同作用、相互影响才有可能涌现出一个超出原来事物内涵特征的语言新质。

从涌现论的角度来看方言歇后语，歇后语的语言形式和内部思维体现出复杂系统内的双向互动。其中文化、民族和语境等要素也参与了该互动过程。因此，歇后语使用中的上述情态因素必须全部融合，且这些因素是作为一个系统存在的，他的一组相对完备的成分以某种方式结合并相互作用就会"涌现"出新质。这种"新质"超越了原来各要素的基本属性，可被视为一种"涌现属性"。涌现属性在方言歇后语中就体现为超越了歇后语表达式原初内涵的属性。通过对例（15）、例（16）、例（17）的观察不难发现，这三个歇后语的前言和后语分别是描述（前言）和断言（后语）。如果单是后语"找错了廊场""掰一个甩一个"和"假忙"，而不将它们与前言"尼姑庵里借梳篦""猴子掰苞谷""叫花子走夜路"置于同一复杂系统内加以考量的话，则"找错了地方""见异思迁/三心二意"和"假装忙碌"等新质是无法在认知过程中涌现出来的。

事实上我们任何一种语言表达都体现了"涌现性"特征，只不过正常语序的表达中所"涌现"出的新质并不十分明显。例如，当我们想表达"某人思想邪恶、歹毒"这样概念的时候，我们的大脑就会产生与"邪恶、歹毒"相关的信息集合并形成一个概念系统。位于这一概念系统各个层级成分相互作用就可能"涌现"出一个陈述句："某某真是歹毒"，或是一个反问句："有比某某更歹毒的人吗？"或者一个更为有趣的表达（18）"（某某是）天坑里种辣椒——阴险毒辣"。当然，相比之下，后者所体现的涌现新质比前者要更加丰富和明显。因此，方言歇后语生成往往是意向内容在交互作用的过程中经过一系列的信息提升和增删之后所涌现出的新的语言表达式，它能够更加有效地体现语言主体的表达意图。

据此，我们认为，方言歇后语的语言表征是话语主体心智计算的结果，在这一过程中话语主体的意向内容与特有的文化、民族、地域等情态因素相互融合共同构成一个复杂系统，经过一系列的格式塔转换后方言歇后语作为一种新的语言表达式就此涌现。

4. 方言歇后语心智分析图解

为了对方言歇后语的心智活动进行更加直观的描述和说明，作者参照徐盛桓（2011b）构建了一个方言歇后语的心智分析图（见图 7 - 4），尝试对本节内容作一归纳和概述：歇后语的意义构建是以认知主体的意向性为认识起点的，在意向态度和意向内容的共同作用下说话者选择了一个合适的"释语"作为触发点（trigger），这一触发点所体现的是一个物理事件，如"找错了廊场（地方）"。作为触发点的"释语"除了能让我们对相关的物理事件的物理属性产生认识之外，还会作用于我们的心理，并通过心理随附性自主地引发我们关于该事物的一些感受、愿望、信念、感情等，从而形成"引语"——"尼姑庵里借梳篦"。一个完整的歇后语由此涌现：尼姑庵里借梳篦——找错了廊场（地方）。

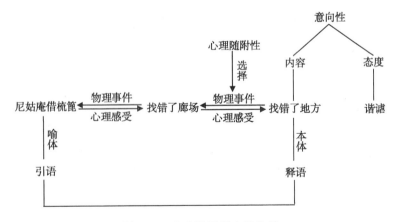

图 7 - 4　方言歇后语心智分析

值得一提的是，由于人们运用语言的心智过程大体相似，都经历了一个"意向—计算—表征"的过程。因此图 7 - 4 不仅仅可用于解释歇后语，亦可用于解释语篇、词汇和句法。同时由于词汇与修辞相关，因此这样的研究模式对修辞格也是适用的。

　　本节以恩施方言为例，尝试用心智哲学的相关理论对方言歇后语形成过程中所涉的心智因素进行说明。研究表明，方言歇后语的发生是在意向性的关指下，以意向内容和意向态度为维度进行定位，指向某一特定的物理事件。该物理事件所激发的心理属性引发语言主体特有的感受和认识，这些感受和认识与方言歇后语本身所具备的文化、民族、地域等情态因素共同构建而成一个复杂系统。在这个复杂系统中各方面的成分相互作用从而涌现出歇后语。

　　至此，本章从不同的角度对汉语歇后语的语义变异过程进行了比较系统的研究。从研究视角来说，有从认知语言学角度出发对歇后语认知机理的探讨，也有进一步从心智哲学出发对涉及其中的心智因素的考察。这种研究视角的转换说明对于汉语歇后语的研究正一步步走向精细化。比较而言，心智哲学视角下的汉语歇后语的语义变异研究更多地考虑了认知主体的意向性的主导作用，甚至将意向性视为歇后语产生的出发点和基础。同时，对于语义变异过程中可能涉及的其他认知因素也进行了较为充分的说明。这至少部分地解决了两域论和合成论存在的"映射"与"合成"过程中中介说明不足的问题。

　　根据本书的安排，第五章、第六章、第七章三章是从语义的层面对语言表达式的生成机制进行研究，目的是探究语义生成过程中认知主体究竟是如何计算并生成变异但却能为交际所用的语言表达式的。本章对汉语歇后语作出了初步的说明，第七章将针对汉语非语法表达式的语义变异问题展开研究。

第八章

汉语非语法表达式的动态语义研究[*]

所谓汉语非语法表达式，指的是那些偏离了汉语正常表达习惯的话语，如汉语成语，大部分代表了一个故事或典故，按照语言经济的原则，提取了原故事中的部分内容来替换原来完整的话语。这就使很多四字格成语单独来看其语义内容难以理解。例如"黄粱一梦"，假定读者不知道"书生赴京赶考的途中在客栈做了一个美梦，梦中享尽荣华富贵，结果醒来原来是一场空"这一渊源，是很难理解"黄粱"跟"梦"之间存在什么语义联系的。当然，也有些成语字面意义和实际意义基本一致，如"先人后己""求同存异"。成语的形成曾经需要很长的时间才能得到社会的公认，但信息社会的新媒体的传播使一些具有成语特征的网络新词很快地流传开来，并大有归入"新成语"的趋势。如"十动然拒""累觉不爱""喜大普奔"等，都具备了成语的雏形。因此我们从成语的特征出发，以网络新成语"十动然拒"为例，来对一些非语法表达式形成过程的心智活动进行考察。所涉及的非语法表达式还包括藏辞格、缩略语、露八分等。本章主要对典故式成语和藏辞格的语义变异进行研究。

第一节　典故式成语语义变异研究

一　成语的分类及句型特征

对于成语问题，研究者们已从认知的角度进行过较为深入的探讨

---

　*　本章部分内容参考拙作《"露八分"与完型压强》（《外语与外语教学》2009 年第 6 期）及《"十动然拒"为什么可能？——动态语义学视角下的心智解析》（《山东外语教学》2014 年第 1 期）。

（张辉，2003；徐盛桓，2006a、2006b、2009）。其中，徐盛桓（2009）指出成语认知研究中存在的三个问题，其一是没有解决不少成语语言结构有悖语法的问题，例如"为人作嫁""伯仁由我"之类为什么可能。对此，徐文借助认知语言学的基本假设"语言结构是象征性的"来论证成语与出处的原文及原文所描述的事件之间的连锁象征关系，从而说明成语之所以能被理解和接受是因为符合人的认知特点和认知过程的。作者认同这一解释，但觉得似乎仍意犹未尽。本章试图进一步以动态语义学的"语境转换潜势"（context-change potential）理论进行分析，通过对"十动然拒"进行解读，来说明这些有悖语法的语言表达式是如何形成并可以为人们所接受的。

徐盛桓（2006a）立足于认知语言学的构块（式）语法，将四字格成语视为具有不同程度的句法特征的构块，从而将其分为五大类：

1. 非语法构块——字面表达上看不符合汉语语法结构，如"逃之夭夭"，它原来是《诗经》"桃之夭夭"变过来的，是说桃花绚丽茂盛的样子；

2. 假语法构块——看上去符合汉语句法，但同本来要表述的内容所要求的句法结构有距离，如"信口雌黄"（随口乱说错话，就像写字写错了一样，古时写字多用黄纸，写错了用雌黄涂去）、"象齿焚身"（象因有值钱的牙齿而遭到杀身之祸，"焚"同"偾"，意为"倒毙"）；

3. 超语法构块——看起来似乎是符合汉语某一语法格式，但由于有很多的缺漏，需要作出的补足成分已经大大超出了原来语法结构框架，如"落井下石"（A 坠落井下，B 往井里扔下石头）；有些甚至难于认定其补足有什么规律，如"杯弓蛇影"（在杯里影出一张弓形物就当是蛇的影子）、"伯仁由我"（伯仁是由于我而死的）；

4. 准语法构块——还有一些成语，已经很接近现代汉语的语法结构，如"沧海一粟"；

5. 语法构块——有些成语完全符合语法规则的要求，同正常的语句并没有什么分别，符合汉语语法对句法结构的基本要求，如主谓结构、并列结构、主从结构等。

按照这一标准，大多数成语不是语法构块。完全符合句法结构而语义完整的成语如"大展宏图"（动宾结构）、"杀鸡取蛋"（连动结构）、"深仇大恨"（并列结构）可以排除在我们的研究之外。这里我们要对那些单从字义的叠加无法推测出句意的成语进行研究。例如，成语"伯仁由我"语出《晋书·周颚传》："我不杀伯仁，伯仁由我而死。"讲的是晋元帝时期，仆射周颚与宰相王导是好朋友，王导的堂兄王敦谋反杀了周颚。王敦曾经因此事征求王导的意见，王导未置可否。后来王导得知周颚曾在元帝面前为王敦谋反事多次为自己辩护，不禁流泪感慨："我虽没杀他，但他由我而死。"如果不知道这一成语的来历，单从字面来看我们是无法达成正确的理解的。究其原因，就是这一表达式不是一个合乎汉语语法规则的构式，不是主谓结构、并列结构、主从结构等传统语法结构中的任意一种。这四个语词之间缺乏必然的联系，无法组成一个合法（语法）的词语，因此我们说这一表达式的表层结构是一个非语法构块。而这类非语法构块成语的语义是如何被人们识别的正是我们要讨论的问题。考虑到网络语体的快速崛起，我们特以"新成语""十动然拒"为例加以说明，目的是对同类语言现象进行概括性描述。

二 "新"成语"十动然拒"动态语义学析解

"十动然拒"尽管是一个非语法构块，但它还是易于被网友模仿并创造出不同版本的"十动然拒"，如"嫦娥版"：话说天上物价飞涨，织女为了谋生，想给嫦娥当保姆，于是她织了一条长围脖送给嫦娥，好心的嫦娥看了还是"十动然拒"了；还有网上流传的"十怒然应"：昨天，九江大学男生高富帅，用了212秒给他心仪已久的女生写下了一张表达爱意的16万美元支票。女孩拿到支票十分生气，说：你以为爱情是钱能买来的吗？然后，答应了他。这说明"十动然拒"的语义表达并不是杂乱无章的，是可以由人们的认知能力加以解读的。对此，我们准备用动态语义学的"语境转换潜势"（context-change potential）作为理论框架进行分析。

语义研究经历了一个从静态到动态的研究转换过程。19世纪德国逻辑学家Frege主张用逻辑的方法研究语言意义，初步勾勒出形式语义学的框架；后来经过英籍奥地利哲学家维特根斯坦、英国哲学家罗素、美国哲学家卡纳普等人的发展，于20世纪70年代由美国语言学家及哲学家蒙太古参照当代语言学理论确立了以形式语义学为基本框架的"蒙太古语义学"，也就是形式语义学。"蒙太古语义学"在当代语言学研究中有着重要的地位。但要评价形式语义学的贡献不是本书要谈的，这里只是想指出一点：形式语义学的一个重要思想是将语言视为一个静态的语义系统，即把语言的意义作为一种抽象的系统来研究，因而在意义识解过程中语境处于边缘的地位。20 世纪 80 年代，坎普（Kamp，1981）、海姆（Heim，1982）等从另一个视角来研究语义，揭示了仅仅借助静态的语义几乎不可能解释自然语言绝大部分的意义现象；这一视角转换使意义研究有了突破性的发展，形成了以语境的转换为中心思想的动态语义学。

动态语义学的核心观点是一个句子的意义就等价于它改变信息状态的潜能（Goenendijk, J., M. Stokloof & F. Veltman；1996：183）。语义的动态性使语言运用离不开参与语义解释的语境，如上文曾经提到，许多成语，不管是符合语法构块的或是非语法构块、假语法构块、超语法构块、准语法构块的，都要借助典故或者其他的出处来给予理解，这就是参与语义解释的社会文化语境。之所以认为语义的动态性离不开参与语义解释的语境，是因为语言具有如下的本质特征：语言本身不是一个自足的信息系统；语言是信息的载体，也是智能主体（cognitive agent）相互交流信息的工具。从它负载信息与作为智能主体相互交流信息的角度来看，自然语言不光是描述现实，它还是对智能主体的认知状态进行更新的一种动态的程序（Van Benthem，2010：6）。这种观点深刻地影响了当代的语义学研究，并进而导致了语义学研究在 20 世纪 80 年代的"动态转向"（dynamic turn），出现了语义学研究的一个新的分支"动态语义学"（Dynamic Semantics）：研究的立足点从将语言的意义视为一种静态系统转换到视其为"在行动中"，将意义看作总是涉及"语境转换潜势"的（they have moved from treating language as a static system to considering it "in action" and to taking meanings as crucially involving "context-change potentials"）（Jaroslav Peregrin，2003：1），并认为一个句子的意义是它具有的能改变信息状态的潜在意义（J. Goenendijk, M. Stokloof & F. Veltman：1996：183）。根据这一观点，交际是双方不断改变认识状态的动态变化过程；语境不是静止的、预设的，它随着话语的输入而起作用，又随着话语的输出而生成新的意义并成为下一句话语的语境；因此，"输入"在语篇或话语片断中被看作用新信息对现存的语境进行更新的指令（instruction），而"输出"则是在已经被更新的语境下所表示的结果，并又成为新的语境，进而再构成新的话语—语境—新话语—新语境—新话语，直至交际完结。这个过程表明，"意义解释不但是依赖语境作出的，而且意义解释也创造语境"（Van Eijck, J. & Visser, A.；2010：1）。动态语义学将语境置于一个非常重要的位置，将意义视为是语境转换所具有的潜势造就的。这一观点为我们研究语言提供了一个新的视角，为分析语言提供了一种新的手段。这种手段对于某些在字面上不符合语法规范的语言表达式可能尤其合适，因为识解这些表达式有时需要更多方面的语境潜势的支撑。

值得注意的是，心智哲学视角下的语言研究将语言运用的意义视为语言主体心智里的概念，同现实的外部世界不是一回事，心智里的概念是由外部世界映射而来。心智里的概念再映射为语言结构；语言现象是通过心智现象与外部世界相联系的。情境、文化、社会等的语境作为外部世界要对语言运用起作用，要转化为语言运用者的心智里的概念，这在动态语义学里被看作"话语表征结构"（discourse representation structure）。语言的认知研究所说的识解语言要运用到"图形—背景联结"（figure-ground a-lignment）（Koffka & Kurt，1935；Croft & Cruse，2004：56）的能力。"图形—背景"的联结是心智现象，"语境转换潜势"也是心智现象，"语境转换潜势"所造就的"话语表达结构"也都是心智现象。因此本章的研究目标就是借助动态语义理论来对"十动然拒"的心智现象进行解读。为实现这一目标，我们拟参照心智哲学与语言研究的成果——句子表达式的形成是"事件"到"用例事件"的"涌现"——来加以说明（徐盛桓，2012：137）。

下面试以"语境转换潜势"理论为分析框架，来观察"十动然拒"的信息更替和递增的情况及语义解读过程。从语言运用来说，网上所流传的某位男大学生写16万字情书求爱的故事情节作为一个事件，后来在网上被人们感受为"十动然拒"的用例事件。因为有了那样的故事情节作为支撑，"十动然拒"所包含的四个在意义上看起来全不相干的字符，就成了一个有一定意义的、能被人总体理解的语义结构。但是，"十动然拒"毕竟是一个非语法构块，语义的判断未能得到语法知识的规则性的支持，无论怎样划分意群，都难于实现有意义的结合；因此，还需要对"十动然拒"的内部组合作进一步的解读。解读是一个"试错"（trial-and-error）的过程，需要一次又一次地"猜测和检验"（guess-and-check）。为了节省篇幅，下面只是举出一个一次尝试成功的试错作为例示。

作为解读的尝试，受话人在接受这个表达式时就会调动某个记忆作为语境，通过试错，一步一步地以语境转换的潜势获取话语的意义。无法建立起意群，就先假设这个语义结构里的每一个字符都可能独立地代表一个意思，所以每一个字符可以看作一个语义符号，代表着一个语义片断（semantic segment）；"十动然拒"就可以分解为四个片断，即

S_1 = "十"

S_2 = "动"

S_3 = "然"

S_4 = "拒"

一个语义片断在动态的语境转换潜势的支撑下可能获取相对完整的语义。即每一个字符有它自己所承载的语义内容，同时它的语义内容一经成立，它就成为语境转换的动态因素。相邻（前对后或后对前）的语义片断的关系可以看作一种提供语境的语义限制或有助扩展的关系。受话人将所获知的有关故事（或详或略）作为他解读话语的基础语境，如以"某男生为他心仪的女生做了很多令她感动的事情"为语境，S_2 的"动"就很可能是"感动"；相应地 S_1 的"十"就可能是"十分"，即 $S_1 + S_2$ 可能是"十分感动"。"十分感动"是一个符合语法—语义组合规则的表达片断（expression segment），设为 e_1，（$e_1 = S_1 + S_2$）。S_3 是"然"，这可能是提示同"感动"有语义转折关系的"然而"，也可能是表示同"感动"有时间相继关系的"然后"，或者其他更多的可能；$e_2 = S_3$。无论是哪一种可能，既然是转折或相继，S_4 的"拒"应是同 e_1 并列的行为 e_3；结合"拒"的字义，并考虑对于求爱的回应的各种可能的回应，"拒"可能是"拒绝"，而故事本身也说那女孩拒绝了，所以 e_3 很可能 = "拒绝"。通过试错，在不断地猜测和检验中，在有关的言外语境和言内语境的动态参与下，也考虑有关字符本身的字义，"十动然拒"获得可能的解读如下：

$e_1 = S_1 + S_2$ = 十分感动

　|

$e_2 = S_3$ = 然而/ 然后

　|

$e_3 = S_4$ = 拒绝

$E = e_1 + e_2 + e_3$ = ［事件中的一个主体］十分感动然而拒绝

这是表达片断的组合。再将语境所提供的行为主体和对象加上去，即某个主体收到 16 万字求爱情书的女生十分感动，然而（然后）却拒绝了，新词语"十动然拒"就完整地表征出来了。这一过程我们可以隐喻

地表述为"话语形成的建构":受话人以语言表达式并不达意的字词为建筑材料,以言内外语境转换的潜势为背景材料补足空缺,以语言主体心智里的百科知识和某一语言的语法—语义规则为黏合材料,把话语重新建构起来。

第二节 "露八分"语义变异研究

上节我们从动态语义的角度对典故式成语的心智运作过程进行了研究。本节将对另外一种汉语非语言表达式——"露八分"的语义变异过程进行讨论,试图透过对这些较为特殊的语言现象的观察和分析,探讨其认知特点、认知过程和认知策略,为这类汉语非语法表达式的生成过程作出概括性的描述。

一 "露八分"简介

据网上(http://www.chinanews.com.cn/cul/news/2008/05 - 18/1253719.shtml)的一个帖子说,日前,一种独特的"露八分"言语表达法在北京密云千年古镇古北口河西村被发现。"露八分"言语表达法指的是说话人在说话时只"露"一句成语里的前三个字,把最后一个字"藏"起来。例如,"'高高在'呀,你这一大早的干啥去呢?""我去医院看'锯齿獠'"。帖子说,初次听到当地两位村民这样的对话时,一头雾水;一旁的河西村书记张玉山笑着解释说,"高高在"指的是一位姓"尚"的村民,"锯齿獠"指的就是"牙",这两句话的意思就是姓尚的村民去医院看牙。据今年60岁的村书记张玉山介绍,"露八分"的使用范围非常地广泛,且分褒义、贬义和中性。如王姓,褒义是"占山为",贬义是"家破人";何姓,中性是"无可奈",褒义是"气壮山"。所以,同一个东西可有好几种"露八分"的说法。

一个词语在言语交际的运用中只部分地"露"了出来,就必然地会有另外的一部分被"藏"了起来,这其实就是汉语修辞格的"藏词"格。(下文为行文的方便,"露八分"和"藏词"在不同的语境会互用)这种用法作为一种修辞格,英语是否有其对应的修辞手法,目前未见相关研究。但英语构词法中的首字母词、缩略词等,如 kilogram、influenza 分别缩略为 kilo、flu(流行性感冒),United Nations 缩略为 UN 等,就有

"露"和"藏"的运用，这一点同上"露八分"是相通的，而在"露"与"藏"的运用中所涉及的人们的认知特点、认知过程和认知策略，二者有相同之处。

二　"露八分"的现象分析

"露八分"是一种形象的说法。我们既可以说"高高在上（尚）"（此处谐音）这个由四个字组成的表达式只露（说）出了前面的三个字，也可以看成隐藏了最后一个字；事实上汉语的修辞格就有"藏词格"一说，民间也有将此说成"缩脚语"的（李荣，1995）。一般说来，所涉及的词语是在有关的语言社团里广为人们熟悉的成语或俗语；因为是大家所熟悉的，所以只要露（说）出上半，听者就会想到下半（下面还会提到"露"出的也有可能是下半），从而达成交际。

帖子的作者说，这种"独特的"表达法在古北口河西村"被发现"，其实这种带有一定技巧和幽默感的表达方式在我国汉赋和魏晋南北朝的骈文中曾经流行过一段时间，从经、史、子、集中截取人们熟悉的句子藏去一些词语而成，主要是为了典雅、新颖和照顾字数，成为那个时期文赋文字技巧的一道独特的风景；只是到了唐宋时期，古文兴起，热衷此道的人才越来越少了。但这种用法的原理作为构成新词和修辞手法的一种理据，直到现在还能看到它的遗风。如现在人们将"三十岁"表达为"而立"（如"而立之年"），就是把"吾……三十而立"（孔子：《论语·为政》）一语藏去上半截的"三十"，或者说只露出下半截的"而立"构成；《礼记·王制》有云：五十杖于家（［意为五十岁在家拿着拐杖走路］）、六十杖于乡、七十杖于国、八十杖于朝，同理就有"杖家之年""杖乡之年""杖国之年""杖朝之年"等的说法来表示这里所提到的年岁。这些都是我们所熟悉的，是现代人们语言表达承袭过去表达手法的遗风；上面帖子所说的北京密云古北口河西村的"露八分"的"发现"，其实就是这样的一种语言运用的现象。可能由于古北口河西村古老遗风保留得比较多，因而现在老百姓的口头语言中也有这样的用法。有关的帖子还展示了如下的一段对话（方括号里的字在原对话中是不说出来的，为了使读者易懂，现在加上）。

甲：哎，慌里慌［张］老大，我们家那麒麟送［子］挺大岁数

　　了，看谁家有善男信［女］给张罗张罗。

　　乙：千恩万［谢］他们家那闺女不错，回头我让高高在［尚］帮着说说。

　　甲：那姑娘长得怎么样？

　　乙：披头散［发］长长的，两只浓眉大［眼］水灵着呢。

　　甲：四郎探［母］、嫌贫爱［父，此处谐音］怎么样？

　　乙：家长人都不错。

　　这样的"露"是"露"一句现成话语的某一部分；换成从"藏"的角度说，相应地就有藏头、藏尾之分，有些甚至是藏中（腰）。例如，民间流传的一副对联，上、下联分别为：二三四五／六七八九；横批：南北。"二三四五"是藏起了"一"这个"头"，即缺了"一"，寓意为"缺衣"；"六七八九"是藏尾，即少了"十"，寓意为"少食"；"南北"也是藏头，即缺"东西"，寓意为"没有东西"。再如，"金银铜铁"，猜地名，谜底是"无锡"，因为说到常见的金属通常就会说"金银铜铁锡"，这里就是把"锡"字藏了起来；同理，"金木水火"作为谜面猜一字，谜底是"坎"，即"欠土"。这两例是藏尾的例子。

　　其他的例子如：

　　（1）"倚伏"。"倚伏"是由"祸兮福所倚，福兮祸所伏"这两句分别只露出的最后一个字（或说隐藏了前四个字）构成。熟悉老了这两句话的人看到"倚伏"就会联想起《老子·第五十八章》（老子：《道德经》）说的这两句话，表示祸福是相倚伏之意。例如班固《幽通赋》（许云和，2007）："北叟颇识其倚伏"，意为北叟很知道祸福相倚伏的道理；这里的"北叟"就是"塞翁失马"故事里失马的塞翁，故事是说，边塞上的这位老先生一天发现马丢了，人家安慰他，他却说"此何遽不为福乎？"不久，这匹丢失的马回来了，并带来了另外一匹马，这就是"塞翁失马，安知非福！"《宋书·卷六一·列传二一》（引自《中华全二十六史》，2005）："臣闻治乱无兆，倚伏相因。"

　　（2）"杨柳细"，表示的是所隐藏的"腰"，因为俗语有"杨柳细腰"的说法。《陈州粜米》（王学奇，1994）第三折"梁州第七"有一段道白曰："丢了个撅子，把我直跌下来，伤了我这杨柳细，好不疼哩。"另一例是：《幽闺记》［（元）施惠］中的丑角云："插在我杨柳细边。"末角问:"甚么'杨柳细'?"丑角再云:"腰。"

（3）"一笔勾"，是"一笔勾销"只露了前三个字。（明）沈受先《冯京三元记》（吴新雷，2002）十三出:"我素不望人酬，不须偆愁，蒙你鸡黍相留，兀自难消受，把旧事从今一笔勾。"用了这个藏词表达，可能是为了押韵。

从上面的例子可以看到，"露八分"至少有三种情况:第一，"藏"起来的可能正是表达所需的词语本身，如例（2）、例（3）的"腰、销";第二，可能要把"藏"和"露"连贯起来一起来解读，如例（1）的"祸兮福所倚，福兮祸所伏";第三，可能还要作些引申，如上面的对联、横批和谜语的例子。

值得注意的是，在这个过程中还可能利用到谐音。这扩大了藏词表达法的应用范围和情趣，如在《武汉方言词典》（以下简称《词典》）（李荣，1995）里给出的例子:"花言巧"指的是"雨"（如"下起花言巧来了");"太上老"藏的是"君"，谐音指"军"，《词典》说明"太上老""旧时称军人"。"戊己庚"指"心";"戊己庚辛"是天干第五至八的排列，常被连说，听到"戊己庚"就会联想起"辛";"辛"又谐"心"之音。例如，《捉鬼传》（吴祖光，1947）二折:"你兄弟俺也还有些本事的，手下也还有些兵卒，就怕了他不成! 这事真不在俺戊己庚上哩。"

藏词的话语是对人们耳熟能详的固定短语作出省略。这些人们耳熟能详的固定短语包括成语、俗语、格言以及专名等。这些话语发生了藏词以后，就不再是一个完整的表达，多数听起来会"不完备"，词不达意，不知所云，上面许多例子都表明了这一点。有些"露"出来的部分甚至构不成一个词或短语，例如"而立"中的"而"是一个虚词，因而"而立"无解。这种现象却成了一个提示的标记，让听者特别留意这里的"破损"可能有的交际意图。例如《论语·子路》:"君子于其所不知，盖阙如也";"阙如"，欠缺、空缺之意，全句意为"君子对自己不懂的事总是缺而不说的"。后来有人将"盖阙如也"只露出"盖阙"来表示"阙如"，如刘勰《文心雕龙·铭箴》（周振甫，2005）"然矢言之道盖阙"，就是这样的用法，但"盖阙"其实欠解。再如《论语·公冶长》:"颜渊、季路侍。子曰:'盍各言尔志?'"意为:孔子对颜渊、子路说，何不各人说说你们自己的志愿?"盍"本作"何不"解。作为藏词格的运用，有人将"盍各言尔志"只露"盍各"表藏去的"言尔志"，例如南朝梁简文帝《答湘东王书》："若以今文为是，则古文为非；若昔贤可称，则今体宜弃。俱为盍各，则未之敢许。"但是"盍各"其实也是无解的搭配。

藏词格可以起到委婉语的作用，把不雅或者不够客气的话"藏"起来。冯梦龙《醒世恒言》二九卷："夫妻对酌，直饮到酩酊……趁着酒兴，未免走了酒字下这道儿。"俗语说：酒色财气，"酒字下"藏了个"色"字，暗指夫妻的性行为。另外，《诗经·小雅》（周振甫，2002）有诗句："春日迟迟，卉木萋萋。"隋朝人庾知礼与卢思道一起对诗，庾知礼诗成而卢思道还未写好。庾知礼对卢思道说："卢诗何太春日？""春日"，即"春日迟迟"的藏词表达，这样说可以将"迟"的批评藏去。

三　英语"藏"、"露"举隅

汉语构词将"人民代表大会"藏露处理为"人大"，将"北京大学"藏露处理为"北大"，将"马克思列宁主义"藏露为"马列主义"甚或"马列"。对于这些，尽管人们一般不作为修辞格，但都同"露八分"的用法有异曲同工之妙，其认知理据是相通的。

英语也有相类似的构词法，缩略成一个词，但词义和词性保持不变。我们不妨也称为英语的"露八分"。当然，"八分"只是一个大略的说法。

缩略

将完整的单词略去一部分字母，即将单词截头、去尾或兼而截头去尾，保留下来的部分作为一个独立的单词来看，即为缩略词，使单词简单化，例如，doc←doctor（医生）、polio←poliomyelitis（小儿麻痹症）、ab←abortion（流产）、alcoh←alcohol（酒精）、diag←diagnosis（诊断）、R/Rp←recipe（处方）、Tab←tablet 片剂、Syr←Syrup（糖浆）、liq←liquid（液体）、pil←pill（丸剂）等。以上多半是用在某一专业上（如医学）。

有些已经进入了英语的一般词汇，如 bike←bicycle、gym←gymnastics、math（s）←mathematics、phone←telephone、plane←airplane、exam←examination、lab←laboratory、fridge←refrigerator、script←prescription 等。

首字母缩写

取一个专名或词组中的各单词的首字母构成一个缩写词，有时略去虚词，如 RT←radio therapy（放射治疗）、SP←sulfapyridine（磺胺吡啶）、APH←anterior pituitary hormone（垂体前叶激素）等，再如大家都很熟悉的 VOA、BBC、UFO、TV、WTO 等。这些通常用大写字母，是按字母的读音读。laser←light amplification by stimulated emission of radiation（激光）、radar←radio detecting and ranging（雷达）、sonar←sound navigation ranging（声纳）、tefl←teach English as a foreign language（英语外语教学）、tesl←teach English as a second language（英语二语教学）、toefl←testing of English as a foreign language（托福）等，要拼读。

其他形式缩略

newscast←news broadcast（新闻广播）、telecast←television broadcast（电视播送）、smog←smoke and fog（烟雾）、heliport←helicopter airport（直升机场）等。

四　"露八分"的认知分析

"露八分"式的语言运用并不是随意的，正如上面所说，甚至"露"出的那些不符合语法规则和语义规则的表达也都是可以解释的，英汉语皆然。这样的语言运用深刻地反映了人们语言运用中的认知特点和认知规律。

徐盛桓在解释认知语用学的理论建构时提出，对人们的语言运用进行认知语用学的研究建立在如下三个假设上（徐盛桓，2007：1—6）。

1. 意向性假设。语言交际的一个基本特征是说话人向受话人表达意向，而受话人则要辨识其意向。

2. 两个表述假设。既然语言交际的一个基本特征是说话人向受话人表达意向，意向通常是不明说的，因此表达总是牵涉两个表述：显性表述和隐性表述；说话人的意向是隐性的表述，传递这一意向的是显性的表述；意向是自主的，传递意向的表述是从意向推衍出来的，是依存于它的。

3. 常规关系假设。隐性的意向推衍出显性的表述是通过常规关系维系的，常规关系可以通过相邻/相似关系把握。

"露八分"的话语表达式明显地体现出上述三点。

第一，"露"的只有"八分"，甚至更少，这是这些话语表达式在形式上最明显的标志。这样的话语表达式是作为一个传递交际意向的符号存在的。不论是"盖阙""而立""盍各""一笔勾""太上老"这些所谓"不通"的说法，还是像英语的 VOA、BBC、UFO 等，这样的表达式突出地显现交际话语的另一个特点：不完备性。这表现在两个方面：首先，这样的符号将一个原来相对完备的话语（即原来的一个成语、格言、俗语、词语等）分割为"藏"与"露"两部分，这就人为地将一个原来相对完备的话语变得不完备；其次，"露"出来的部分的字词通常是不符合或不太符合语法规则、语音规则和语义规则的，或字面搭配是无解的。之所以这样的不完备表达都可以很好地完成交际任务，这是因为"露八分"式的语言符号起的是提示被藏起来的部分的作用，它运用的不是自身的词汇意义。这样的语言符号的本质功能是说话人向受话人表达意向，使受话人能通过这样的符号的提示辨识其意向，达成交际。

第二，"露八分"的话语表达式的不完备性明显地表示了话语运用的两个表述的特点，即把一部分的词语"藏"起来只"露"出"八分"的话语表达式是"显性表述"，在交际中受话人要据此在一定语境下推衍出相对应的"隐性表述"，即把"藏"起来的词语恢复过来，如在一定语境下从将 VOA 恢复为 Voice of America，将"春日"恢复为"春日迟迟"，再从中领会其"迟迟"的隐含意义。

第三，所谓从"显性表述"推衍出相对应的"隐性表述"，是一个在一定的语境下运用常规关系的过程。首先，这里所用到的人们已经非常熟悉的固定话语包括成语、俗语、名言、格言以及专名等，已经成为一种社会共识，至少说话人估计到是受话人耳熟能详的。在这个意义上说，这些词语前后连接在一起，这是一种"常规关系"，例如"戊—己—庚—辛"是常规地连在一起的，提起"戊—己—庚"，就会常规地联想起"庚"下面的"辛"。再者，从常规来说，"这事真不在俺戊己庚上哩"至少在这样的语境和上下文中说不通，应该另谋出路；在这里，"辛"和"心"在常规上有同音的关系，这就使"这事真不在俺心上哩"的理解成为可能。

这里还涉及一个所谓"完形压强"（Gestalt psychological pressure）的心理内驱力的过程。认知语言学把"完形心理学"的理论作为说明人们的认知心理过程的一种重要理论（Croft & Cruse, 2004：63）。"完形心理学"认为，越是具有完整性、规律性的事物，越能使人们较易于接受。因此，当人们遇到不完善的事物时，出于某种"完形"的需要，人们就会自发地、主动地去补充、改造在知觉活动范围中存在的事物，使它趋于完整，成为心理上的一个相对的"完形"。人们这种在心理上暂时承受某种压力要将不完整的事物在认识上"补充"完整而力求趋向于完形的紧张心理状态，称为"完形压强"。

心理上的"完形压强"又同"完形心理学"的两条认知规律联系在一起的。"完形心理学"提出了几条有名的人们认识事物的规律，其中两条是，相邻律（law of proximity）和相似律（law of similarity）。这两条规律的内容是，人们对两个（或更多）相邻的事物／相似的事物倾向于认识为一个整体，提起其中的一个，就会联想起另一个，以便能在认识上补充成一个完形。正是"戊—己—庚—辛"中的这几个字是相邻的，通常被认识为一个整体，所以提起了"戊—己—庚"，就会联想起"辛"；"三十而立"相仿，不详述。这是相邻律在我们认识事物时在起作用。"辛—心"在发音上是相似的；在一定语境下，"辛"的音会让人们联想起"心"的音，这是相似律在我们认识事物时在起作用。"完形压强"同相邻律和相似律共同造就了人们在语言运用时运用"露八分"表达形式的认知可能性。

正如隐喻有所谓新创隐喻和"死"隐喻之分，"露八分"（藏词格）的表达形式也同样有新创和已经为人们习以为常之别。对于新创隐喻的运用，人们要经过复杂的认知过程；对于"死"隐喻，人们会通常只作为一个符号，甚至不一定感觉到它是一个隐喻，如"山头""山脚"之类。同样，对于新创的"露八分"的表达形式，人们可能要经过"完形压强"和相邻律、相似律的作用；但对早已为人们用惯了的藏词格表达形式，人们也会将它作为一个符号，不再考虑它的来源，如"而立""滥觞"等，人们一般只把它们作为其义为"三十岁""起源"的词语来用，不一定追究它们的藏和露。同样，对于上述提到的那些英语缩略词，人们也只把它们作为表某义的符号来用，不一定经历一个完形压强的心理过程。

通过上面的分析我们可以得到这样的认识：人们的语言运用是受认知能力、认知特点制约的，一些看似不好解释的语言运用手法，其实也是同人们的认知活动联系在一起的。以"露八分"为例，其运用是受"完形压强"影响的，汉语是这样，英语也是这样；古汉语的运用是这样，现代汉语的运用也是这样；词语的构成是这样，单词的构成也是这样。这进一步说明了认知同语言的关系，古今中外，概莫能外。

第三节　从"十动然拒"看其他汉语非语法表达式的语义变异

"十动然拒"在网络出现后，由于故事情节的趣味性和结局的戏剧性，一下子就红火起来；而"十动然拒"这一非语法的表达式如此容易为人们所接受，也使人们非常好奇，吸引不少语言研究者对这个问题进行思考。但我们在这里探讨这个问题，不仅仅是为了说明"十动然拒"这个在网络上走红的表达式为什么可能，而是想通过研究"十动然拒"这个个案，进一步为汉语类似的现象初步建立一个分析框架。

"十动然拒"作为一个已经为人们所接受的表达式，在文字结构上的一大特点，是它的不完备性。汉语有不少文字表达式，无论是语句或短语、词、术语、专名等，都有文字结构的不完备性的特点，而且不一定是一般意义的语法省略，这就使这一研究具有一定的普遍意义。这些现象包括：

1. 前文提到的一些成语，不再举例；

2. 修辞的藏词格（参看何爱晶，2009：16）；

3. 民间的"缩脚语"（参看何爱晶，2009：17）；

4. 弹性词语。郭绍虞说，汉语有些词的说法长短可以伸缩，"有弹性"（郭绍虞，1938，24：1—34）。我们称这类词语为弹性词语。这种现象在日常话语中最常见。如技工（技术工人、技术工作）、管弦乐（管弦乐器、管弦乐曲）、反腐倡廉（反对腐败倡导廉洁）、张总（张总工程师、张总经理、张总指挥）、李导（李××导师、李导演、李导游）。

这些语言现象的共有特点是，表达式的形成是基于特定的典故或出处，是在一定的语境下形成的，因此对这些现象同样可以用动态语义学的语境转换潜势理论来进行研究。动态语义学原是在生成语言学框架下研究照应（anaphora）等关系发展起来的。"驴句"（donkey sentence）是它早期经典的例句：Every farmer who owns a donkey beats it，它的结构式是［s ［np every ［farmer who owns ［np a donkey］］］［vp beats it.］］。详细解释驴句已经超出了本书的研究范围，这里只是指出，驴句是指主句的代词（it）同关系从句（另还有条件从句）里的不定名词（a donkey）存在照应关系的句子，然而代词不在其先行词的句法辖域（代词在主句而先行词在从句），但二者仍有照应关系。研究这个问题的解决就是动态语义学研究的起点。换句话说，动态语义学研究跨句的语义连贯问题。这时，有关语句的解读不以句法为基础，而要依靠受话人在展开话语时在心智建立一个心理表征结构，正是这个心理表征结构映射到话语结构上去使话语得以解读。这一心智表征结构被动态语义学称为"话语表征结构"（discourse representation structure）或称"心智表达式""认知表达式"。每一个新增的话语都给心理表征结构增加一定的内容（Jan van Eijck，2005：18—23）；用 Heim"档案"比喻的说法就是，建立起来的表征结构 R 是一个档案，而它对话语增添的内容又导致一个新心理表征结构 R′的产生，如此不断地更新发展（Heim，I.，1983：164—189）。

现试参考动态语义学有关的论述设计如下的分析框架来对这些不完备表述的语义内容进行推导：

1. 必定要面对一个不完备的话语表达式，如"鲁鱼亥豕""河粉"，设为 E，可按需要分解为 e_1、e_2、e_3、……；

2. 这些表达式必有来源，转化为解读 E 的语境，设为 C，也可分解为 c_1、c_2、c_3、……；

3. C 是动态的，动态表现为：在 E 的表达式里，c_1 可作 e_1 的语境，而 $e_1 + c_2$ 可作 e_2 的语境，$e_2 + c_3$ 可作 e_3 的语境…… 这时的 $e_X + c_Y$ 就表现出语境转换潜势；

4. 为了解读不完备的 E，在解读者的心智中要建立一个心理表征结构，即话语表征结构，设为 R；

5. E 最终是由 R 投射而成。

这个解读过程是一个多次试错和猜测—检验的过程，不断以表面看起来并不达意的字词为语言建筑材料，以言内语境和言外语境转换的潜势为背景材料补足空缺，以语言主体心智里的百科知识和某一语言的语法—语义规则为黏合材料，把话语重新建构起来。现试分析下例：

　　甲：哎，慌里慌［张］老大，我们家那麒麟送［子］挺大岁数了，看谁家有善男信［女］给张罗张罗。
　　乙：千恩万［谢］他们家那闺女不错，回头我让高高在［尚］帮着说说。

这里的两个句子采用的是"露八分"的言语表达法，如前所述，所谓"露八分"是指说话人在说话时只"露"词语里的前三个字而把最后一个字藏起来。甲乙对话中包含了一些不完的语言表达式："慌里慌"（E_1）、"麒麟送"（E_2）、"善男信"（E_3）、"千恩万"（E_4），交际双方之所以能够达成理解，首先在于双方的头脑中有一个关于该表达式的完型结构，分别是：E_1'（慌里慌［张］）、E_2'（麒麟送［子］）、E_3'（善男信［女］）、E_4'（千恩万［谢］）。正是这些完型结构使得受话人在看到上述不完备结构时能自动对 E_1、E_2、E_3、E_4 的语义内容进行分解，形成更小的语义单位。值得注意的是，在"露八分"的使用过程中，被分解的语义内容其实是超越了四字格构块本身的。例如 E_1 的语义内容可以表示为：$E_1 = e_1$（慌里慌）$+ e_2$（张）$+ e_3$（老大）。这里 e_1 作为 e_2 的语境可被表述为 c_1，$c_1 + e_2$ 作为一种语境潜势才最终促成 e_3 的出现，使受话人能够理解所谓的"慌里慌老大"其实指的就是"张老大"。余者 E_2 到 E_4 的语义识解与此类同。

　　本节在动态语义学理论指导下对非汉语表达式的语义变异进行了研究。初步得出了如下结论：话语表征理论的重点在于话语表达式不是同语义表征直接联系的，在它们之间有一个"话语表征结构"作为中介，所以无论是驴句还是不完备的话语，都可以不拘泥其表达式的结构。动态语义学认为，语境转换潜势造就了"话语表征结构"，而"话语表征结构"是一种心智的结构，正是这一心智结构映射到话语，人们才能解读话语的语义。

　　动态语义学以及话语表征理论自 20 世纪 80 年代提出以来，吸引了不少语言学家、逻辑学家、语义学家、语用学家的注意，直到今天还有文章和专著讨论话语表征理论。但是，还没有注意到有研究对话语表征结构进行证实和证伪的研究。我们本着"择其善者而从之"的原则，觉得这个理论可以用作理论语言学研究的理论框架，在语言分析中发现这一理论的价值和可能的问题。有关的实证研究可以由实验心理学家作深入探讨。

第九章

心智哲学视阈下的网络语体研究[*]

本书第四章至第八章分别从语言的词汇层面、语义层面、句法层面对语言表达式的生成过程进行了研究。研究的重点落在不同的语言表达式产生过程中所涉及的心智因素、心智过程及心智计算等各个方面。本章则从语篇的层面对一些流行的网络语体产生的机制性问题进行说明，讨论这些网络语体是如何产生和流行的。为了使讨论的问题更加集中和深入，我们主要对"淘宝体"为什么可能作出说明，同时兼论其他的一些流行语体。

第一节　意识、意向性及集体意向性

一　意识和意向性

意识和意向性是两个处于不同层次的话语，它们既相联系又相区别。对于意识和意向性的区分，现象学家胡塞尔曾有过如下论述：

> 意向性是意识的本质属性。意识总是"关于某物的意识"，它总是意指着某物"以不同的方式与被设想的对象发生联系"，意识对于某物的"关涉""意旨""拥有"均是在意向性的意义上说的（Husserl，1969：168—176）。

　＊ 本章部分内容参考拙作《意向性视阈下的"淘宝体"》（《河南大学学报》2012年第4期）及《心智哲学视阈下的网络语体研究——以"淘宝体"为例》（《当代外语研究》2012年第4期）。

　　当然也曾有哲学家试图将这两个概念等同起来，但遭到了塞尔等学者的反驳。塞尔（1983：2）认为，将意识和意向性混为一谈是"忽略了一个关键性的区分：当我具有关于焦虑的有意识的体验时，我们的体验的确是'关于'什么（即'焦虑'）的体验。但这个意义上的'关于'与意向性的'关于'是有很大不同的"。这种不同主要体现为"意识是由大脑过程所引起的，它是大脑系统在更高层次上的特征"。因此它是一种"知觉的或清醒的状态"。而意向性则是我们通过意识才能理解的"关于""涉及""论及"世界的心理状态（塞尔，2006：54）。从胡塞尔和塞尔的论述可知，意识和意向性在本质上都属于某种心理状态，两者之间存在着一种本质的联系，那就是信念和愿望、希望和恐惧、知觉和意图等。但前者是泛性的，后者是特性的。

　　按照"三个世界"的观点，语言世界是沟通物理世界和心理世界的桥梁。因此一个语言表达式的形成总是始于认知主体对客观世界的感受和感知，也就是认知主体首先应具有关于某事某物的"意识"。但这样的意识只是一种空泛的、大一统的知觉行为，鉴于意识的无序性和混沌性，语言难以对其进行表征。这时就需要意向性，就是说话者对意识活动中"注意"（attention）进行分配、选择和定位。而"注意"作为一种知觉行为，之所以会作出"分配""选择"和"定位"，是因为从本质上讲人都是以"自我"为中心的（self-centred），因此人的注意力往往是"指向"或"关于"与自身关系密切的事物。也因此，在言语活动中，话语主体总是会将"注意""分配"给自己熟悉的语言圈（language circle），并进而在这个语言圈中"选择"最适合当前语境的语言形式。因此我们可以认为，任何的言语行为都是以意向性作为表达的起点的，语言表达式的形成也正是在此基础上形成的。认知语言学对此也有专门的论述，克罗夫特和克鲁斯（2004：40—53）就曾对"注意"（或曰"凸显"）的几个阶段作了专门的区分，即选择（Selection）、注意的范围（Scope of attention）、调整的尺度（Scalar adjustment）和动态注意（Dynamic attention）。这样的认识有助于我们理解一些网络语体的显现（manifested）。

　　例如，在网上购物，由于无法像传统购物一样买卖双方可以面对面地进行交流，因此买家总是担心上当受骗而产生防范心理。而卖家出于销售货物的目的（意向），则需要利用语言的沟通功能来打破这种心理壁垒，使交易得以顺利完成。如此，卖家"卖出货物"的意识就会在语言上体现出一种关涉交易的意向。而他的语言就会趋向于选择那些容易消除买家心理障碍，拉近买卖双方距离的词汇。在这样一种意向性的指引下，一个用来形容或指称"关系亲密"的语言圈便会被卖家"注意"，并进而从中选择最典型的语言范例。"淘宝体"最高频率使用的"亲"便是由最能体现两性亲密关系的"亲爱的"一词演变而来，而这正是由卖家要拉近与买家的心理距离的意向性所致。与此同时，买家也有基于自我中心的意向，那就是以最优的价格淘到最好的货物，在这一意向性的指引下，买家也乐于接受并积极回应由卖家创造的这样一个亲密甚至带有一点暧昧的语言形式。

二 个体意向性与集体意向性

"集体意向性"（collective intentionality）是相对"个体意向性"（individual intentionality）的一个概念。最初是由托米拉（Raimo Tuomela）和密勒（Kaarlo Miller）（1988：367—389）首先提出。他们认为所谓"集体意向性"指的是"与他人相关"的意向（other-regarding intention），这种意向性在社会成员的共同社会行动中得以体现，其前提是成员们拥有共同的社会行动目标。因此，他们将集体意向性称为"group intention"或"we-intention"。随后，布莱特曼、塞尔、吉尔伯特等人都分别从不同的角度对意向性加以阐述，从而形成了一个既相区别又相联系的集体意向性理论体系。

按照集体意向性的主体不同，可大致把它们分为两类：个体主义的集体意向性和集体主义的集体意向性。他们都认为集体意向性是一种不可还原的原初实在现象，区别就在于个体主义认为集体意向的主体是个人，对集体意向性的分析必须与社会完全由个体构成的事实一致，如托米拉、塞尔、布莱特曼等。集体主义认为集体才是集体意向性的拥有者，集体行动者和个体行动者具有同样的行动主体地位，如吉尔伯特、苏格丹、皮提特等（柳海涛，2010）。

塞尔本人并不热衷于有关个体主义和集体主义意向性的区分性讨论，但他试图通过如下两个场景的对比来说明什么是真正的集体意向（Searle，1990：403）。场景一：公园的草地上闲散地坐着一群休闲的人，这时天突然下起雨来了。不约而同地，人们开始奔向附近的凉亭。每个人都有"我要跑到凉亭去避雨"的意向，但每个人的单个意向却不能构成集体意向。原因就在于"避雨"并非是一种具有公约性的集体行为，不过是一些个体的自发行为偶然凑在了一起，他们每个人的行动都是为了满足个体的目标而不是人群的整体目标。塞尔所设想的另一个场景是：一个旅游团队成员按照导游的要求第二天早上 8 点所有人都必须到达某宾馆门口集合，那么这个活动中的单个成员的个体意向"我打算/意图明天早上 8 点到宾馆门口集合"就是从集体意向"我们打算/意图明天早上 8 点到宾馆门口集合"中衍生出来的。换言之，每个团员的个体行动都是服从于团队的集体意图的，也因此这里体现了一种"集体意向"。

由是，我们可以推知，所谓的"集体意向性"至少包括有三方面的要素：一是集体意向性的呈现必须发生在两个以上的多主体行为中；二是集体意向中的单个的个体意向是基于共同行为目标的非偶发性意向；三是集体意向不是由个体意向累积而成的，也就是说"个体意向之和不等于集体意向"。

上述分析表明，"个体意向"和"集体意向"不是两个并行而悖的概念，相反，两者是互为依托的。个体意向是集体意向的基础，集体意向则是在此基础上形成的一个指向全体成员的意向集合，并最后以一种社会事实的形态而加以确认。目前网络上呈现"百花齐放"之势的各种各样的"体"正是个体意向转为集体意向的佐证。

例如最早出现于豆瓣网的"咆哮体"，因奉影视作品中经常表情夸张、常以咆哮姿态出现的电视演员马景涛为"教主"而出名。"咆哮体"甫一问世，便被群而仿效，出现了各种各样的版本。

　　　　版本 1："办公室上班族你伤不起！每天手机打卡机跟你作对有木有！"
　　　　版本 2："聊个 QQ 还得小心被抓到有木有！"
　　　　版本 3："上下班被挤成饼干有木有！"

这种没有固定格式和内容，主要通过一些感叹号和句末的"有木有"来表达强烈感情色彩的网络语体，原本是对于马景涛个人表演风格的一种总结，但却因为其个性鲜明的语言风格被大众所追捧，成为一种集体情绪宣泄的方式。究其根本原因，正是个人意向性在一定的社会环境下被认同和接受从而蔓延为一种集体意向性的体现。上面所列举的三个版本的

"咆哮体"，分别体现了上班族对朝九晚五生活的集体性厌倦的心理：对作息时间的不满（版本1）、对枯燥的办公室生活的反感（版本2）及对城市拥挤现状的抱怨（版本3）。这些"咆哮体"之所以能够在网络上广为流传，就是因为这种带有轻喜剧风格的语体不仅仅是某个始作俑者个人意向的体现（如对马景涛表演风格的暗讽），而演变成了一种具有广泛代表性的集体意向：表面看起来光鲜的白领生活其实充满了许多的辛苦和无奈。网络上出现的其他各种"体"，其基本原理与此类同。那么集体意向性究竟是如何在这些网络语体中得以实现的呢？期间牵涉到了怎样的心智活动过程？下文将以"淘宝体"为例对此加以说明。

第二节　"淘宝体"简述

互联网的飞速发展为信息的快速传播提供了一个便捷的通道，全新的网络交流模式使各种网络语体不断涌现。网络语体的范围主要包括各网站聊天室的用语、BBS论坛以及网络文学用语等。这一新的语言形式引起了研究者的广泛关注，有人从词语、句法、修辞等方面进行了细致的描述。也有人从一些理论形态出发对某一具体的语体（如"咆哮体"）的社会心理特征进行了说明。还有人对网络语体的规范性问题进行了探讨，认为网络语体的规范应从软、硬两个方面着手来建构。"淘宝体"作为网络语体的"新贵"，出现的时间虽短，但产生的影响却不容小觑，本章意在从心智哲学的视角对这一流行语体产生的原因进行分析。以下三则是"淘宝体"的行文例示：

（1）"亲，本店冲皇冠大甩卖，喜欢的仙女们赶快下手吧。两件以上包邮哦！"

（2）"亲，红灯伤不起哦！"

（3）"亲，你大学本科毕业不？办公软件使用熟练不？快来看，中日韩三国合作秘书处招人啦！"

"淘宝体"始于"淘宝网"，随后在实体店买卖双方的半调侃中时有出现，再后来网友或熟人之间的闲谈也时有应用。我们看到，现在该语体已从语言应用较为随意轻松的商业领域延伸到了学校、交警部门，甚至外交部等语用要求非常严格的部门，如例（2）和例（3）。如此看来，"淘宝体"作为一种网络语言已对社会生活的各个层面产生影响。"淘宝体"以及其他一些"体"除了在网络上成为交际工具和交流感情、进行调侃、发泄烦闷、表露个性的工具外，还被一些部门用来发布正式的官方文告，表明它并不完全是文字游戏。这样的表达形式在网上是被称为"体"而出现的，而且人们为它们定出了一些不成文的格式，这在一定程度上表明它们是有自己的特色的，因而很值得我们注意。语言运用出现的这一现象除了可以从社会学、心理学、传播学等角度加以解读之外，这一语体本身所蕴含的语言学价值也很值得我们深入探讨。

语言有一个基本的性质——"语言是基于心智的"（徐盛桓，2011）；Searle 还认为，必须将先于语言的心智能力搞清楚，才能够阐明语言的性质（转引自蔡曙山，2007）。为此，本章尝试以"淘宝体"为例对这些网络语体形成的心智基础进行研究，重点关注"淘宝体"形成过程中意向性所发挥的作用，包括个体意向性（individual intentionality）和集体意向性（collective intentionality）。心智哲学对意向性进行了十分深入的研究，从多方面揭示了意向性的心智属性，从而为揭示在语言运用中意向性所起的作用、特点与具体表现提供了很好的学术资源。

研究在语言运用中意向性的体现，最初集中在话语主体的个人意向性上，后来集体意向性的研究进入研究的视野。本章集中考察个体意向性和集体意向性是如何造就"淘宝体"的。

一个有趣的现象是，"淘宝体"最初仅限于网购这一商业领域，后来却大有蔓延到各行各业的趋势。如我们前文所提到的交通行业、政府部门以及教育行业。如南京理工大学发给 2011 级新生的录取通知短信就采取了这种"雷人"的语体："亲，祝贺你哦！你被我们学校录取了哦！亲，9 月 2 号报到哦！录取通知书明天'发货'哦！亲，全 5 分 哦！给好评哦！"这样看来，"淘宝体"所体现出的语言的意向性已经被极大地扩展和延伸。原本仅属于商业领域的语言行为已成为了一种具有高度认同度的社会行为。从这个意义上来说，"淘宝体"所体现的个人认知已扩展为一种社会认知。从意向性的角度来看，则从最初某一个商家的个人意向发展成了网购社团的集体意向，并进一步演变为一种社会共同体的集体意向。为了从心智层面对"淘宝体"的语言形成作出令人信服的解释，我们有必要对"淘宝体"从个人意向性发展为"集体意向性"的过程作进一步的探索。

第三节　"淘宝体"与意向性

研究表明，"淘宝体"的话语同其他任何话语一样，都是在话语主体的意识的意向性的统治下产生出来的。

意识（consciousness）和意向性（intentionality）都是心智哲学研究的重点问题。两者既相联系又相区别。哲学对意识和意向性的研究是从形而上的层面展开的。现象学家胡塞尔（Husserl，1969）提示我们：意向性是意识的本质属性；意识必定是"关于某物"的意识，它总是意指外界的某物，"以不同的方式与被设想的对象发生联系"；意识是在认识主体对外界某物的"关涉""意旨""拥有"这样的意义上说的。因而，意识是自我感觉和对外部感觉的综合。

美国心智哲学家塞尔较早地将"意向性"概念引进语言研究。从语言研究来说，意向性体现了任何意识行为包括语言行为的出发点和归宿，意向性同对象性活动有关，是自我意识与对象意识的统一；就语言的运用来说，就是语言主体的意识同语言所指对象的对象意识的统一。心理学的研究表明，注意（attention）在信息加工过程中有特殊的重要性，意向性就是要在注意的选择中作出过滤和定位。选择和定位包括两个方面：意向内容和意向态度的选择和定位。意向内容是主体所关心注意并继而要关指的内容，从语言运用来说，就是主体想要表达什么内容；意向态度指主体对所关指的内容抱有什么态度，从语言运用来说，就是以什么态度来表述这一内容。这里所说的"态度"还可细分为三个次范畴：第一，对关指对象所作出的相对的估量；第二，对关指对象所取的心理状态；第三，对关指对象所取的心理取向。在这三个次范畴中，心理取向同"体"的运用关系最为密切。意向态度的心理取向，指主体对所关指的事物在关指时所采取的某种（些）心理的倾向性，例如是以常态的（中性的）、形象的、委婉的、同情的、谐趣的、责备的、美化的、丑化的、亲切的、轻浮的等心理取向来看待；反映在语言的运用上就是以什么心理取向来叙述这个事件（徐盛桓，2011）。从心智能力来看，"淘宝体"语言表达的形成始于语言主体对客观世界的感知和感受。如何感知就需要说话者对意识活动中的"注意"进行分配、选择和定位。从本质上讲，人都是以"自我"

为中心（self-centred）的，主体所注意的、所选择的，总是出于"自利"
（self-interest）的需要。因此人的注意力往往是"指向"或"关于"与自
身关系密切的事物，这就会将自己的注意点分配到自己熟悉的交际圈
（communication circle），进而在这个语言圈中选择最适合这个圈子的并适
合当前语境的语言内容和形式。这就体现了语言运用的意向性。因此，任
何言语行为都是以意向性作为表达的起点，并力图使话语能达到意向性的
预期。"淘宝体"的运用也正是在此基础上开始的。

　　就意向内容和意向态度的关系来说，相同或相近、相似的内容可以采
用不同的态度。例如，都是指向（即都是说）"桃花源"的，历史上流传
下来的名篇至少有陶渊明的散文《桃花源记》，说的是"忽逢桃花林，夹
岸数百步，中无杂树，芳草鲜美，落英缤纷"，王维的诗《桃花行》，说
的是"两岸桃花夹古津"，以及张旭的《桃花溪》等；又如，都是说"滕
王阁"的我们读到的就有王勃同时写成的骈文《滕王阁序》及一首七律；
内容相近但体裁不一样就可能反映出不一样的意向态度。从态度来说，都
是用"委婉"的态度（例如用委婉语）来指称"卖淫女"，称为"失足
妇女"和称为"一楼一凤"，就有态度上的差异：前者委婉中带有责备和
同情，后者则委婉中略显调侃和轻浮。内容和态度之间对应的这样宽泛的
自由度，表明文体和修辞格所容纳的内容有比较大的伸缩度。就上面提到
的"体"来说，已经在网上被人们认为是一种"体"，并冠以一些比较有
趣的名称，它就必定凝固了一定的、能体现出这一名称的特征。任何一种
这样的"体"的采用，不管它是否已列入文体学的较稳定的文体或语体
序列，还是有一定的临时性或局部性的；也不管说的是什么，都会有一定
的基本的态度取向。但是，由于内容和态度并不一一对应，这就使语言表
达的多样性成为可能。"淘宝体"的运用也体现了这种多样性。

第四节　从意向性看"淘宝体"

　　据我们的观察，"淘宝体"作为现今社会上尤其是网络上流行的一种
"体"，它的运用可以表达多方面的内容，而运用的基本态度取向概括起
来是，常态的与非常态的糅合，常序的与非常序的统一。

　　"淘宝体"如果不是依托于常态的和常序的语言表达，社会上就会看
不懂而不被接受。例如，"淘宝网"卖家用"淘宝体"发货，有几个最基

本的关键词，包括"亲""包邮"，句尾感叹词"哦！""全5分哦！""给好评哦！"等，以及所用的许多其他句子表达，同现代汉语的用法和语序是一致的，是常态的表达，不难理解。但此外还有所谓的非常态和非常序的特点则需加以说明。

很明显，如果语言运用不是有一定程度的非常态，就体现不出"体"的特点，就会混同于其他日常的一般的文字运用，就谈不上是"淘宝体"了。据所观察到的实例，"淘宝体"的运用至少具有如下一些语言特征：第一，有几个高频的、常见的词，或采用自成体系的字母代替汉字，如"亲""哦""嘻嘻""耶""仙女""YY"（衣服）等；第二，多用语气词作语句的结尾，体现亲密、随意，并带有一点"嗲"气；第三，语气多夸张，常自赞、他赞；第四，句法特征是多采用简单句和省略句、松散小句、缩略式等，如"实物和图片一样，超赞！""X通龟速，急着穿建议X丰"（"X通快递"运送速度像龟那么慢，如果着急等着要穿，建议用"X丰快递"）；第五，语体特征口语化、简洁化，如"鞋子超级棒！大爱！""超级无敌棒棒棒！"等；第六，少见被动句、复合句和深奥难懂的书面语体。归结起来，这些特点最为明显的和引人瞩目的是：亲密、随意；夸张、自赞；口语化、简洁化。这些体现了一定的特征的用法，概括起来可能表现为三个"错"：交际主体的错位、交际环境的错置和交际话语的错序。下面是几则实例。

（1）（网上卖家A，买家B）：

B：你好，店家，我想了解下X款衣服。［按：买家用的是普通平常的说法］

A：这款YY有货，亲……要就直接拍下吧。

B：亲，便宜点好吗？［按：开始接上了"淘宝体"的说法了］

A：亲，已经是折扣价了，包邮的哦！

B：嘻嘻，那就送我一个小礼物哦！

A：没问题耶！

（2）亲，根据你的生辰八字，国庆肯定要发财哦，而且还是横财哦！不错的哦！……嘿嘿，亲，有疑问可以电我哦！亲，全5分哦！给个好评喽。

（3）亲，要注意哦！中秋要到了哦！月饼不包送哦！你自己解决哦！天气转凉了哦！要注意加衣服哦！要注意查收消息哦！给个好评哦！！最后，中秋快乐哦！

（4）亲，祝贺你哦！你被我们学校录取了哦！

X 理工，不错的哦！211 院校哦！奖学金很丰厚哦！

门口就有地铁哦！景色宜人，读书圣地哦！

亲，交不起学费也没有关系哦！我们有"绿色通道"哦！

亲，记得 9 月 2 日报到哦！

亲，录取通知书明天"发货"哦！

上网（http：//www.＊＊＊.com.cn）就可以查到通知书到哪了哦！查询编号 EK＊＊＊＊＊CS 哦！

亲，有疑问电我哦！025－84315＊＊＊！还可以登录学校微博哦！

亲，全 5 分哦！给好评哦！

为什么说这样的语言运用有一定程度的非常态？这可以用"错构"来作出说明，这就是说，"淘宝体"的语言运用表现出一定程度的结构性的"错误"，具体体现在三个方面：交际主体的错位、交际环境的错置和交际话语的错序。但这三个"错"都不是行文的全局性的，因而"淘宝体"的语言运用的基本特征表现为"错"与"不错"的糅合。这样的"错"，最终是要体现说话者比较亲切和随意，拉近交际双方的距离，降低受话人面对说话人作为主导力量如买家对卖家或反过来、考生方面对招考方、驾驶人员面对交警等可能有的心理压力。

第一，交际主体的错位。

显而易见，在淘宝网上，买卖双方的用语和语言习惯同传统的做生意的用语有很大的不同；传统上，做买卖不会用"亲"之类过分体现亲密和随意的说法或带有一点"嗲"气的用语；夸张而频繁地使用语气词也是少见的。这样地说"错"了话，体现了交际主体的"错位"。但是，考虑到卖家要拉近同买家的心理距离，讨好买家；而买家希望卖家的心情好而在价格上有所优惠，因而也乐于接受并积极回应卖家的这一创造，因此双方在语言上有这样的嬗变，又是可以理解的。

一个有趣的现象是，"淘宝体"最初仅限于网购这一商业领域，后来却有蔓延到其他行业的趋势，前文就提到交警、政府部门及学校的文告也有用"淘宝体"的。这些交际主体对"淘宝体"的运用，从传统的眼光来看，显然也是"错位"，这种错位现象值得我们关注研究。熟人间的日常生活也有使用"淘宝体"进行普通交际的。

　　女学生 A 与其同学 B
　　A：亲，ppt 龟慢哦，我做。我先不走了。
　　B：那好，乖，那我先回去耶。

　　第二，交际环境的错置。
　　"淘宝体"的言语来往原来是为淘宝网买卖双方谈生意而设计的；但是我们发现，"淘宝体"语言运用的不少特点、有关的词语和语气，都不是发生在传统的谈生意的语言环境里的。在这个意义上说，"淘宝体"语言的运用同它的交际环境"错"置了。交警、政府部门及学校的文告也有用"淘宝体"的，那更是同交际环境不协调。但是考虑到"淘宝体"作为一种新兴的语体，这里的错置和不协调，可能会带来较大的新鲜感。
　　第三，交际话语的错序。
　　"淘宝体"注重口语化、简洁化，它的句法特征是多采用简单句和省略句、松散小句、缩略式等，这就容易造成某些话语的"错"序，如"ppt 龟慢哦，我做（得）""X 通龟速，急着穿建议 X 丰""鞋子超级棒，大爱！"很多话语的结尾都是"全 5 分哦！给好评哦！"但这似乎并不都是有关内容合乎逻辑的结尾。另如：

　　班长 A 和同学 B
　　B：亲，论文龟慢哦，我的书还没到哦！好多天了。
　　A：亲，闪吧！不急哦。

　　B 说自己的论文写得太慢了，原因是作为参考文献的书还没有到；班长安慰她别焦急。这些语境是双方知道的，在话语的表面是错序了，其实内部是有语境衔接的。
　　一定程度的非常态话语的"淘宝体"的兴起，表现了它的非常态的意图。如果我们将这一非常态的意图从常态的生活逻辑中分离出来，就会看得更清楚：一旦看出了"淘宝体"的表达同常态的生活逻辑相异的地方，我们就可能发现，原来常态生活是有可能非常有意思的。运用"淘宝体"进行日常生活的表达，其实就是用一定的非常态眼光来描绘常态的生活，如我们习以为常的买卖、交通、招考等并从中得到乐趣。

第五节　"淘宝体"与集体意向性

一　各种"体"在社会上流行的命运

"淘宝体"同其他的"体"一样，是在主体意识的个体意向性的统治下产生出来的。当"淘宝体"产生以后，它是否会跨越个别主体意识，在社会越来越大的范围中生存、蔓延和传播，为更多更大的社会群体所接受，成为在社会上更大群体的交际工具，这就要看集体意向性的作用。为了说明这一点，我们可以先比较一下在网上提到的其他一些"体"的命运。

据不完全的统计，我们在网上看到近40种"体"，但很多只不过是昙花一现，现在只在网络上留下一个"体"的名字和几行说明，或最多成为网友们在网上模仿开开玩笑的笑料；其中除"淘宝体"外，我们看到还有两种"体"比较有名："纺纱体"和"走近科学体"。这说明各种"体"的生存命运是不一样的，现作一些分析。

"纺纱体"是网友在论坛中用于发帖和回帖的一种说话方式。该"体"的名称是"仿莎士比亚"的谐音，意为模仿莎士比亚所用的语言。使用这种文体要突出一种由英文翻译成中文的阅读效果，要使帖中的语言如同莎士比亚的戏剧一样典雅、优美、有特点。据说这种文体最早是从"百度"的佳木斯贴吧传出来的，一位网名为"夜叉罗刹"的女吧主经常故意用一种居高临下看似典雅的宫廷古怪文体对吧友进行"训示"。开始，网友对此不以为然，有时还反唇相讥；后来开始模仿跟风，最后甚至有人成立了"纺纱教"，以说明此类文体的使用。当然，其中也可能是暗含对其创始人的调侃。

"纺纱体"有如下特点：①语言要有明显的翻译体的人为痕迹，有时候故意词不达意或故意不按汉语通顺的说法来表达，如大量使用倒装句，能用倒装句说的决不改成主动句说，如说"这是不被陛下所允许的"而不说成"陛下不允许的"；②称呼或自称使用敬语或自谦语，如"阁下"

"尊敬的大人""在下""鄙人"等；③全文不用标点，拒绝流行的网络语言和粗俗的字眼；④如有强烈的感情需要，可能使用"该死的""见鬼去吧"这样的词语。如：

> 尊贵的楼主殿下
> 在下应天涯某位在这里不便提及其尊姓大名的高人召唤前来拜见
> 在下不胜荣幸瞻仰殿下的尊严威容并拜读镌刻在华美殿堂的华丽文字
> 请允许在下代表本吧数以十万计的目不识丁未开化野人向贵吧无与伦比的灿烂思想文化表达深深的敬畏之情……

"走近科学体"的名称是套用某电视台科教频道的同名节目的名称，文体特点是：开始故意把事件说得很玄妙，让人意料不到："打呼噜"先不说是"打呼噜"，而叫"深夜里的恐怖怪音"；"精神不正常"先不说是"精神不正常"，而叫"看似有什么附体"；有时还要加插一些本来无关却似相关的事件，吊足读者（观众）胃口，而最后却只是呈现一个再平常不过的结果。全文需大量使用"人人都不知道是怎么回事""然而，事情远非这样简单……"等这样吊诡的语句。例如：

> （1）某村一户人家老是发现自家瓷砖缝里会渗出像血一样的鲜红色液体，全村的人都不知道是怎么回事。在请了许多专家过来勘测而无所得的情况下，一位上了年纪的村民突然回忆说，这栋房子下面在很久以前曾经是处坟地！到底是怎么一回事呢？敬请关注《走近科学》。[后来所揭示的真相是：液体是这家人为了出名自己洒上去的]
>
> （2）深夜，一声巨响，一个不明物体从天而降，撞断树枝，砸穿屋顶，深陷地面十几厘米。村民们回忆，"那东西"掉落下来的时候温度很高，摸起来还特别烫手，有人说是陨石，有人说是飞机的零件……到底是天外来物还是另有原因呢？《走近科学》为您揭开谜底。[后来所揭示的真相是：一个私灌氢气的小贩弄炸了氢气筒，碎片四处散落所致]

据我们所看到的，这些"体"并没有在社会广泛流传开来，但这并不表明它们有什么不好。这些"体"也是在主体的个体意向性的统治下产生的；从文体特征来说，它们都有自己突出的特点，或者说它们的优点；运用的基本态度取向也是常态的与非常态的糅合，在不同程度、不同方面表现出"错构"。之所以没有在社会上广泛流传开来，或者可以通过集体意向性来加以说明。

二　集体意向性与社会集体行为

一种"体"在社会上流行，为一个群体所采用，是一种社会集体行为。集体行为是同个体行为有着本质区别的社会实在现象，完全通过个体行为的累积和个体意向性的加和来对集体行为进行解释，显然是不充分的。集体行为在本体论上具有不能被还原为个体行为的本质属性。集体意向性和个体意向性的关系也是如此。例如，交响乐的演奏是集体行为，不是由一个个的演奏者的演奏凑起来叠加在一起所能达成的。个别演员的个体意向性不能像控制自己个体演奏行为那样来支配集体演奏的演出行为。交响乐的演出是指挥家把自己的意向性灌输给每个演员，使它成为所有演员群体的集体意向性；交响乐就是在这样的集体意向性的统率下的产物。

本章第一节已论及"集体意向性"是图梅勒（Tuomela）和米勒（Miller）最先提出来的（Raimo & Kaarlo，1988）。他们认为"集体意向性"指的是"与他人相关"的意向（other-regarding intention），这种意向性是在社会成员的共同社会行动中体现的，集体意向性的前提是成员们拥有共同的社会行动的目标。这种意向能力不仅指他们可以进行合作，还指他们可以分享意向状态，如信念、愿望和意向等。集体意向性是一切社会活动的基础；合作需要集体意向性，竞争冲突中也需要集体意向性。

可以这样来观察个体意向性和集体意向性的关系。个体意向性是从个体的意识活动对"注意"进行分配、选择和定位中产生的，是个体意识活动对社会生活过程和条件在分配注意、行使选择和进行定位时的观念的反映。意识活动是个人的大脑的活动，是以个人为主体展开的；"集体"并没有生物学意义的"大脑"，所以"集体"也就没有真正生物学意义的"意识""意向性"。在这个意义上说，集体意向性说的是群体中的个体意识活动对社会生活过程和条件在分配注意、行使选择和进行定位时的观念的社会趋同性，而这样的趋同性是在一定的社会意识的熏陶下借助人们之间的精神交往之后得以形成的。在交响乐的排练过程中，指挥家同乐队的成员进行"精神交往"逐步使演员们对演奏乐曲的"意向性"同他的意向性趋同，从而形成了集体意向性。

试设想塞尔所提及的以下两个场景：第一，公园的草地上坐着一群互不相识的休闲的人，天突然下起雨来了，人们不约而同涌向附近的大厅、凉亭、房子；第二，一个旅游团的成员按照导游的要求，第二天 8 点到达某公园的凉亭集合。塞尔认为，对于第一个场景，每个个体的目标不是群体的整体目标；对于第二个场景，塞尔认为，这个活动中的单个成员的个体意向性"我打算／意图明天 8 点到达某凉亭集合"，是通过导游的熏陶，借助人们之间的精神交往，从集体意向性"我们打算／意图明天 8 点到达某凉亭集合"中衍生出来的（Searle，1990）。

我们认为，塞尔这样的解释是合理的但不充分。首先，导游的要求化作每个成员的"意向性"同指挥家的意图化作每个演员演奏的"意向性"是一样的；所以，"衍生"同"趋同"在这里其实是同一回事的两个角度的说法：由当时某个可言说的"意向性"衍生出各个体的意向性或各个体的意向性趋同于当时某个可言说的"意向性"，而最后的结果是一样的，即趋同和衍生都要在一定的社会意识的熏陶下借助人们之间的精神交往之后才能得以发生。

现在回过头来审视"避雨"的情况。它与上述两种情况的不同，主要在于当时没有可言说的"意向性"，因此表面上既没有趋同，也没有衍生；各人的自发行为似乎是突然发生的，纯粹是为了满足个体的目标而不是群体的整体目标。但是，往更深层次考虑，在人类世世代代的生活中，下雨需要"避雨"已经成为一种集体默认常识，这就成了几千年来的人群的一种"集体意向性"：当下雨时要保护好自己已经成为一种社会意识时，想方设法保护好自己就成为一个共同的社会目标，这就成了一种不成文的"集体意向性"。这样做就不是自发的偶然凑在一起的行为，每个人的行动所满足的个体目标已经成为群体甚至是不同时代、不同地域的许许多多的人的整体目标。这就是说，当许许多多人认定下雨时跑去凉亭是为了避雨，避雨是为了保护自己，这样，［跑去凉亭］→［可避雨］→［可保护自己］就成了社会意识，就成为集体意向性，这就造就了对象化的群体有共同目标的社会实在。

塞尔在 *The Construction of Social Reality*（《社会实在的建构》）一书中

论述了与集体意向性紧密相关的三个构件，其中在论述"功能的归属"（assignment of function）时，提出了可视为集体意向性存在的构成性规则："X 在语境 C 中构成 Y"（X count as Y in context C）；塞尔认为："功能从来不内在于任何现象，它只是由有意识的观察者和使用者从外部来划分它们的归属。"（Searle，1995）

塞尔认为，人类有一种显著的能力，即将功能归于某物体的能力；因此，对功能的评论预设了目的、目标或意图等，而这些预设是服务于人类的价值观的。当我们说"［跑去凉亭］→［可避雨］→［可保护自己］"（"凉亭"在"下雨"的语境中构成了"保护自己的工具"）时，就已经充分考虑到生命和生存的价值和目标，因而"功能的归属"比单纯的因果关系包含更多的内容，因为有关的目的、目标和意图是同一定的行为者相关联才存在、显现的。我们可以仿此说："淘宝体"在"现今网上买卖"的语境中构成了"良好的沟通工具"。

三　"淘宝体"在网购活动中的集体意向性

对于上述第一种情况这里我们试以塞尔论及的集体意向性的"三构件"说来加以说明。塞尔（1995）在《社会实在的建构》一书中集中论述了与集体意向性紧密相关的三个构件：

1. "'归于或赋予'功能的意向性特征"；

2. 每个个体的意向性状态都要具有"我们意图、愿意、接受……"的集体意向；

3. 集体意向性必须存在于构成性规则——"X 在 C 中构成 Y"的结构中。

作者认为，所谓"归于或赋予"功能的意向性特征，指的是认知主体先验地赋予意图所指对象的某种功能。例如，我们都知道飞机具有"在天上飞"的功能。这是因为莱克兄弟发明飞机之初便赋予了飞机这一功能，并在世代演变中逐渐固化为一种背景知识被人们所传承。因此当人们谈论与飞机相关的话题的时候，都会基于"飞机是能在天上飞行的交通工具"这一意向性特征来进行交流。与此同理，淘宝网上的卖家想要使交易能顺利完成，就持有一种"完成交易"的意向。这一意向性促使他试图通过亲昵的语言来消除买家疑惑。要实现这一言语意图，则他首先需要具有相关的背景知识，即知道哪些语言是可以被赋予表达亲密关系的功能（塞尔称为"前意向性"）。这样，一个为公众所熟悉的语词"亲爱的"因此被卖家"注意"并"选择"。至于"亲爱的"如何演化为"亲"，除了有避免过于亲密而带来的心理因素之外，更重要的是语言使用频率的缩减效应的结果。

Bybee（2007：10—14）在《频率的使用和语言的组织》一书中对频率与语言的关系进行了研究。他将频率分为个例频率和类型频率两大类。他指出个例频率有三种效应：保存效应（conserving effect）、缩减效应（reducing effect）和自主化（autonomy）。这三种效应都是和人的心智过程分不开的。它们在"淘宝体"的"显现"（manifested）"建立"（enacted）"表达"（represented）和"合法化"（legitimate）过程中发挥了重要作用。例如从"亲爱的"到"亲"的演变就是缩减效应发挥作用所致：在高频率使用的语境之下为了"省力"而出现的语素弱化。

尽管如此，我们无法否认"亲"一词的使用是认知主体赋予了该词在特定的语境下表达亲密关系的功能的结果。"淘宝体"对词汇的选择还表现为对其他一些单素词的"注意"，如频繁使用"哦"、"耶"等。它们共同构成"淘宝体"语体，而"淘宝体"则因此被赋予了"亲切""随和""可爱"的功能。

对于第二个构件的理解似乎并不困难。它强调了集体意向性多元主体中的个体意向状态的同一性，这种同一性促使个体的"我意图""我愿意"或"我接受"最后形成了一种合力，构成了"我们意图""我们愿意"和"我们接受"之类的集体意向。在"淘宝体"运用之初，也许只是某个卖家突发奇想，借助一些轻松活泼的语句来打消买家的顾虑。因此这时的"某位"只是借助个人意向"我意图"来打消买家的顾虑，从而完成交易。而买家同样处于个人意向"我意图"通过这样的交流方式，来购买到价廉物美的商品。这样的交流方式结果被证明是行之有效的，从而被网购的社团成员所模仿。这样一来，原本只属于少数个别的个人意向就形成了合力转变为一种集体意向，即卖家"我们意图"通过这种语言方式促成交易和买家的"我们意图"以这种语言形式来获得理想的货物。在这个集体意向所指向的群体中，每一个成员所拥有的都不再是一个个孤立的个体意向，而是在共同的社团目标指导下的集体意向。

第三个构件则是通过对"X 在 C 中构成 Y"的设定来确立集体意向性存在的条件，或者说通过规则的建立使 X 能够在一定的条件下被集体承认为 Y。这里的 X 是原初个体意向，Y 是经人们的集体意向将身份功能指派 X 后的制度事实。这一规则我们可以解读为：X 算作 Y，其先决条件是集体成员（C）形成了一个契约承认在一定的条件下 X 是 Y。换言之，集体意向性确立的关键因素是人们共同做某事的意向。只有集体中的大多数成员都拥有"我们意图"的时候，作为原初个体意向的 X 才有可能在集体 C 中构成集体意向 Y。"淘宝体"的形成可以为这一规则作出很好的诠释。

我们假定甲是最早使用"淘宝体"的卖家，由于网上购物的虚拟性特征，因此买家大多犹豫不决。为促使买家迅速下定决心拍下货物，甲于是在"促进交易成功"的意向性的关指下选择一些特别的语言形式和买家进行沟通。为缩短与顾客之间的心理距离，甲尝试着使用一些表示亲近、友好的词汇。当甲的这一行为得到来自买家的积极回应后，另外的卖家乙、丙、丁意识到这样的语言风格是有利于交易顺利完成的。于是他们在与买家交流的时候也采取了类似的语言形式。这样一来，原本只是个人意向下的语言形式就逐渐演变为一个语言团体所共有的背景知识。这一背景知识决定了"轻松活泼的语言（X）在网购活动（C）中形成一种特殊的语体'淘宝体'（Y）"。

有关集体意向性的这三个构件其实并无神秘之处，在我们的生活中随时充斥着集体意向性关指下的社会事件。例如最近几年翡翠玉石的价格坐上了"直升机"，《疯狂的石头》上演价格神话。但玉石说到底仍然是一种石头，只有当这种石头在一定的圈子内被大家公认为很值钱，那么它才会随之身价百倍。此时"大家公认"就是集体意向，把"值钱"的概念归属于黄玉就是功能赋予，一定的圈子把玉石看作值钱之物就是规则建构。就"淘宝体"而言，人们承认"轻松的对话有利于交易顺利完成"就是集体意向，让"淘宝体"充当交易的润滑剂就是功能赋予，共同把这一语言形式看作沟通的桥梁就是构成性规则。

四　"泛'淘宝体'"中集体意向性的体现

前文说到"淘宝体"的集体性除了体现在网购社团之外，还体现在社会各行业对于"淘宝体"的广泛使用。如引言中所提及的郑州交警部门和南京理工大学等。我们对这些借用"淘宝体"的形式来传递信息的具有明显行业特色的语体称为"泛'淘宝体'"。"泛'淘宝体'"同样是集体意向性的产物，只是这个"集体"的外延已经扩大为全体社会成员。对此我们拟以社会心理学中的社会认知来加以说明。

社会认知（social cognition）指的是促进同一物种在行动上相互呼应的过程。尤其是对于具有多样性和灵活性的灵长类生物而言，社会认知能产生更多的推动作用。社会认知又被称为社会知觉。一般情况下，社会认知是指个人对他人或自己的心理与行为的感知和判断的过程。社会认知涉及个人怎样对来自他人、自己以及周围环境的社会信息进行加工的复杂过程。社会认知发展出了四种主要的理论模型，即范畴模型、样例模型、群体表征的混合模型和情景模型。作者认为，淘宝体之所以能从网购这一群体的集体意向性发展为公共领域的集体意向性，正是范畴模型理论在社会实践中的体现。

范畴模型最核心的观点就是集体意向发展到一定阶段可以"范畴"的形式展现。这种范畴并不能决定其成员的定义性特征或标准，而只是关于该群体的一种概括化概念。范畴内的成员拥有大体相似的社会认知特征。从这一描述来看，"淘宝体"即是针对在获得"淘宝者"这一群体的语言特征信息后所发展出来的一种概括化概念，也就是一种范畴，并进而形成了一种范畴模型。其他的群体以此为模板对其他社会信息进行辨别、归类、选择、判断和推理，最后形成各种版本的"淘宝体"。这些不同版本的"淘宝体"可视为一种社会的、制度性的实在（institutional facts）。所谓"社会的、制度性的实在（或事实）"指的是心灵的意向性借助于无情性事实（或曰"实在"）建构起来的。我们不妨看看南京理工大学的"淘宝体"录取短信中的集体意向性是如何形成演化为一种"社会性事实"的。

"亲，祝贺你哦！你被我们学校录取了哦！亲，9月2号报到哦！录取通知书明天'发货'哦！亲，全5分哦！给好评哦！"

在这一事件中，短信的发送方（南京理工大学）本身作为一个整体，他们的意向性是通过其内部成员的单个的个体意向集合共同构建而成的。换句话说，南京理工大学首先拥有"我们意图让考生喜欢上我们学校"这样的集体意向。为使这一集体意向得到更好的体现，便需要借助一定的语言形式来实现。由于网络的广泛传播，淘宝体作为一种缩短人与人之间的距离、增进亲切感的语言范畴模型而被南京理工大学注意并选择，并将自己要公布的信息置于"淘宝体"这一范畴内进行甄别和选择，最后以一种独特的（尽管是有争议的）方式来完成了一次别开生面的沟通。在这一过程中，南京理工大学这一"集体"所产生的"集体意向性"（缩短与考生的距离，获得考生的好感和认同）就借助了本身没有意向性的"淘宝体"来实现为一种社会性事实。需要说明的是，按照个体主义的集体意向性的观点，集体意向性的物质基础仍然是该集体中的个人。所以上述南京理工大学的集体意向性乃是南京理工大学这一集体中单个个体的意向性所形成的合力。

至此我们认为"淘宝体"之所以风行，最根本的原因是社会成员个人意向性发酵为集体意向性的结果。"淘宝体"的影响力从网购拓展至其他行业，可说是社会成员的个人认知繁衍为一种社会认知最后演变为一种社会事实的过程。但现在的问题是，促使"淘宝体"形成的集体意向性究竟是从何而来的呢？换言之，"淘宝体"作为一种新兴语言形式它的意义是如何为人们所理解的？这将是我们下节要讨论的问题。

五 "淘宝体"语言实现的基础：意向性网络—背景

从上面的讨论可知，"淘宝体"的产生根源于人的意向活动和状态，没有意向性，它就只能是一种没有意义的实在。但同时我们也发现，"淘宝体"之所以风行，是因为有广泛的社会心理基础，那就是整个社会对诚信的呼唤。也就是说，"淘宝体"的形成需要在一定的背景下来实现。这里我们尝试用塞尔的意向性的"网络—背景"理论加以论证。

所谓意向性的"网络—背景"理论，是 Searle 从日常生活中观察所得。他认为语言的意义不仅由意向性决定的，它还受制于人的心理能力，即人们说话行事的基本方式和能力。心理能力本身并非是意向状态，但却是促使意向状态发挥作用的"背景"，或曰"前意向"状态。另外，包括意向性在内的众多心理状态（如焦虑、希望、相信、恐惧等）共同形成了一张纵横交错的意向状态"网络"（network）。每个意向状态都是在与其他无数意向状态的联系中、在意向状态之网中具有意向内容并决定其满足条件的。

就"淘宝体"而言，卖家在进行交易前总会有各种心理状态，诸如"我意图打消顾客的顾虑""我想要卖出我的产品""某些词汇能缩短我与顾客之间的心理距离"等一类的意向状态共同构成了一张意向状态网络。与此同时，卖家如若要实现他的心理意向则还需具备一系列技能、立场、前意向性假设和前提、实践和习惯，它们共同构成与交易相关的背景知识。比如，对买家的心理活动的基本了解、打消买家顾虑的方法、可选用的语言形式等。而所有的这些背景知识又因为它们对完成交易影响力的大小而分为"深层背景"和"局域背景"。如一个人所具备的消费心理学知识就是一种"深层背景"，可帮助他采取适当的方式和顾客进行沟通。在这种深层背景的基础上，他所采用的具体的语言技巧，如选择一些缩短心理距离的词"亲""哦"等则属于整个网络的"局域背景"。"淘宝体"最终能作为一种独特的语言形式来表征世界追根溯源还是得益于人的心理能力——意向性。而网络和背景则是这一心理能力的基底，是"淘宝体"语言形成的心智基础。

第六节　集体意向性与各"体"运用

现在回归到"淘宝体"或某种"体"在社会群体中采用的问题上来。"淘宝体"或某种"体"为社会群体不约而同地采用，就类似于下雨时群体不约而同地"跑去凉亭避雨"。为了避雨，一间房子可用，哪怕它陈旧；一条走廊也许勉强可用；一个广场哪怕它如何雄伟壮观还是不可用，这用"X 在语境 C 中构成 Y"的规则一分析就可得知。各种"体"的运用仿此。

同"体"的运用有关的集体意向性至少包括三方面的要素：第一，集体意向性必须呈现在多主体行为中；第二，所涉及的各主体的个体意向性是基于共同行为目标而非偶发性的意向性；第三，成员在有关的行动中拥有共同的社会环境即语境。就采用某种"体"来说，各成员还应：第一，社会成员对有关的"体"所体现的规范性原则有所意识，即大家意识到这种语言有其自身的特色和风格；第二，各成员有能力根据有关的"体"的规范性原则来选择合适的事件进行表述；第三，各成员有能力根据规范，调整自己的语言以适应"体"的范型。如果说，同"体"的运用有关的集体意向性所包括的三方面要素是"体"在社会群体中采用的必要条件，那么各成员还应做到的那三项是充分条件。

"淘宝体"原来只涉及买卖，这样的内容是人们容易表述的，后来

"淘宝体"扩展到其他领域，有关的内容也是容易表述的。至于"淘宝体"的语言规范，亦即它的所谓"非常态"的三个"错"，是人们很容易掌握的，是人们易于调整自己的语言以适应的。无论是网上的买卖还是在其他一些领域，一方面，各主体呈现了基于共同行为目标而非偶发性的意向行为；另一方面，"淘宝体"的表达内容和有关的语言规范比较容易适应。也就是说，同"淘宝体"运用有关的必要条件和充分条件都一定程度具备了，它在社会上的运用甚至一定程度的流行，就是可以解释的了。当然，易于掌握不等于愿意掌握，也就是是否愿意把自己表达的个体意向性与有关的集体意向性趋同，这还得看各个体的意愿。这是任何形式的语言运用都可能发生的情况。

再来看看"纺纱体"和"走近科学体"。并不是人人都需要、都喜欢在自己的日常语言中采取居高临下的典雅而又有点生硬的态度或故意把事件说得很玄妙、很吊诡的态度；从语言表达的内容和表达方式来说，日常生活的内容不一定都适合甚至不一定都能说成"事情远非这样简单……"或人人都能把话语说成"翻译体"。以上只是以"纺纱体"和"走近科学体"为例。这些都可能是影响一些"体"得到较大范围传播的原因。塞尔（1995）说："我们必须认为是语言建构了这种现象，因为在 X 项向 Y 项转化的过程中，关键的一步是表征化。"因为这里所涉及的问题，都同语言的表征有关。

本章就"淘宝体"风行于网络世界的原因进行了心智层面的分析，初步认定是集体意向性在语言世界的体现。而集体意向性所体现的往往是一种集体行动，它具有规范性特征。这种规范性特征表现在三个方面：第一，社会成员对"淘宝体"所体现的规范性原则有所意识，即大家意识到这种语言有其自身的特色和风格；第二，社会成员能够根据"淘宝体"规范性原则来选择合适的事件加以描述；第三，个体能根据需要调整自己的语言以适应"淘宝体"的范型。因此我们认为，淘宝体之所以能够广为流传，一方面是个人意向性发展为集体意向性的结果，另一方面因为这一"淘宝体"作为一种语言范型，其规范性要求比较容易满足所致。

第十章

结　论

第一节　研究回顾

本书是在"心智哲学与语言研究"的框架下展开的语言表达式的生成机制研究。研究内容涵盖了词汇、句法、语义、语用四个方面，其中研究的重点在于语义的变异研究。

尽管本书是从心智哲学视阈出发进行语言研究，但却不能将本书与早前的研究割裂开来。事实上，由徐盛桓所主导的"心智哲学与语言研究"作为一种新的语言研究范式，是在经历了"常规关系""基于模型的语用推理"和"内涵外延传承说"等几个发展阶段后演变而成的。这些不同阶段的语言研究理论都是在认知的框架下对语言产生过程中所涉及的心智活动所进行的探索。因此通过回顾早前的研究，可以发现从心智哲学视阈出发所进行的语言研究的进步性，以及现在的研究与早期研究之间的传承性，从而使本书的研究内容更为翔实和科学。基于这样的考虑，本书第二章专门对"内涵外延传承说"进行了理论介绍，并对相关的研究进行了说明。

由于本书是基于心智哲学的语言研究，这就意味着我们要对心智哲学的一些重要理论进行梳理，以达到"择其善者而从之，择其易者而为之"的目的。因此在第三章我们专门对意向性、感受质、拓扑空间理论、涌现性、同一性进行了理论阐述，说明了这些理论与话语表达的相关性，为后文从心智哲学视阈进行语言研究奠定了学理基础。在此基础上，从第四章开始至第九章结束，本书分别从词汇、句法、语义、语用四个层面对语言表达式的生成机制展开研究。

词汇部分，主要是以转类词为例，对名—动转类为什么可能作出了机制性的解释。作者首先从转喻思维的特征入手，通过分析和描述名—动转类形成过程中从语言前思维到语言思维的涌现（emerge）过程及其实现手段来对名—动转类形成的心智活动加以说明，从而达成对该语言现象的本质性的理解。接着，作者从同一性出发，对名—动转类的思维机制从哲学层面进行剖析。研究表明，名—动转类之所以产生是因为名词和动词在语言前思维过程中呈现的意象是同一的，正是因为两种意象具有同一性，才使名词的语义内容能够"变身"为动词进行表达。

句法部分，本书首先回顾了认知语言学视野下的构式语法研究，比较了构式语法与心智哲学视阈下的句法研究的区别和联系，提出两者最大的区别就是后者引入了"意向性"这一概念来进行研究，从而将句法—语义界面的研究具体化为话语主体是如何以意向态度来组织意向内容以成为一个句子表达式。为此，作者以中动句为例，具体阐述了"意向性三角"在中动句形成过程的解释作用。

语义变异是本书研究的重点，作者用了第六章、第七章、第八章三章的篇幅对语义变异现象进行了研究。本书第三章在对心智哲学理论进行梳理的基础上，建构了一个专门针对修辞性话语的解释框架，来对后文具体的研究对象进行宏观层面的解释。这就是第三章第六节所拟定的"语言表达变异研究解释框架"。这一框架涵盖了语义表达从意识到产生的思维过程，也即内部语言转换为外部语言的过程。这一过程中一些重要的心智因素牵涉期间，如意向态度、意向内容、原初意识、反思意识、感觉、感受、事件、用例事件、心理随附性等。当然，由于语言自身的复杂性和特殊性，这一框架只是一个指导性框架，在对具体的语义变异现象进行研究时我们又分别在这一基础上进行了改良，以适应具体的研究需要。

已有的研究表明，语言变异大致可以分为形式变异和内容变异，本书的变异是指后者，即内容/语义变异。"语言表达"则涵盖着话语的各种形式，既有一般的、正常的话语，也有非语法的、修辞性话语。如是，则可以把本书所论及的语义变异看作一般话语如何转换为修辞性话语的研究，或曰"修辞性话语如何可能"的问题。同时这一研究又是基于心智哲学视角的，是运用心智哲学理论所建构的理论框架来对语义变异现象的生成机制进行的研究。在对语义变异现象的研究过程中，作者首先对英语辞格研究历史进行了概述，阐明了修辞学与哲学的历史渊源；然后对修辞格的本质属性进行了探究，接受辞格从本质上来看就是一种语言变异的说法，从而为辞格的语义变异研究作好铺垫；然后从心智哲学的视角出发"对辞格"给出了一个工作定义，描述了修辞格产生的心理过程；进而针对英语修辞格分类含混不清的问题，本书尝试在传统的"形式""意义"二分的基础上，进一步对"意义"类辞格进行更为细致的分类。考虑到概念与概念之间大致存在着"相邻关系""相似关系""既相邻又相似"三种关系，本书以此为维度将"意义"类辞格再次分为"相邻辞格""相似辞格""既相邻又相似辞格"。这三类辞格可再次细分。如相邻辞格包括同向、反向、双向几种情况，各自对应一些辞格类型。

在此基础上，本书以相邻类辞格为例对辞格产生的心理过程进行了研究。研究结果显示意向性在这一过程中起到了"统摄"的作用，而修辞格最终的形成与语言频度密切相关，是用例事件不断累积的结果。但这一结论还是比较笼统和概括的，为了使论证更加翔实，第六章特以转喻为例，说明在认知主体的意向性指引下，转喻的本体是如何被喻体"解释"的。也就是转喻的意向性阐释。

意向性理论是心智哲学最重要的理论之一，本书对转喻的意向性阐释就是在意向性理论的观照下进行的。由于任何的话语表达都是以意向性为起点并贯穿于整个话语行为始终的，感觉信息的表达是语言运用的基础，也就是以主体的眼、耳、鼻、舌、身所获得的感觉信息是语言表达内容的基础（徐盛桓，2011）。因此所谓"意向性阐释"就是主体在"感觉"了某一特定对象后掺杂了主体的观念、信仰、情感等个人因素后所形成的一种与感觉在概念上具有邻近关系的感受，用这样的感受来解释某一语言现象就是一种意向性解释。意向性解释是建立在一定的原则和框架之上的，在"意向性原则""解释项优先原则"和"非因果关系"三原则的指导下建立了一个解释框架，此框架将整个转喻行为置于意向性"解释"的统领之下，喻体和本体之间是一种解释和被解释的关系。

在对第一部分的英语语义变异辞格的研究完成之后，论文第七章转入对其他修辞性语言的研究，主要涉及歇后语、"露八分"和"典故式成语"等汉语非语法表达式的生成。为了对歇后语的产生机制进行说明，作者对第三章"语言表达变异研究解释框架"进行了部分修订，形成了更适宜歇后语的研究之用"歇后语分析框架"。在这一框架中意向性仍然是起着先驱的作用，但同时心理随附性和涌现性对歇后语的形成也发挥了重要作用。研究表明，歇后语的产生正是在意向性的关指下，认知主体以合乎语境的意向态度选择了一个恰当的语言表达式，这就是歇后语的后一部分。这部分内容激发了认知主体对事物的感受和认识，这些感受和认识经历一系列错综复杂的心智活动后涌现而成前言。一个完整的歇后语就此产生。从本质上来看，前言和后语是具有同一性的。无论是"黄鼠狼给鸡拜年"还是"没安好心"都表示的是"某人做某事居心不良"这一语义。

另外一类用于研究的汉语非语法表达式是"露八分"和"典故式成语"。作者从动态语义的语境转换潜势的角度对这两种语义变异现象作了统一解释。得出如下结论：话语表征理论的重点在于话语表达式不是同语义表征直接联系的，在它们之间有一个"话语表征结构"作为中介，所以无论"露八分"还是"典故式成语"从本质上说都是不完备的表达，都可以不拘泥其表达式的结构。这种不完备的结构正是语境转换潜势所造就的"话语表征结构"，而"话语表征结构"是一种心智的结构，正是这一心智结构映射到话语中人们才能解读话语的语义。

本书最后从语用的层面对"淘宝体"等网络语体的出现和流行进行了心智哲学视阈下的分析。作者首先指出意向性是"淘宝体"产生及流行的根本原因。在这一论断下，分析了意识、意向性之间的关系，尤其对个体意向性和集体意向性进行了区分和说明。指出正是"个体意向性"和"集体意向性"的共同作用才造就了"淘宝体"的风靡一时。淘宝体之所以能够广为流传，一方面是个人意向性发展为集体意向性的结果，另一方面因为这一"淘宝体"作为一种语言范型，其规范性要求比较容易满足所致。

第二节 发现和结论

综上所述，心智哲学视阈下的语言表达的研究得出如下结论。

1. 心智哲学对"身心关系"的研究对语言研究具有辐射作用，语言学研究可借助心智哲学的相关理论对语言现象进行新的解释。本书遵从徐盛桓所提倡的"择其善者而从之，则其易者而用之"的原则，对心智哲学中的一些重要理论，如意向性理论、意识、心物随附性、涌现性、同一性、拓扑空间理论等，从语言研究的角度进行二次解读，为本书的研究所用。从结果来看，这些理论对于语言表达的变异现象具有较强的解释力。

研究发现，借助心智哲学的相关理论构建的"语言表达变异研究解释框架"具有较强的解释力，为具体的语言研究提供了研究框架。

2. 对语言研究而言，可借助心智哲学相关理论建构起一个统一的解释框架，对语言现象作出宏观层面的描摹。同时，也可利用其中的某一个理论进行专门研究，对语言运行过程中的某一方面作出微观解释。如对意向性理论运用就是一例。该理论在心智哲学中本就包含一个非常庞杂的理论体系。本书仅对意向性最本质的特征进行抽象，并建构相应的解释框架来对意义变异现象进行意向性解释。研究结果显示这样的方法是可行的，所取得的研究成果具有较强的说服力。

3. 语言表达式的生成过程究其实质就是一个内部语言"涌现"为外部语言的过程。这一过程涉及一系列的心智因素，其中意向性是整个过程最为核心的部分。正是因为认知主体有意识地将对客观世界的原初感觉转换为具有特定指向性的感受，并与大脑中的百科知识相结合，从而作出选择，才最终形成了符合语境的最佳语言表达式。

4. 语言表达的语义变异就在本质上是两个不同概念互换的结果，从语言表达的层面来看，就是一般话语和修辞性话语互换的结果，因此此类语言现象可以用"同一性"来统一作出说明。无论是修辞格还是其他修辞性话语，都或明或暗地蕴含着"本体"和"喻体"两部分，这两部分总是在某些方面、某种程度上是同一的，这是本体和喻体可以互换的基础，也是一般话语"变异"为修辞性话语的原因。

5. 英语变异辞格可在意向性理论下作出统一解释，意向性下辖的意向内容可视为本体，即被解释项；本体最终能被解释项（喻体）所解释，是因为认知主体的心智经历了一系列复杂的思维活动，其间本体和喻体之间的同一性使认知主体得以将事件转化为用例事件，并进而用修辞性的语言进行表达，辞格就此产生。转喻的意向性阐述对这一过程作出了恰当的说明。

6. 非辞格类的修辞性话语的变异现象基本路径跟辞格研究类似，但具体而言却各有特色：歇后语的研究则表明，心理属性在语言变异过程中起到了重要作用，心理属性引发了认知主体对该事物的感受性，这些感受具有与客观事物大致相同的属性，歇后语作为一种语言表达式就此涌现出来；非语法的汉语表达式则是对一些不能满足汉语基本语法结构却仍能被人理解的成语、藏辞格、缩略语等进行了研究，结果表明，这一类语言现象之所以可能，是因为人们能够借助缺省信息自动补足认识，在认识的过程中语言潜势发挥了重要作用。信息补足的基础也还是在于缺省信息与已有信息之间存在同一性：出自同一个故事或典故或新闻，这些背景下的信息无论完整与否对于认知主体来说在认识上都是同一的。

第三节　研究的不足及后续研究的方向

本书从心智哲学的视角出发，对语言变异表达进行了研究。由于个人研究能力和水平所限，本书还存在以下不足之处，就教于同人，并希望在今后的研究中能有所补足。

1. 理论视野还不够开阔。由于研究者本身对哲学领域涉猎的时日尚短、深度不够，因此在利用心智哲学理论方面显得力不从心。本书所涉及的心智哲学理论都是借鉴徐盛桓近几年在这方面所研发的，作者本人在发掘的理论方面还很欠缺。这是作者在今后的研究中需要大力补足的地方。

2. 心智哲学理论与语言研究的接洽还不够成熟，还不能做到在这两个领域里游刃有余。在今后的研究工作中，一方面要对心智哲学理论本身进行深入的学习，以获取其精髓；另一方面要对语言现象进行认真分析，撇开现象观察本质。要尝试对所要研究的对象能够从心智哲学的层面去观察和思考。

3. 目前心智哲学与语言研究还停留在语言机制研究的层面，主要是对一些具体的语言现象进行分析。这自然是理论语言学的题中之意。但理论研究的最终目的是用于语言实践，因此下一阶段要考虑将心智哲学与语言教学结合起来进行研究。其中从事件到用例事件的转换也许是一个切入口。

由于作者获得了一项名为"心智哲学视阈下的英语辞格系统研究"国家社科一般项目，因此下一阶段的重点是要在本书所提及的英语辞格的研究框架之下对各类辞格进行具体而微的考察。这也算是对本书的一种延续。

参 考 文 献

Alac, M. & S. Couslon, "The Man, the Key or the Car. Who or What is Parked Out Back ?", *Cognitive Science Online*, 2004, (2).

Austin, J. , *Philosophical Papers*, Oxford: Oxford UP, 1961, 1979.

Brentano, F. , *Psychology from an Empirical Standpoint*, London; New York: Routledge, 1993.

Burke, K. , *A Rhetoric of Motives*, New York: Prentice Hall, 1950.

Bybee, J. L. , The Phonology of the Lexicon: Evidence from Lexical Diffusion, In *Frequency of Use and the Organization of Language*, Oxford: Oxford University Press, 2007.

Corbett, E. P. J. & R. J. Connors, *Classical Rhetoric for the Modern Student*, New York: OUP, 1999.

Croft, W. & D. A. Cruse, *Cognitive Linguistics* , Cambridge: Cambridge University Press.

Dubois, J. , et al. , *A General Rhetoric*, Trans by P. B. Burrell & E. M. Slotkin (eds.), Baltimore: Johns Hopkins University Press, 1981.

Dennett, D. C. , *The Intentional Stance*, Cambridge, Mass: The MIT Press.

Damasio, A. , *The Feeling of What Happens*, New York: Harcourt Brace and Company, 1999.

Damasio, A. , *Self Comes to Mind, Constructing the Conscious Mind*, New York: Pantheon Books, 2010.

Edelman, G. M. , *Second Nature: Brain Science and Human Knowledge*, New Haven: Yale University Press.

Evans, E. , *A Glossary of Cognitive Linguistics*, Salt Lake City: The University of Utah Press, 2007.

Fontanier, P. , *Les Figures du Discourse*, Paris: Flammarion, 1968.

Fagan, S. , *The Semantics and Syntax of Middle Construction: A Study with Special Reference to German*, Cambridge: Cambridge University Press, 1992.

Fellbaum, C. , *On the Middle Construction in English*, Bloomington: Indiana University Linguistic Club, 1986.

Fred Vollmer. , "International Explanation and its Place in Psychology", *Journal for the Theory of Social Behaviour*, 1986. 16 (3): 1.

Grady, J. E. T. Oakley & S. Coulson, Blend-ing and metaphor, In R. Gibbs & G. Steen (eds.), *Metaphor in Cognitive Linguistics*, Amsterdam: John Benjamins, 2001.

Goenendijk, J. M. , Stokloof & F. Veltman, "Conference and Modality", In Shalom Lappin, *The Handbook of Contemporary Semantic Theory*, Oxford: Blackwell, 1996.

Goldstein, J. , "Emergence as a Construct: History and Issues", *Emergence: Complexity and Organization*, 1999, (1).

Gabbard, G. O. , "Mind, brain, and personality disorders", *American Journal of Psychiatry*, 2005, 4 (162).

Goldberg, Adele. , *Constructions: A Construction Grammar Approach to Argument Structure*, Chicago, IL: University of Chicago Press, 1995.

Husserl E, *Formal and Transcendental Logic*, Trans By Cairns, D. , The Hague: Nijhoff, 1969.

Husserl E, *The Ideal of Phenomenology*, Trans by William P. Alston & George Nakhanikian, The Hauge: Martinu Nijhoff, 1973.

Heidgger, Martin, *The Basic Problems of Phenomenology*, Indiana: Indiana University Press, 1982.

Heim, I. , *The Semantics of Definite and Indefinite Noun-phrases*, Amherst, MA: University Of Massachusetts, 1982.

Heim, I. , "File change semantics and the familiarity theory of definiteness", In R. Bäuerle, C. Schwarze, & A. von Stechow (eds.), *Meaning,*

Use and Interpretation of Language, Berlin: Walter De Gruyter, 1983.

Hoekstra. T. , & I . Roberts. , Middle construction in Dutch and English, In E. Reuland & W. Abraham (eds.), *Knowledge and Language*, Vol. Ⅱ : *Lexical and Conceptual Construction*, Dordrecht: Kluwer, 1993.

Iwata, S. , "On the status of implicit arguments in middles", *Journal of Linguistics*, 1999, (3).

John R. Searle. , " The Future of Philosophy", *The Royal Society*, 1999, (354) 5.

John R. Searle. , *Mind: A Brief Introduction*, New York: Oxford University Press, 2004.

John R. Searle, Consciousness and Language, New York: Cambridge University Press, 2002.

John R. Searle. , "Collective Intentions and Actions", In P. Cohen, J. Morgan, &M. E. Pollack (eds.), *Intentions in Communication*, Cambridge, MA: Bradford Books, MIT press, 1990.

John R. Searle, *The Rediscovery of the Mind*, Cambridge, MA: Bradford Books: The MIT Press, 1992.

John R. Searle. , *Intentionality: An Essay in the Philosophy of Mind*, Cambridge: Cambridge University Press, 1983.

John R. Searle, *The Construction of Social Reality*, Allen Lane: The Penguin Press, 1995.

Jakobson, R. , "Linguistics and Poetics", In S. Chatman & S. Levin (eds.), *Essays on the Language of Literature*, Boston: Houghton Mifflin, 1967.

Jean-Paul Sartre, *Being and Nothing: An Essay on Phenomenological Ontology*, Trans by Hazel Barnes, London: Methuen & Co Ltd. , 1957

Jan van Eijck, "Discourse Representation Theory", 2005: 18 – 23. Online, alailable at: http: //homepages. cwi. nl/ ~ jve/papers/05/drt/drt. pdf.

Jacob, P. , *What Minds Can Do*, Cambridge: Cambridge University Press, 1997.

Kövecses, Z, & G. Radden, "Metonymy: Developing a Cognitive Linguistic view", *Cognitive Linguistics*, 1998.

Keeley, B. , "Early History of the Quale", in Symons, J. , Calvo, P. (eds.), *Routledge Campanion to Philosophy of Psychology*, London: Routledge, 2009.

Koch, P. , "Frame and Contiguity: on the Cognitive Bases of Metonymy and Certain Types of Word Formation", in K-U. Panther and G. Radden (eds.), *Metonymy in Language and Thought*, Amsterdam: John Benjamins, 1999.

Kamp, H. , "A Theory of Truth and Semantic Representation", in J. A. G. Groenendijk, T. M. V. Janssen & M. B. J. Stokhof (eds.), *Formal Methods in the Study of Language*, Oxford: Blackwell, 1981.

Koffka, Kurt, *Principles of Gestalt Psychology*, New York: Harcourt, Brace& World, 1935.

Keyser, S &T. Roeper, "On the Middle and Ergative Construction in English", *Linguistic Inquiry*, 1984, (15).

Leech, G. N. , *A Linguistic Guide to English Poetry*, London: Longman, 1969.

Lakoff, G. , *Women, Fire and Dangerous Things: What Categories Reveal about the Mind*, Chicago and London: University of Chicago Press, 1987.

Lakoff, G. , "The Contemporary Theory of Metaphor", in A. Ortony (eds.), *Metaphor and Thought*, Cambridge: Cambridge University Press. 1993.

Lakoff, G. , "The Nature of Thought: the Multiple Roles of the Neural Theory of Metaphor", *Book of Synopses of Language*, *Communication and Cognition*, Brighton: University of Brighton, 2008.

Lakoff, G. & M. Johnson, *Metaphors We Live By*, Chicago: The University of Chicago Press, 1980.

Lakoff, G. & M. Turner, *More Than Cool Reason*, Chicago: The University of Chicago Press, 1989.

Langacker, R. W. , "Reference-point Constructions", *Cognitive Linguistics*, 1993, 4 (1).

Langacker, R. W. , "Reference-point Constructions", *Cognitive Linguistics*, 1993, 4 (1).

Langacker, R. W. , *Foundations of Cognitive Grammar (Vol. I): Theo-*

retical Prerequisites, Standford, California: Standford University Press, 1987.

Lewis, C. I. , *Mind and the World – Order*, Manhattan: Chales Scibner's Sons, 1929.

Michael Dummett, *Origins of Analytical Philosophy*, London: Duckworth, 1993.

Nerlich B. & D. Clarke, *Language*, *Action and Context*: *the Early History of Pragmatics in Europe and American* 1780 – 1930, Amsterdam: John Benjamins Publishing Company, 1996.

Pustejovsky, J. , *The Generative Lexiconc*, Cambridge: MIT Press, 1996.

Peregrin J. , "The Pragmatization of Semantics", in K. Turner (eds.), *The Semantics/Pragmatics Interface from Different Point of View*, ELSEVIER, 1999.

Peregrin, J. , *Meaning*: *The Dynamic Turn*, Boston: Brill Academic Pub, 2003.

Ruiz de Mendoza B ÂŇ EZ, F. J. & J. L. Otal Campo, "Metonymy, Grammar and Communication", *Editorial Comares*, 2002, p. 10.

Radden, G. & Z. Kövecses, "Towards a Theory of Metonymy", in Panther & Radden (eds.), *Metonymy in Language and Thought*, Amsterdam: John Benjamins, 1999.

Ruiz de Mendoza Ibánez, Francisco J. , "From Semantic Underdetermination Via Metaphor and Metonymy to Conceptual Interaction", in *Theoria et Historia Scientiarum*, *An International Journal for Interdisciplinary Studies*, Volume. 1, Torun, Poland: The Nicolas Copernicus University Press, 1999.

Raimo, T. & M. Kaarlo, We-Intentions, *Philosophical Studies*, 1988.

Rudolf Camap, *Introduction to Semantics*, Cambridge: Harvard University Press, 1942.

Searle, J. , "Minds, Brains and Programs", *Behavioral and Brain Sciences*, 1979.

Searle, J. , *Intentionality*: *An Essay in the Philosophy of Mind*. Cambridge: CUP, 1983:.

Searle, J. R., *Mind*: *A Brief Introduction*, New York: Oxford University Press, 2004.

Searle, J. R., "Collective Intentions and Actions", in P. Cohen, J. Morgan & M. E. Pollack (eds.), *Intentions in Communication*, Cambridge, MA: Bradford Books, MIT Press, 1990.

Searle, J. R., *The Construction of Social Reality*, Allen Lane: The Penguin Press, 1995.

Stroik, T., "Middles and Movement", *Linguistic Inquiry*, 1992, (23).

Thornburg, Linda & Panther, Klaus-Uwe, "Speech Act Metonymies", in Liebert, W. A. et al. (eds.), *Discourse and Perspectives in Cognitive Linguistics*, Amsterdam/ Philadelphia: Benjamins, 1997.

Talmy, L., "Lexicalization Patterns: Semantic Structures in Lexical Forms", in Timothshopen (eds.), *Language Typology and Syntactic Description*, VoL. 3, Cambridge: Cambridge University Press, 1985.

Talmy, L., *Toward a Cognitive Semantics*, Cambridge: MIT Press, 2000.

Taylor, J. R., *Linguistic Categorization*: *Prototypes in Linguistic Theory*, Oxford: Clarendon Paperbacks, 1989.

Ullmann, S., *Semantics*: *An Introduction to the Science of Meaning*, Oxford: Blackwell, 1962.

V. Haser, *Metaphor*, *Metonymy and Experienialist Philosophy*: *Challenging Cognitive Semantics*, Berlin/ New York: Mouton de Gruyter, 2005.

Vickers, B., *In Defence of Rhetoric*, Oxford: Clarendon, 1988.

Van Benthem, J., *Logic Dynamic of Information and Interaction*, London: Cambridge University Press, 2010.

Wu Bing-zhang, "Stereotypical Relations and Utterance Understanding: An Introduction to Xu Sheng-Huan's Stereotypical Relation-based Approach to Pragmatics", *Language and Linguistics Compass*, 2009 (3).

Yantis, S., "Control of Visual Attention", in H. Pashler (eds.), *Attention*, London: Psychology Press, 1998.

［荷］波蒂埃:《语义学与拓扑学》,张祖建译,《国外语言学》1987第1期。

蔡曙山：《人类心智探秘的哲学之路——试论从语言哲学到心智哲学的发展》，《晋阳学刊》2010 年第 3 期。

蔡曙山：《论符号学三分法对语言哲学和语言逻辑的影响》，《北京大学学报》（哲学社会科学版）2006 年第 3 期。

蔡曙山：《从语言到心智和认知：20 世纪语言哲学和心智哲学的发展，以塞尔为例》，《河北学刊》2008 年第 1 期。

蔡曙山：《认知科学框架下心理学逻辑学的交叉融合与发展》，《中国社会科学》2009 年第 2 期。

蔡曙山：《关于哲学、心理学和认知科学 12 个问题与塞尔教授的对话》，《学术界》2007 年第 3 期。

陈香兰：《仿拟理解与转喻思维的异同》，《外语学刊》2007 年第 5 期。

陈波：《分析哲学的价值》，《中国社会科学》1997 年第 4 期。

陈晓平：《下向因果与感受性——兼评金在权的心—身理论》，《现代哲学》2011 年第 1 期。

陈新仁、蔡一鸣：《为提喻正名——认知语义学视角下的提喻和转喻》，《语言科学》2011 年第 1 期。

陈思：《感受质问题国内研究现状》，《科教导刊》2013 年第 9 期。

程炼：《杰克逊的"知识论证"错在何处？》，《哲学研究》2008 年第 4 期。

从莱庭、徐鲁亚：《西方修辞学》，上海外语教育出版社 2007 年版。

陈晓平：《"随附性"概念辨析》，《哲学研究》2010 年第 4 期。

《辞海》，上海辞书出版社 1999 年版。

段开成：《舍尔的意向性理论》，《西安外国语学院学报》2004 年第 3 期。

董燕萍、梁君英：《走近构式语法》，《现代外语》2002 年第 2 期。

范冬萍：《复杂系统的因果观和方法论——一种复杂整体论》，《哲学研究》2008 年第 2 期。

傅小兰：《中国大陆思维研究的现状与展望》，《华人心理学报》2004 年第 2 期。

高芳、徐盛桓：《名动转用的语法推理》，《外语与外语教学》2000 年第 4 期。

高杨：《从语言的意向性到心理的意向性——塞尔意向性理论研究》，硕士学位论文，吉林大学，2009 年。

高新民：《感受性质——新二元论的一个堡垒》，《甘肃社会科学》2009 年第 5 期。

郭贵春：《当代科学实在论》，科学出版社 1991 年版。

郭绍虞：《中国词语之弹性作用》，《燕京学报》1938 年第 24 期。

［英］哈克：《分析哲学内容、历史与走向》，江怡译《哲学译丛》1996 年第 3 期。

胡曙中：《英语修辞性》，上海外语教育出版社 2002 年版。

侯国金：《对构式语法的八大弱点的诟病》，《外语研究》2013 年第 3 期。

何爱晶：《句法的意向性解释》，《中国外语》2013 年第 5 期。

何爱晶：《转喻的意向性解释——心智哲学视阈下》，《湖北民族学院学报》2012 年第 2 期。

何爱晶：《意向性视阈下的"淘宝体"研究》，《河南大学学报》2012 年第 4 期。

何爱晶：《心智哲学观照下的名—动转类思维机制研究》，《外国语文》2010 年第 5 期。

何爱晶：《从转喻到转喻理据》，《三峡大学学报》（哲学社会科学版）2011 年第 5 期。

何爱晶：《转喻思维的逻辑观研究》，《湖北民族学院学报》（哲学社会科学版）2009 年第 3 期。

何爱晶：《转喻的意向性解释》，《湖北民族学院学报》（哲学社会科学版）2012 年第 5 期。

何爱晶、余志应：《"露八分"与"完型压强"》，《外语与外语教学》2009 年第 5 期。

何爱晶：《去粗取精、取精用弘——国内构式语法综观》，《重庆大学学报》（哲学社会科学版）2009 年第 2 期。

黄缅：《心智哲学视角下的反语研究》，《外语研究》2012 年第 5 期。

［德］黑格尔：《美学》（第 1 卷），朱光潜译，商务印书馆 1979 年版。

甘惜芬主编：《新闻学大辞典》，河南人民出版社 1993 年版。

金岳霖：《形式逻辑》，《人民出版社》2004 年第 1 期。

江怡：《感受质与知识表达》，《社会科学战线》2009 年第 9 期。

江怡：《哲学拓扑学：一门新兴的哲学分支》，《社会科学报》2012
年 8 月 9 日第 5 版。

江怡：《什么是概念的拓扑空间》，《世界哲学》2008 年第 5 期。

纪云霞、林书武：《一种新的语言理论：构块式语法》，《外国语》
2002 年第 5 期。

鞠玉梅：《当代西方修辞学的哲学维度》，《天津外国语学院学报》
2010 年第 3 期。

《论语》，台北文致出版社 1980 年版。

刘辰：《论元结构：认知模型向句法结构投射的中介》，《外国语》
2005 年第 2 期。

刘高岑：《当代心智哲学的演变和发展趋向》，《河南大学学报》（社
会科学版）2006 年第 1 期。

刘正光：《名词动用过程中的隐喻思维》，《外语教学与研究》2000
年第 9 期。

刘倩：《"夸张"为什么可能——夸张的意向性解释》，《中国外语》
2013 年第 2 期。

刘倩：《"拈连"为什么可能?》，《外语教学》2012 年第 1 期。

刘玲：《"感受质"概念溯源》，《自然辩证法通讯》2013 年第 3 期。

刘玲：《知识论证和 Frank Jackson 的表征主义回应策略》，《自然辩证
法通讯》2009 年 6 期。

刘振前、邢梅萍：《汉语四字格成语的对称性与认知》，《世界汉语教
学》2000 年第 1 期。

廖美珍：《我们赖以建构和组织语篇的隐喻：隐喻变化和语篇组织程
度》，《外国语文》2010 年第 2 期。

廖巧云、徐盛桓：《心智怎样计算隐喻的?》，《外国语》2012 年第
2 期。

廖玲：《思维本质：心理计算过程》，《重庆理工大学学报》（社会科
学版）2010 年第 9 期。

雷卿：《"有一种 X 叫 Y"句式的意识涌现生成机制研究》，《语言教
学与研究》2014 年第 1 期。

　　［美］鲁道夫·卡尔纳普：《世界的逻辑构造》，陈启伟译，上海译文出版社 1999 年版。

　　［美］鲁道夫·卡尔纳普：《语义学引论》，哈佛大学出版社 1961 年版。

　　［奥］路得维希·维特根斯坦：《逻辑哲学论》，贺绍甲译，九州出版社 2007 年版。

　　［奥］路得维希·维特根斯坦：《哲学研究》，韩林合译，商务印书馆 2013 年版。

　　罗益民：《莎士比亚十四行诗的拓扑学爱情观》，《国外文学》2011 年第 2 期。

　　李幼蒸：《理论符号学导论》，社会科学文献出版社 1999 年版。

　　李晓进：《西方哲学中意向性话题的嬗变脉络和发展动向》，《中山大学学报》2012 年第 1 期。

　　李兴望、闵彦文：《歇后语大全》，甘肃人民出版社 1983 年版。

　　李恒威、王晓潞、唐孝威：《表征、感受性和言语思维》，《浙江大学学报》（人文社会科学版）2008 年第 5 期。

　　李恒威：《意识、觉知与反思》，《哲学研究》2011 年第 4 期。

　　李恒威：《意识：从自我到自我感》，浙江大学出版社 2011 年版。

　　陆俭明：《词语句法、语义的多功能性：对构式语法理论的解释》，《外国语》2004 年第 2 期。

　　陆俭明：《再谈"吃了他三个苹果"一类结构的性质》，《中国语文》2002 年第 4 期。

　　陆俭明：《"句式语法"理论与汉语研究》，《中国语文》2004 年第 5 期。

　　柳海涛：《塞尔论集体意向性》，《社会科学论坛》2010 年第 10 期。

　　李军、刘峰：《网络语体：一种新型的语体类型探析》，《宁夏大学学报》（社会科学版）2005 年第 2 期。

　　《道德经》，吉林文史出版社 2001 年版。

　　［加］马里奥·本格：《科学的唯物主义》，张相轮等译，上海译文出版社 1989 年版。

　　马国凡、高歌东：《歇后语》，内蒙古人民出版社 1983 年版。

　　毛力群、孙怡玲：《从模因视角看咆哮体的流行》，《常熟理工学院学报》（社会科学版）2011 年第 5 期。

邱惠丽：《当代心智哲学研究的 12 个问题及其他》，《哲学动态》2006 年第 1 期。

戚雨村主编：《语言学百科辞典》，上海辞书出版社 1994 年版。

任晓明、李旭燕：《当代美国心灵哲学研究述评》，《哲学动态》2006 年第 5 期。

徐盛桓：《新格赖斯会话含意理论和语用推理》，《外国语》1993 年第 1 期。

徐盛桓：《论"常规关系"——新格赖斯会话含意理论系列研究之六》，《外国语》1993 年第 6 期。

徐盛桓：《论"一般含意"——新格赖斯会话含意理论系列研究之四》，《外语教学》1993 年第 3 期。

徐盛桓：《会话含意理论的新发展》，《现代外语》1993 年第 2 期。

徐盛桓：《格赖斯的准则和列文森的原则——新格赖斯会话含意理论系列研究之五》，《外语与外语教学》1993 年第 5 期。

徐盛桓：《再论意向含意——新格赖斯会话含意理论系列研究之八》，《汕头大学学报》（人文社会科学版）1993 年第 3 期。

徐盛桓：《新格赖斯会话含意理论和含意否定》，《外语教学与研究》1994 年第 4 期。

徐盛桓：《论意向含意——新格赖斯会话含意理论系列研究之七》，《外语研究》1994 年第 1 期。

徐盛桓：《会话含意的分类——新格赖斯会话含意理论系列研究之九》，《华南师范大学学报》（社会科学版）1994 年第 1 期。

徐盛桓：《论荷恩的等级关系——新格赖斯会话含意理论系列研究之十》，《外国语》1995 年第 1 期。

徐盛桓：《含意本体论研究》，《外语教学与研究》1996 年第 3 期。

徐盛桓：《话语含意化过程——含意本体论系列研究之四》，《外国语》1997 年第 1 期。

徐盛桓：《含意运用与常规关系意识》，《外语与外语教学》1998 年第 3 期。

徐盛桓：《名动转用的语义基础》，《外国语》2001 年第 1 期。

徐盛桓：《常规关系与认知化——再论常规关系》，《外国语》2002

年第 1 期。

徐盛桓：《语义数量特征与英语中动结构》，《外语教学与研究》2002 年第 6 期。

徐盛桓：《含意与合情推理》，《外语教学与研究》2005 年第 3 期。

徐盛桓：《语理解的意向性解释》，《中国外语》2006 年第 4 期。

徐盛桓：《相邻与补足》，《四川外语学院学报》2006 年第 2 期。

徐盛桓：《相邻和相似——汉语成语形成的认知研究之二》，《暨南大学华文学院学报》2006 年第 2 期。

徐盛桓：《认知语用学研究论纲》，《外语教学》2007 年第 3 期。

徐盛桓：《基于模型的语用推理》，《外国语》2007 年第 3 期。

徐盛桓：《自主和依存——语言表达形式生成机理的一种分析框架》，《外语学刊》2007 年第 2 期。

徐盛桓：《转喻为什么可能》，《上海交通大学学报》（哲学社会科学版）2008 年第 1 期。

徐盛桓：《转喻与分类逻辑》，《外语教学与研究》2008 年第 3 期。

徐盛桓：《隐喻为什么可能》，《外语教学》2008 年第 3 期。

徐盛桓：《修辞研究的认知视角》，《西安外国语大学学报》2008 年第 2 期。

徐盛桓：《转喻与分类逻辑》，《外语教学与研究》2008 年第 2 期。

徐盛桓：《隐喻为什么可能》，《外语教学》2008 年第 3 期。

徐盛桓：《"外延内涵传承说"》，《外国语》2009 年第 3 期。

徐盛桓：《成语为什么可能》，《外语研究》2009 年第 3 期。

徐盛桓："A 是 B"的启示——再论"外延内涵传承说"》，《中国外语》2010 年第 5 期。

徐盛桓、陈香兰：《感受质与感受意》，《现代外语》，2010 年第 4 期。

徐盛桓：《心智哲学与语言研究》，《外国语文》2010 年第 5 期。

徐盛桓：《语言研究的心智哲学视角——"心智哲学与语言研究"之五》，《河南大学学报》（社会科学版）2011 年第 4 期。

徐盛桓：《"移就"为什么可能?》，《外语教学与研究》2011 年第 3 期。

徐盛桓：《从"事件"到"用例事件"》，《河南大学学报》2012 年第 4 期。

徐盛桓：《从心智到语言——心智哲学与语言研究的方法论问题》，《当代外语研究》2012 年第 4 期。

徐盛桓：《关注虚拟存在——心智哲学与语言研究的一条方法论原则》，《湖北民族学院学报》（哲学社会科学版）2012 年第 5 期。

徐盛桓：《心智如何形成句子表达式》，《天津外国语大学学报》2012 年第 2 期。

徐盛桓：《意向性的认识论意义——从语言运用的视角看》，《外语教学与研究》2013 年第 2 期。

徐盛桓：《意向性解释视阈下的隐喻》，《外语教学》2013 年第 1 期。

徐盛桓：《视角隐喻的拓扑性质》，《山东外语教学》2014 年第 1 期。

徐盛桓、何爱晶：《转喻隐喻机理新论——心智哲学视阈下修辞研究之一》，《外语教学》2014 年第 1 期。

盛晓明：《话语规则与知识基础——语用学维度》，学林出版社 2000 年版。

［奥］施太格缪勒：《当代哲学主流》（下），王柄文等译，商务印书馆 1992 年版。

［美国］塞尔：《心灵、语言和社会》，李步楼译，上海译文出版社 1998 年版。

沈家煊：《三个世界》，《外语教学与研究》2008 年第 6 期。

沈家煊：《说"偷"和"抢"》，《语言教学和研究》2000 年第 1 期。

沈家煊：《转指和转喻》，《当代语言学》1999 年第 1 期。

石毓智：《认知语言学的"功"与"过"》，《外国语》2004 年第 2 期。

［元］施惠：《幽闺记》辽宁教育出版社 1998 年版。

屠国元、李文竞：《翻译发生的意向性解释》，《外语教学》2012 年第 1 期。

涂纪：《西方语言哲学研究的现状和前景》，《外语教学与研究》2003 年第 5 期。

谭永祥：《歇后语研究中的几个理论误区》，《毕节师范高等专科学校学报》1999 年第 2 期。

涂纪亮：《皮尔斯文选》，社会科学文献出版社 2006 年版。

汶红涛：《意向性在心灵哲学转向中的意义》，《长安大学学报》（社会科学版）2013 年第 4 期。

王姝彦：《"可表达"与"可交流"——解读"感受质"问题的一种可

能路径》，《哲学研究》2010 年第 10 期。

　　王晓阳：《论现象概念——解析当前物理主义与反物理主义争论的一个焦点》，《逻辑学研究》2011 年第 3 期。

　　王晓阳：《如何应对"知识论证"？——一种温和物理主义观》，《哲学动态》2011 年第 5 期。

　　王士元：《语言是一个复杂的系统》，《清华大学学报》（哲学社会科学版）2006 年第 6 期。

　　汪家堂：《隐喻诠释学：修辞学与哲学的联姻——从利科的隐喻理论谈起》，《哲学研究》2004 年第 9 期。

　　温科学：《20 世纪西方修辞学理论研究》，中国社会科学出版社 2006 年版。

　　温端政：《引注语（歇后语）探讨（一）》，《晋阳学刊》1980 年第 1 期。

　　温端政：《引注语（歇后语）的来源——引注语（歇后语）探讨之二》，《晋阳学刊》1980 年第 3 期。

　　温端政：《关于歇后语的名称问题》，《语文研究》1980 年第 1 期。

　　温端政：《试谈引注结构》，《语文研究》1981 年第 2 期。

　　温端政：《略论歇后语前后两部分的关系》，《语文研究》1983 年第 1 期。

　　王世凯：《网络语体的软规范和硬规范》，《渤海大学学报》（社会科学版）2006 年第 6 期。

　　文旭：《认知语言学的研究目标、原则和方法》，《外语教学与研究》2002 年第 2 期。

　　文旭：《转喻的类型及其认知理据》，《解放军外国语学院学报》2006 年第 6 期。

　　王学奇：《元曲选校注》，河北教育出版社 1994 年版。

　　吴新雷：《中国昆剧大辞典》，南京大学出版社 2002 年版。

　　吴祖光：《捉鬼传》，开明书店 1947 年版。

　　许云和：《汉魏六朝文学考论·第一编》，《诗文文献考论：幽通赋》上海古籍出版社 2007 年版。

　　于爽：《当前国内分析哲学研究中的几个主要问题》，《哲学研究》2009 年第 6 期。

殷杰、郭春贵：《从语义学到语用学的转变——论后分析哲学视野中》，《哲学研究》2002 年第 7 期。

［美］约翰·塞尔：《意向性：论心灵哲学》，刘叶涛译，上海人民出版社 2007 年版。

［美］约翰·塞尔：《心、脑与科学》，杨音莱译，上海译文出版社 1989 年版。

殷杰：《论"语用学转向"及其意义》，《中国社会科学》2003 年第 3 期。

杨先明：《英式歇后语 Tom Swifty 与歇后语的对比研究》，《华中科技大学学报》（社科版）2008 年第 3 期。

袁野：《动词意义、构式与体验式理解》，《外语教学》2007 年第 3 期。

［美］约翰·塞尔：《心灵、语言和社会》，李步楼译，上海世纪出版集团 2006 年版。

周领顺：《名转动词再研究》，《外语学刊》2001 年第 2 期。

张先刚：《语篇中的在先态度——基于意向性的思考》，《华东师范大学学报》2012 年第 2 期。

张华夏：《解释·还原·整合——M.邦格的某些科学哲学观点述评》，《自然辩证法研究》1987 年第 2 期。

张会森：《关于辞格和辞格的研究》，《外语与外语教学》1996 年第 2 期。

张辉、孙明智：《概念转喻的本质、分类和认知运作机制》，《外语与外语教学》2005 年第 3 期。

张辉：《熟语：常规化的映现模式和心理表征——熟语的认知研究之一》，《现代外语》2003 年第 3 期。

张宗正：《歇后语和歇后格》，《当代修辞学》1993 年第 5 期。

周振甫：《周振甫讲〈文心雕龙〉》，江苏教育出版社 2005 年版。

周振甫：《诗经译注》，中华书局 2002 年版。

张伯江：《论"把"字句的句式意义》，《语言研究》2000 年第 1 期。

张韧：《构式与语法系统的认知心理属性》，《中国外语》2006 年第 2 期。

赵春雨：《翻译·主体·意向——翻译中的意向》，《湖南科技大学学报》2012 年第 5 期。

致　谢

自 2010 年加入河南大学语言文学博士后流动站以来，一直追随合作导师徐盛桓教授从事心智哲学视阈下的语言研究。所幸尽管拖沓数年，总算是顺利完成了原定计划。本书正是在博士后出站报告的基础上修改而成。但博士后研究的课题是语义变异的问题，本书将研究内容扩充至语言研究的各个层面。

记得 2010 年当我提出申请要跟随徐先生作博士后研究的时候，他刚开始他的"白首变法"——倡议从心智哲学的角度进行语言研究。说实话，首次听到先生谈及关于"心智哲学与语言研究"的设想的时候，我是一片茫然的，不知从何着手。但凭着对徐先生的信任，我毅然决定追随先生的脚步涉足这个在我看来令人敬畏的领域。

研究之初，我便确立了围绕修辞现象展开研究的目标。一个重要的原因是我的博士论文是关于转喻的研究，在完成博士论文的过程中我阅读了大量修辞方面的文献，对修辞研究产生了浓厚的兴趣，因此希望博士后研究能够成为博士研究的一个延续。当然，由于先生当时正立志从心智哲学的视角进行语言研究，我的博士后选题也便是从这一角度下展开的。因此博士后开题报告就定为《修辞现象新论——基于心智哲学的观点》。

随着对心智哲学认识的加深，我逐渐认识到这是一个大有可为的领域。因此对很多有趣的语言现象都尝试着从心智哲学的角度去阐述。于是便有了心智哲学视阈下的各种语言现象的研究成果，如歇后语、网络流行语、转类词、英语辞格等，这些成果构成了本书的主体结构。事实上我博士后期间的研究不仅仅是针对修辞格的研究，而是一种广义修辞的研究。因此在写本书的时候，决定将研究题目改为"语言表达的心智研究"。目的是对近年来的工作作出更好的概括。